T0113697

الحضارة الحديثة و العلاقات الإنسانية

في مجتمع الريف

- عنوان الكتاب: الحضارة الحديثة والعلاقات الإنسانية في مجتمع الريف

- المؤلف. حسن عبد الرازق منصور

- الناشر: دار فضاءات للنشر والتوزيع والطباعة

- الطبعة الثانية: 2006

حقوق الطبع محفوظة للناشر

الحضارة الحديثة والعلاقات الإنسانية في مجتمع الريف.

حسن عبد الرازق منصور

دار فضاءات

2006

ر.أ (2006/8/2455)

(تمت الفهرسة بمعرفة المكتبة الوطنية)

الترتيب الداخلي: فضاءات للنشر والتوزيع

تصميم الغلاف: نضال جمهور

الطباعة والتغليف: فضاءات للطباعة والتغليف

سلسلة الحضارة و الفكر(2)

الحضارة الحديثة و العلاقات الإنسانية

في مجتمع الريف

(دراسة ميدانية في ريف عربي)

تأليف
حسن عبد الرازق منصور

فضاءات للنشر والتوزيع والطباعة
جبل عمان- شارع الامير محمد -فاكس:4622559 (6-962+)ص. ب .عمان 11118
الأردن هاتف جوال 0777/911431

تنويه :ـ

أصل هذا الكتاب رسالة ماجستير أجيزت بتقدير (ممتاز) و كانت لجنة المناقشة والحكم مؤلفة من :ـ

1. الدكتور عبد العزيز مختار (من جامعة حلوان) مشرفاً .
2. الدكتور أحمد النكلاوي (من جامعة القاهرة) عضواً .
3. الدكتورة نجوى حافظ (من المركز القومي للبحوث الاجتماعية و الجنائية) عضواً و

جدير بالذكر أن هذا هو الكتاب الثاني من سلسلة الحضارة و الفكر .

و قد سبقه الكتاب الأول (الانتماء و الاغتراب) .

و يليه ـ بمشيئة الله ـ الكتاب الثالث : (المجتمع العربي بين التاريخ و الواقع) .

مقدّمة

تقف كثير من المجتمعات على مفترق الطرق بين ما اعتادت أن تسير عليه من عادات و تقاليد و علاقات اجتماعية ، وبين ما تراه حولها من الثقافات الحديثة المصاحبة للتطورات التكنولوجية المذهلة في هذا العصر . و هذا الموقف يمثل مرحلة التغير أو التحول من مرحلة أولى هي مرحلة التخلف التكنولوجي والثقافي و المعبّر عنها إجمالاً بمرحلة التخلف (أو ما قبل التحضر) و المرحلة الثانية مرحلة الحضارة بمعناها الحديث الذي يركز أساساً على الناحية المادية ووسائل التكنولوجيا التي توفر للإنسان الحياة السهلة (ولا نقول السعيدة) ، وما يصاحب هذه التكنولوجيا من أفكار وثقافات وما يترتب عليها من ممارسات .

و مثل هذه المرحلة (مرحلة التحوّل أو التغير) تشكل فرصة مناسبة للدراسة والمقارنة بين الماضي و الحاضر ، حيث يستطيع الإنسان في مثل هذه الفترة الانتقالية أن يدرس عدة ظواهر كالظواهر الثقافية و الظواهر النفسية على مستوى المجتمع . وظواهر التنشئة الاجتماعية و التربية وأساليبها واختلافها عن السابق ، و العلاقات الاجتماعية وما يطرأ عليها من تغيرات في ضوء الحضارة المادية الجديدة ونقول (الحضارة المادية) : لأن القيم الاجتماعية و الفكرية موجودة أساساً في المجتمعات العربية و الإسلامية ، وهي بلا شك قيم راقية ، ولا نعتقد أن القيم الفكرية و الثقافية الغربية المصاحبة للتكنولوجيا تقترب في إنسانيتها و رقيّها الخلقي من القيم الإسلامية ، المستندة إلى الدين مباشرة و المأخوذة منه ، وليس بعض العادات التي قد تكون متوارثة من الماضي أو شائعة رغم بعدها عن الإسلام ، و التي تكون مصاحبة لانتشار الجهل و الفقر .

و الدراسة الحالية تقدم صورة لبعض المجتمعات العربية الريفية في المملكة العربية السعودية وذلك لأن هذه المجتمعات تمرّ منذ مدّة بتحولات اجتماعية سريعة و متلاحقة تبلورت بشكل خاص في السنوات الأخيرة (منذ سنة 1975م) ،وربما قبلها بقليل بسبب الموارد الاقتصادية الضخمة المتحصلة من البترول .

ومن عاصر هذه المجتمعات القروية المحلية قبل فترة التغير الاجتماعي الناتج عن ذلك النمو ، و بعد بدء التغير ، يجد فرقاً شاسعاً و مذهلاً حقاً ، فقد بدأ التغير يمس كل ناحية من نواحي هذا المجتمع ، من حيث الظواهر المادية خاصة العمران ،

وكذلك فيما يخص الثقافة الفردية وعلاقات أفرادها ببعضهم أو علاقات أفراد المجتمع الريفي ببعضهم و علاقاتهم بالمدينة وبالمجتمعات الأخرى المجاورة .

ولما كانت العلاقات الاجتماعية هي المظهر الرئيسي الذي يستطيع الباحث من خلاله التعرف على طبيعة الحياة الاجتماعية في المجتمع و مؤسساته المختلفة ، فقد حددت الدراسة نطاقها في العلاقات الاجتماعية في المجتمع المحلي الريفي ، ولكن هذا المجتمع لا ينفصل عن أفراده ، وليس شيئاً مستقلاً عنهم ، بل هم لبناته التي تكوّن بناءه ، كما أن هذا المجتمع المحلي لا ينفصل عن المجتمع الكبير للدولة ، و الذي يتمثل في المدينة القريبة ، و لهذا فقد شملت هذه الدراسة الفرد الاجتماعي وما يحمله من مفاهيم وقيم اجتماعية ، و الأسرة كأهم مؤسسة اجتماعية ، و المجتمع الريفي ذاته و نوعية العلاقات السائدة فيه ، و أخيراً العلاقات الاجتماعية بين القرية و المدينة ، و ذلك لتتضح الصورة الكاملة والمكانة الصحيحة لهذا المجتمع ، سواءٌ من حيث الشكل الداخلي أو ضمن الإطار الخارجي

وقد وضعت الدراسة خطتها على هذا الأساس مع الاعتماد على المقارنة بين صورتين لهذا المجتمع ، الأولى : صورته قبل دخول التحضر و بداية التغيّر .

والثانية : صورته بعد فترة من دخول الوسائل التكنولوجية و بدء التحضر ، حتى يمكن إعطاء فكرة واضحة عن أثر التحضر على هذا المجتمع في مجال العلاقات الاجتماعية و المفاهيم الثقافية لأفراده ، على اعتبار أن للمفاهيم دوراً كبيراً في تحديد شكل العلاقات الاجتماعية .

تقع هذه الدراسة في بابين مقسومين إلى ثمانية فصول ::

الباب الأول : هو القسم النظري و التاريخي الذي يقدّم صورة عن الماضي ، والثاني عن الحاضر ، وهو ميداني .

يشمل الباب الأول أربعة فصول : يشكل الفصل الأول مقدمات الدراسة من حيث تحديد المشكلة وأهميتها ، كما يحدد وضع الدراسة ، وذلك بعرض بعض الدراسات السابقة وموقف الدراسة الحالية .

و الفصل الثاني تحاول فيه الدراسة وضع بعض الأسس النظرية التي تسترشد بها ، فيعرض الفصل المذكور للنظرية الوظيفية من منظور إسلامي ، وهي النظرية التي اتخذتها الدراسة كمدخل للتحليل السوسيولوجي بسبب الاعتقاد أن هناك علاقات تأثير متبادل بين

الوظائف التي يمارسها أفراد المجتمع و العلاقات التي تربطهم ببعضهم ، كما ستوضح الدراسة ذلك . كما نوقشت في هذا الفصل بعض المفاهيم النظرية الأساسية في ضوء الوظيفية و معطياتها .

وخصص الفصل الثالث لبحث بعض عوامل التخلف الاجتماعي في مجتمع الريف ، وهي عوامل عامة يمكن أن تكون موجودة في مجتمعات أخرى ، وتناول الفصل ثلاثة عوامل محددة هي : البيئة الجغرافية وعلاقتها بالمفاهيم الثقافية المتخلفة . والفقر ، ومقاومة أصحاب السلطات و الامتيازات في المجتمع المحلي .

ثم بدأت الدراسة في فصلها الرابع بتناول النقطة الأساسية التي تعتبر النقطة المركزية فيها، وهي دراسة العلاقات الاجتماعية دراسة (تاريخية بنائية ـ وظيفية) تهتم من خلالها بالعلاقات داخل التنظيمات الاجتماعية ابتداءً من الأسرة إلى المجتمع القروي إلى العلاقات و الوظائف و المضامين التي ارتبطت بها في فترة ما قبل التغير .

والباب الثاني الذي يتناول الوضع الحاضر للعلاقات الاجتماعية ، يشمل أربعة فصول ، وقد حدّدت الدراسة إجراءاتها المنهجية في الفصل الخامس حيث ابتدأت أولاً بتحديد أبعاد الدراسة ومجالاتها ومناهجها ووسائل جمع المعلومات فيها .

وتناول الفصل السادس الفرد والأسرة في ظروف التغير : فالفرد هو الذي يتصرف اجتماعياً انطلاقاً من قناعة فكرية تحمل ثقافة معينة ، ولذلك كان لابد من معرفة التغيرات الثقافية و القيمية التي مست الأفراد في ضوء الوظائف الاجتماعية الجديدة و الإمكانيات الاقتصادية الكبيرة ، ومن ثم انتقل البحث إلى الأسرة ، فبحثت وظائف أفرادها و تأثير هذه الوظائف على العلاقات الاجتماعية التي اتخذت شكلاً جديداً مغايراً لما كان سابقاً . وفي الفصل السابع جرى بحث العلاقات الاجتماعية داخل المجتمع الريفي في ضوء التقدم الاقتصادي و الإمكانيات الوظيفية الجديدة ، وتبدل طراز الحياة الاقتصادية من الاعتماد المطلق على الزراعة وتربية الحيوان إلى مجالات عمل جديدة أكثر جدوى اقتصادية ، كما تناول الفصل العلاقات بين مجتمعي الريف والمدينة و الوظائف التي يؤديها كل منهما خدمة للآخر.

وخصص الفصل الثامن لعرض نتائج الدراسة و توصياتها التي روعي فيها أن تكون قابلة للتطبيق وغير معارضة لقاعدة شرعية أو عقلية ومتفقة مع واقع المجتمع ومع أهداف الدراسة في إلقاء الضوء على ما يمكن أن يقوي هذه العلاقات ويحفظ الإيجابي منها .

وتظل قيمة أي عمل علمي رهناً بما يمكن أن يقدمه من رؤية إيجابية نافعة لجانب من جوانب الحياة الإنسانية . وهدف هذه الدراسة تقديم صورة لمجتمع عربي يمر بفترة انتقالية مهمة ، وأن تلقي الضوء بذلك على ما يحدث من آثار ووجوب أخذ الحضارة من منظور القيم الإسلامية مع الحفاظ على قوة علاقات المؤسسات و الأفراد في المجتمع العربي المسلم بما يتفق مع تعاليم الإسلام الخالدة التي تدعو إلى التراحم و التعاطف والأخوة ، وهي معان تدعو إلى تقوية صلة الإنسان بأخيه الإنسان في إطار من الفهم و المشاركة و التقدير لهذا المخلوق الذي كرمه الله بقوله تعالى ((ولقد كرمنا بني آدم وحملناهم في البر والبحر ورزقناهم)) (الإسراء :70)

و الله ولي التوفيق وله الحمد أولاً وآخرًا .

حسن منصور

الاثنين في 11\6\1400هـ

الموافق 8\11\1990م

10

المحتويات

{ الباب الأول }

حول المجتمع الريفي القديم و العلاقات الإنسانية فيه .

الباب الأول
حول المجتمع الريفي القديم
والعلاقات الإنسانية فيه

الفصل الأول

بعض الملامح العامة للدراسة

1. موضوع الدراسة وأهميته.

2. نماذج من دراسات التغيّر الاجتماعي و الثقافي في الوطن العربي:

أ- دراسة علياء شكري بعنوان :ـ "بعض ملامح التغير الاجتماعي الثقافي في الوطن العربي : دراسة ميدانية لِثَقافَةِ بعض المجتمعات المحلية في المملكة العربية السعودية".

ب- دراسة محمد عاطف غيث بعنوان " القرية المتغيرة " .

ت- دراسة محمد عبده محجوب بعنوان " البترول و السكان و التغير الاجتماعي " .

ث- دراسة محمد الجوهري بعنوان " بعض مظاهر التغير في مجتمع أسوان : دراسة أنثروبولوجية لآخر المجتمعات النوبيّة " .

3. موقف الدراسة الحالية من الدراسات السابقة .

أولاً : موضوع الدراسة و أهميته :ـ

تشكل الفـترة الانتقالية بين التخـلف والتحضر منعطفاً خطيراً في حياة الشعوب ، لأنها فترة تبدأ فيها نظرة المجتمع إلى ما حوله بالتغير ، وقد يكون هذا التغير صحيا يسير في خط واضح وفي اتجاه معين ، وهذا غالباً ما يحدث إذا كان التحضر يسير وفقاً لخطة موضوعة سلفاً وتنفذ بالدقة التي تكفل لها تحقيق الهدف المرسوم مادياً وفكرياً [1]

ولكننا في عالم اليوم قد لا نملك مثل هذه الإمكانية للضبط و التحكم بسبب تعدّد منافذ الاتصالات ووسائلها بين كل شعوب العالم ، ولهذا فلا بد من الاعتراف مقدماً بأن التقدم التكنولوجي في العصر الحديث قد يجعل الإنسان المعاصر يلم بأشياء لم تكن الأجيال السابقة تعرف عنها شيئاً ، ووضع تحت أيدينا إمكانية هائلة للإطلاع على نماذج عديدة من الثقافات .

و مما يلفت النظر حقاً أن يجد الإنسان مفاهيم عريقة تزول تحت وطأة مفاهيم وقيم جديدة طارئة جاءت بها ظروف العصر ، أو يجد مجتمعاً كان ذا صفات محدّدة لأجيال طويلة قد بدأ يتصف بصفات جديدة بسرعة مذهلة تسابق الزمن .

هنا يجد الإنسان نفسه في وضع يغريه بالتأمل والدراسة ليخرج في النهاية بنتيجة محددة ، (إن استطاع إلى ذلك سبيلا) ، أو ليخرج بفلسفة اجتماعية قد تفيده في محاولة تفهمه لمسيرة الإنسان في مجتمعاته التي يشكلها و يتقيد بنظمها الاجتماعية ومؤسساتها .

و قد كانت هذه النقطة بالذات سبباً رئيساً في اختيار هذا الموضوع: خصوصاً إذا علمنا بأن المجتمع الذي تتناوله هذه الدراسة مجتمع عريق في تمسكه بقيمه الإسلامية ، فكان لا بد من محاولة تفهم و دراسة موقفه عندما دخلته الحضارة الحديثة المادية بمفاهيمها و قيمها و أساليبها الجديدة تماماً عليه بعد أن كان مجتمعاً بعيداً عن هذه التأثيرات .

بالإضافة إلى ذلك فقد كانت هناك دوافع أخرى لاختيار هذا الموضوع: نذكر بعضها فيما يلي :ـ

1. المعايشة الواقعية لأبناء هذا المجتمع لسنوات عديدة ، مع التنقل بين كثير من القرى التي تتشابه فيها مظاهر الحياة الاجتماعية ، و بالتالي فقد كانت الفرصة مواتية لمعايشة ما يجري من أحداث اجتماعية و تفهمها و معرفة أبعادها .

---

[1])انظر: زيدان عبد الباقي ــ قواعد البحث الاجتماعي ــ ط3ـ1400هـ ـ1980م (ص 71)

2.الإعجاب الشديد ببعض الأنظمة الاجتماعية و العادات التي كانت تسود أبناء المجتمع القروي :

كالترابط و المجاملة و التضامن الاجتماعي بشكل عام ، مع دقة تنظيمهم لشؤونهم المختلفة و علاقاتهم ببعضهم بشكل يعطي كل فرد منهم الشعور بالأمان و الطمأنينة و بقيمته الاجتماعية ، الأمر الذي يجعل منه إنساناً ذا نفسية سوية ، وهو ما يستحق أن يُدرس باهتمام في مجال الصحة النفسية الاجتماعية ، والتي يمكن أن تفتح مجالاً لعلم النفس الاجتماعي لدراسة هذه الظاهرة ، ولكي توضع في مكانها الصحيح ، بالإضافة إلى نماذج أخرى عن التعاون و الروح الجماعية التي يُنشّأ عليها الفرد منذ ولادته [1]

3.أما الدافع الثالث لاختيار هذا الموضوع فهو الشعور بالقدرة على الإسهام في إلقاء الضوء على مسيرة المجتمعات العربية ومرورها في مراحل التحضر ودرجاته من المجتمع البدوي إلى الريفي (أو القروي) إلى المجتمع المدني ، مع الأخذ بعين الاعتبار اتجاهات هذا التحضر ومدى قربه أو بعده عن مجال القيم الإسلامية التي تميز هذه المجتمعات ،وذلك من أجل المساهمة في بناء حضارة حديثة في ضوء القيم الإسلامية العظيمة .

و تتضح من الفقرة السابقة أهمية هذه الدراسة ، فهي تحاول أن تسلط الأضواء على حركة شريحة من المجتمع العربي ، و على ردة الفعل التي تحدث تجاه الطفرة السريعة في استخدام منتجات الحضارة الحديثة بما يصاحبها من قيم وافدة و مفاهيم جديدة لا بد لها من المواجهة مع القيم الأصلية السائدة في المجتمع .

وتأتي دراسة التغيرات المصاحبة للتحضر مؤشراً على الاتجاه الذي يسلكه هذا المجتمع ، فهي دراسة ترصد التغيرات ، ولكنها لا تكتفي بمجرد الرصد و الوصف ، بل لا بد أن تقول رأيها في ضوء قيم المجتمع الأساسية التي لا يمكن أن يتنكر لها أو يتجاهلها ، لأنها هي التي تجعل له ملامح متميزة واضحة بين بقية مجتمعات العالم . ولا نعتقد أنه بالإمكان تغيير هذه الملامح مهما كانت درجة التخلف أو التحضر .

---

(1) انظر: نجيب اسكندر وزميليه ـ الدراسة العلمية للسلوك الاجتماعي ـ ط3ـ دار النهضة العربية بالقاهرة(دون تاريخ)ص158وما بعدها

وتنبع أهمية هذه الدراسة تبعاً لذلك من كونها نموذجاً للتغير الذي يجري في بعض أنحاء الوطن العربي (في اتجاه سلبي أو إيجابي)كنتيجة لالتقاء و تفاعل الثقافة العربية الإسلامية مع الثقافة الحديثة (الغربية المادية بوجه خاص) ، هذا الالتقاء الناتج عن الانتشار الثقافي الأوروبي(أو الغربي عامة) ، وهو ما يمكن أن ينتج عنه عادة أحد الأمور التالية :

إما إحلال ثقافة (هي الوافدة) محل ثقافة أخرى ، أو تكامل الثقافتين أو رفض الثقافة الجديدة ، أو الامتزاج و إيجاد نوع جديد من الثقافة (المهجّنة) إن جازهذا التعبير[1].

و بالتالي فهذه الدراسة تحاول أن تلقي الضوء على مسيرة المجتمع بشكل عام وعلى موقف أفراده من القيم المادية و الفكرية للحضارة الحديثة و تصرّفهم إزاءها ، ولعل في دراسة هذه القرى العربية ما يكون صالحاً لتمثيل قرى كثيرة تعيش نفس الظروف في شبه الجزيرة العربية أو الدول المنتجة للبترول في وطننا العربي عامة ، وبهذه الرؤية تضع الدراسة نصب عينيها تطبيق المبدأ القائل بأن العلم يكون ناجحاً ويستحق الجهد إذا كان الهدف النهائي له هو خدمة الإنسان في نهاية المطاف وليس مجرد العلم للعلم[٢].

ثانياً: نماذج من دراسات التغير الاجتماعي والثّقافي :

اتصلت دراسة التغير الاجتماعي في كثير من بلدان العالم بعلم الاجتماع الريفي ، وإن تكن هذه الدراسات لم تنل ما تستحق من اهتمام في الوطن العربي رغم أن هناك دراسات سابقة أجريت في بعض أنحاء مختلفة من المناطق الريفية ، لأنها هي المناطق التي يمكن فيها ملاحظة التغير الاجتماعي بشكل واضح :

ففي الولايات المتحدة أصبح الاهتمام بهذا الموضوع واضحاً بعد الحرب العالمية الثانية و بشكل أكبر ((خلال العشرين عاماً الأخيرة وربما كان الاهتمام الحديث انعكاساً للتغير التكنولوجي في مجال الزراعة، ليس في الولايات فقط ، وإنما في مختلف أرجاء العالم))[٣].

فقد كان الاهتمام بدراسة التغير الاجتماعي متصلاً بإدخال وسائل الزراعة الحديثة إلى الريف الذي تناولته هذه الدراسات . ولعل مرد ذلك الاهتمام بالريف هو أن المدن في العالم الغربي قد استقرت على حال معيّنة بعد أن مرت عليها مدة طويلة من الزمن منذ أن دخلتها التغيرات الاجتماعية المصاحبة للصناعة و النهضة التكنولوجية الحديثة ، بينما تأخر

1-.محمد عاطف غيث : التغير الاجتماعي و التخطيط(1985)دار المعرفة الجامعية (ص53)..كذلك زكي محمد إسماعيل ..الأنثروبولوجيا والفكر الإسلامي (ط1)عكاظ للنشر والتوزيع 1402هـ ـ1982م (الفصل السابع ص163)

٢- محمد الجوهري وزملاؤه :التغير الاجتماعي (اختيار وترجمه)(ط1)دار المعارف سنة 82م(153)

٣- محمد الجوهري وزملاؤه (ميادين علم الاجتماع).دار المعارف ـط6ـ1984(ص19).

حدوث مثل هذه التغيرات في الريف إلى أن دخلته (حديثاً)الوسائل التكنولوجية في مجال الزراعة (وهي العمل الرئيسي لسكان الريف).

وقــــد صادف دخول هذه الـــوسائل الحـــديثة ازدهار عـــلم الاجـــتمـــاع و الأنثروبولوجيا في الثلاثينات من هذا القرن (العشرين) ، ثم بشكل خاص بعد الحرب العالمية الثانية. فكان التغير الحاصل في الريف هذه الأثناء يوفر لعلماء الاجتماع و الأنثرولوجيا الفرصة المواتية لدراسة تكنيك التغير وعوامله و آثاره وكل ما يتصل به . و لعل هذا هو نفس السبب الذي يجعل العلماء المذكورين أيضاً يحاولون بحث المجتمعات التي لم تبلغ درجة كبيرة من التحضر ، إذا أرادوا دراسة التغير في المجتمعات الإنسانية .

ونشير إلى بعض الدراسات التي جرت في أنحاء من العالم : كدراسة جالسكي " Galeski" للتقسيم الطبقي في بولندا ،وهي دراسة عن التغير في البناء الاجتماعي للمناطق الريفية في بولندا [2].ودراسة ديوب " Dube" عن (قرية هندية) و (قرى الهند المتغيرة) و دراسة جون امبري "Embree: j" الأنثروبولوجية لقرية سويا مورا اليابانية وهي في مرحلة التحول [١]:.

ودراسة ايفانزبريتشارد عن النوير [٢].

وبعض الدراسات الأنــثروبــولــوجــية التي عرضــتها روث بندكت في كتابها (أنماط من الثقافة) عن بعض قبائل الهنود الحمر و ثقافتهم [٣].

ومن أهم الدراسات في الشرق الأوسط نذكر دراسة عبد الـلـه لطفية عن إحدى مدن الضفة الغربية للأردن بعنوان" AJordanian village" .

ودراسة علياء شكري لبعض المجتمعات المحلية في المملكة العربية السعودية . وهي دراسة ميدانية لبعض ملامح التغير في ثقافة تلك المجتمعات ، ودراسة محمد عبده محجوب في الكويت بعنوان (البترول والسكان و التغير الاجتماعي) . وفي مصر دراسات متنوعة أجريت على المجتمع الريفي نذكر منها : دراسة حامد عمار على قرية سلوا بعنوان

---

[١] محمد الجوهري وزملاؤه : ميادين علم الاجتماع (مرجع سابق)

[٢] - EvANS-Pritchard E-E the Nuer ;Adescription of moods of livelihood and political institutions of ....Nilotic people(oxford; clarendon psess 1940)

[٣] .....Benedict ; R; patterns of calture ; Mentor Books ; fifth. Printing 1949...

(التنشئة الاجتماعية في قرية مصرية) والتي تبحث في التغير الاجتماعي في تلك القرية وعوامله من داخلية و خارجية [١].
ودراسة محمد عاطف غيث للقرية المتغيرة (القيطون) ثم لقرى (هلا و كفر الشيخ) ودراسة محمد الجوهري لبعض مظاهر التغير في مجتمع غرب أسوان ـ دراسة أنثروبولوجية لأحد المجتمعات النوبية ـ وسنعرض لأربع من هذه الدراسات بشيء من التفصيل ،و هي :ـ

1. **دراسة علياء شكري وعنوانها"بعض ملامح التغير الاجتماعي الثقافي في الوطن العربي:دراسة ميدانية لثقافة بعض المجتمعات المحلية في المملكة العربية السعودية"[٢]**

أجريت هذه الدراسة في منطقة من جبال السروات ، وشملت ثلاث قرى هي : قرية سبت العلاية و قرية تنومة وقرية الطرفين . وقد وجدنا كثيراً من الشبه بين هذه القرى وقرى هذه الدراسة ، وقد أتيحت لي أكثر من فرصة لزيارة اثنتين من هذه القرى هما سبت العلاية وتنومة والحديث مع الكثير من سكانهما . وتكاد تكون ظروف هذه القرى متفقة مع ظروف القرى التي هي موضوع دراستنا الحاليّة من حيث الاعتماد على الزراعة ومن حيث الطبيعة الجغرافية و البيئية ، ومن حيث أنماط العلاقات الاجتماعية والمفاهيم الثقافية التي تسود بين السكان .
وتعطي الدراسة فكرة عامة عن الأرض و الناس , فالمعلومات الجغرافية عن الأرض والتاريخية عن الناس ، وكذلك معلومات عن السكان ونشاطهم الاقتصادي ثم تتطرق الدراسة إلى العادات الشعبية وبشكل خاص ما تسميه الباحثة (دورة الحياة بمراحلها الثلاث : الميلاد و الزواج والوفاة) و كذلك عادات الطعام و آداب المائدة .
وفي القسم الثالث تبحث الدراسة في بعض عناصر المعتقدات الشعبية خصوصاً فيما يتعلق بالكائنات التي فوق الطبيعة و الطب الشعبي ، وتتناول بالبحث كذلك وظيفة المسجد الاجتماعية ومشكلة الهجرة . أما منهج الدراسة فهو المنهج التاريخي الذي يتخذ من التحليل الاجتماعي " أداة لفهم عمليات الثبات أو التغير في الثقافة التقليدية ". وأما أداتها فهي " المنهج الأنثروبولوجي أداة لفهم المجتمع ووسيلة لجمع المادة " واستعرضت الدراسة كذلك الصعوبات التي واجهتها وكان أبرزها قلة المراجع المكتوبة وانعدام أي مرجع أو دراسة

---

[١]-.....محمد عاطف غيث : التغير الاجتماعي و التخطيط دار المعرفة الجامعية 1985م (ص91ـ92).
[٢]الطبعة الثانية ـ دار الثقافة للنشر و التوزيع 1983م.

علمية لذلك المجتمع بشكل محدد . أما القسم المخصص لنتائج الدراسة فقد تناول أموراً عامة تتعلق بالمملكة العربية السعودية حيث تلقي الأضواء أولاً على " الاتجاهات العامّة للتغيّر " فتضع الدراسة نقاطاً محددة لا تخص مجتمع الدراسة وحده ، وهذه النقاط هي :

1. قيام الدولة السعودية حيث صاحب ذلك نظم حكومية حديثة كنظام مصلحة الصحة العامة ونظام مجلس المعارف و تشكيل المحاكم الشرعية .....الخ . وتشير الدراسة إلى أثر قيام هذه النظم في التغير الثقافي في المجتمع السعودي عامة ومن جملته مجتمع الدراسة .

2. البترول وما يمثله من عوائد اقتصادية تـنـفـق عـلـى شتى نواحي النشاط الزراعي و التعليمي و الصناعي وغير ذلك من الأنشطة .

3. التغير في القطاع الزراعي : و تبين الدراسة أن هذا القطاع قد أصابته آثار سلبية خطيرة بسبب الإغراءات الاقتصادية الأخرى كالعمل في التجارة أو العمل الحكومي مما تسبب في هجر الأرض الزراعية و إحداث تيار هجرة من القرى إلى المدن للالتحاق بتلك الأعمال . وتبحث الدراسة في الوضع الزراعي في المملكة عامة من حيث الإنتاج الزراعي و المساحات المزروعة ومشكلات التنمية الزراعية ، والآثار السلبية لازدياد الدخل على الزراعة ، وتتكلم عن المياه الجوفية

4. الهجرة وهي هجرة من الريف والبادية إلى المدن من أجل العمل أو الوظائف أو طلب العلم.

5. التعليم : تستعرض الدراسة وضع التعليم من بداية الأربعينات حتى إنشاء وزارة المعارف سنة 54م و بدء تعليم البنات سنة 1959م و التعليم الجامعي سنة 1957م ، ثم تقدم بعض الإحصاءات لإعداد الطلاب النامية . وتشير إلى أثر انتشار التعليم على وضع الهجرة حيث كان عاملاً مساعداً على شدتها إلى أثر التعليم على وضع المرأة التقليدي.

وتبحث الدراسة ثانياً في اتجاهات التغير في عناصر الثقافة :

1. النشاط التجاري : حيث تقارن ما كان يعرض في الماضي في الأسواق بما يعرض الآن من مستوردات مبردة كالفاكهة و اللحوم ، وتشير إلى انتشار التعامل النقدي بدل العيني وزيادة التبعية للمدن.

2. الثروة الحيوانيّة :وقد قلّ الاهتمام بها و أصبحت أعدادها تتناقص واختفت بعض الخصائص و العادات مع اختفاء الرعي و الرعاة .

3. وسائل النقل التقليدية و الحديثة : حيث قلّ الاعتماد على الحـيوانات في النـّقل و التنقل وحل محله استخدام السيّارات .

4. الصناعات المحلية و التقليدية : حيث اختفت كثير من أنواع الصناعات الـتقـليدية (المعتمدة على جلود الحيوانات) وكذلك الأدوات الزراعية القديمة وحل محلها الآلات الحديثة ، وامتد التغير إلى البيت القروي حيث تغير الأثاث و الأدوات المنزلية . وهذا بالإجمال يشير إلى اختـفاء كثير من الـصناعات التقـليديـة أو تدهورها .

5. البيت القروي : تناول التغير شكل البناء الخارجي و تجاور المباني ، ومواد البناء . وتقسيم البيت من الداخل ، وظهر الحمام ودورات المياه في المنزل .

6. عادات الطعام : و أبرز ما فيها تغير أصناف الطعام ، وطابع الطعام من البدوي إلى الحضري (من البساطة إلى التعقيد) ، وتقلص الإقبال على الأكلات الشعبية . وقلة اهتمام الأجيال الجديدة من الفتيات بمثل هذه الأكلات وعدم تعلمها ، و انتشار الوجبات السريعة وتغير مواعيد الوجبات .

7. الطب الشعبي : ضعف دوره بسبب انتشار الخدمات الصحية و الطب.

8. عادات دورة الحياة وتتناول الحمل والولادة وختان الذكور والزواج وعادات الموت .

9. وظيفة المسجد : تغيرت وظيفته من مكان للاجتماعات و التعليم إلى مكان للعبادة فقط.

10. الأعياد الشعبية : و المقصود بها عيد الفطر وعيد الأضحى .

وجهة نظر :

استعرضنا في الصفحات السابقة أهم النقاط التي تناولتها الدراسة المذكورة وقد كانت في أكثر ما عرضته دراسة وصفيّة عرضت لنا صورة عن تلك المجتمعات بما فيها من عناصر ثقافية تناولها التغير ، واعتمدت على المنهج التاريخي . وكان مصدرها في الغالب (الإخباريين) من سكان تلك القرى . وقد تناولت الدراسة نشاط السكان الاقتصادي و العادات الشعبية في مظاهر معينة ، و المعتقدات الشعبية بالإضافة إلى نقاط أخرى تتصل بهذه المواضيع . والدراسة (كما تذكر مقدمتها) دراسة اثنوغرافية (أي أنثروبولوجية وصفية) وبذلك فهي لا تقدم لنا تفسيراً أو مقارنة في مواضيع محددة ، ولكنها تقدم معلومات وافرة عن تلك المجتمعات ومظاهر ثقافتها ، ولعل هذا كان التزاماً من الباحثة بإبقاء الحكم القيمي ((الذي قد يصاحب عملية التحليل و التفسير)) بعيداً عن مجالات الدراسة ، وهذه وجهة نظر قد يكون لها ما يبرزها أحياناً ولكن يبدو أن عملية جمع

الحقائق الاجتماعية أو المعلومات عن مجتمع ما لاتكون كافية ، حيث تبدو كمجرد عملية تسجيل أو سرد متصل ، ولا بد من إكمال ذلك بالتحليل و التفسير وذلك لـنستطيع (بعد هاتين العمليتين) ترشيد سير المجتمع أو التنبؤ بما يمكن أن يكون نافعاً وصالحاً له ، أما عملية الوصف ذاتها فقد يمكن القيام بها بسهولة وذلك لأنها نقل الواقع الملموس وتسجيله في كتاب ، كما أن هذه الدراسة من ناحية أخرى لم تتطرق إلى التحليل البنائي الوظيفي أو العادات الاجتماعية (التزاماً منها بالمنهج الأثنوغرافية كما يبدو) . ونجد اهتماماً فائقاً ببحث الناحية الاقتصادية ، و الزراعة بشكل خاص ـ حيث يخيّل إلى من يقرأ هذه الدراسة ـ خصوصاً النّاحية المذكورة ـ أنه يقرأ موضوعاً في جغرافية الإنتاج الزراعي وليس في علم الاجتماع أو الأنثروبولوجيا ، ولعل السبب في ذلك هو تأثر الباحثة باتجاهات علم الاجتماع الريفي في الولايات المتحدة الذي ارتبط ارتباطاً وثيقاً بالدراسات في كليات الزراعة و بالتكنولوجيا [1] .

ويبدو أن هذا الاهتمام كان مبالغاً فيه ، ذلك لأن التغير الذي حدث في المجال الزراعي كان نتيجة ولم يكن سبباً في تغير العادات الاجتماعية أو ثقافة المجتمع ، إذ أن التغير الزراعي كان نتيجة للتغير الاقتصادي الناتج بصورة أساسية عن توفر البترول والذي يمكن اعتباره السبب المباشر في تغير كثير من الأنماط الثقافية التقليدية : كترك وسائل المواصلات القديمة واقتناء السيارات وترك بعض الأكلات الشعبية "كالعصيدة التي ذكرتها الباحثة " وغير ذلك . يضاف إلى ذلك أن هذه الدراسة تتناول الاتجاهات العامة للتغير فتبحث أولاً في أسباب التغير في المجتمع السعودي عامة ،ثم تخصص القسم الثاني للبحث في اتجاهات التغير في عناصر الثقافة .

و لكن القسمين يضعان خطوطاً عامة فضفاضة لا نتبين موضع مجتمع الدراسة منها ، بل يمكن القــول بأن هذا الكلام كلام عام ينطبق على مجتمعات العالم الثالث : خصوصاً في موضوع الهجرة إلى المدن كمراكز تجارية و تعليمية وصحية وخدمات متنوعة وكأني بالدراسة تفترض أن عوامل التغير في هذا المجتمع المحلي هي عوامل خارجية صرفة ، ودور مجتمع الدراسة دور سلبي ، مع العلم بأن هناك من يتحمس للتغيير من أبناء هذه القرى ، كما أن هناك من يقاومه ممن لهم مصلحة في ذلك (كبقاء سلطتهم أو امتيازات معينة لهم)، وحبذا لو أبرزت الدراسة شيئاً من هذا الصراع بين الطرفين ، وهو أمر

1....محمد الجوهري وزملاؤه : ميادين علم الاجتماع ـ مرجع سابق ـ (ص21ـ22)

حاصل فعلاً وملموس ، كما أن مستوى التغير في هذا المجتمع (المحلي) لا يتوازى مع مستوى بقية المجتمع الكبير (المجتمع السّعودي العام) ، الأمر الذي يجعل العلاقة بين المجتمع المحلي (أي الجزء) و المجتمع الكبير (أي الكل) غير واضحة تماماً ، بل هي علاقة لا يمكن تحديدها بدقة ، اللهم إلا في بعض المظاهر العامة المادية وهي التي ظهرت في كل البلاد (على مستوى المجتمع الكبير) : كانتشار العمران و انتشا ر السيارات وأنواع السلع المختلفة ، وهذه - كما نعلم - كلها مستوردة ، فما هو الدور المحدد الذي لعبته العوامل المتعددة (التي ذكرتها الباحثة) في عملية التغير الثقافي ؟ ثم إلى أي حدّ كانت هذه العوامل مؤثرة على هذا المجتمع (الجزء) بالنسبة لباقي المجتمع (الكل) ؟ هذا هو الأمر الذي يحتاج إلى مزيد من الإيضاح .

ولعل موقف الباحثة هنا يشبه موقف حامد عمار في دراسته لقرية (سلوا)، حين بحث في المؤثرات الخارجية التي أدت إلى التغير في (سلوا) ، تلك المؤثرات التي مسّت المجتمع المصري عامة ، ولكنه لم يبرز العلاقة الخاصة بين حالة المجتمع ككل وحالة القرية ، الأمر الذي جعله يعود مرة أخرى ليحدّد تأثر القرية المباشر لا بعوامل التغير الكبرى في المجتمع المصري بأسره بل بالمدينة - والمدينة القريبة [1] .

خلاصة القول إنه لابد من نموذج أو طابع ثقافي مميز يقلده مجتمع القرية أو يتجه إليه بعد أن يتأثر به ويتخذه كمثل أعلى له - الأمر الذي لم توضحه دراسة الباحثة - ونقطة أخيرة - قد تكون مثيرة للجدل - وهو أن بعض أجزاء الدراسة يلفها الطابع الرسمي . الأمر الذي يشعر المطالع لها بأنه يقرأ تقريراً صادراً عن جهة رسمية ، ويبدو لنا - وهذه مجرد وجهة نظر- أن الدراسة التي تنبثق من الأجـواء الشعـبية (وتكون حرة التناول وبعيدة عن الطابع الرسمي) تكون أقرب إلى النفس ، وذلك لأنها تنمو في أجواء بعيدة عن التكلف وعن المراقبة . ولعل السبب في عدم توفر ذلك لهذه الدراسة هو أن الباحثة كانت كمن أوفد لمهمة رسمية ينجزها في زمن محدد ، ولم تعش بشكل طبيعي واقعي حياة تلك المجتمعات .

2. دراسة محمد عاطف غيث بعنوان : القرية المتغيرة [٢] بدأ الباحث دراسته في قرية (القيطون) " كنموذج للتغير في المجتمع القروي مضيفاً إليها في الطبعة الثالثة نموذجين آخرين للتغير الاجتماعي في المجتمع القروي هما: هلا وكفر الشيخ متبعاً طريقة المنهج

1.....محمد عاطف غيث : التغير الاجتماعي و التخطيط - مرجع سابق - ص(91-92)

٢.....اعتمدت في هذا التلخيص على محمد عاطف غيث : دراسات في علم الاجتماع القروي -دار النهضة العربية - بيروت (دون تاريخ

المقارن " . ويحدد الباحث طريقة الدراسة بأنها باتباع المنهج المقارن ، ويبدأ بوضع " قواعد المنهج في دراسة القرية " موضحاً ما يعنيه المجتمع القروي . ويعرّف القرية بأنها (نموذج له طريقة معينة في الحياة تعتمد أساساً على الزراعة) وبعد ذلك يبين الطريقة الأنثروبولوجية التي يتبعها في دراسته و يستعرض الصعوبات التي يمثلها اعتبار القرية امتداداً للشعوب البدائية أو اعتبارها جزءاً من كل ، أي من مجتمع عام .

3. ويصل الباحث إلى (الطريقة الأنثروبولوجية المعدلة التي تقوم على اتجاه جديد في الأنثروبولوجيا الاجتماعية التي تتناول مجتمعات جزئية مرتبطة بروابط وثيقة مع مجتمع أكبر ، ولذلك قام الاتجاه الجديد على دراسة ناحية واحدة أو ناحيتين من الحياة الاجتماعية) وكذلك اقتربت هذه الطريقة (المعدلة) من المناهج السوسيولوجية من حيث اعتمادها على الإحصاءات الرسمية و التاريخ و الوثائق والجداول .

ويبحث **الفصل الثاني** في الملامح العامة للقرية ويشمل البحث موقف القروي من التعليم ودور التعليم في التغير ، والعلاقة بين القرية والمجتمـع الكبير والقـرية و الجوار . ثم يبحث في مجتمع القرية كمجتمع له ملامح محددة وقيم معينة يقسمها إلى قيم أساسية و قيم فرعية . ويتكلم عن عوامل التغير القروي التي يعزوها إلى عوامل خارجية و أخرى داخلية كان من نتيجتها أن ازدادت كثافة العلاقات الخارجية مع القرى المجاورة و المدينة و الحكومة ، ومن نتيجتها أيضاً التغير في القيم التقليدية المتعلقة بالأرض و الأولاد والعمل غير الزراعي كالحرف و المهن ، والقيم المتعلقة بالسلوك الاجتماعي .

ويدرس **الفصل الثالث** (التغير الاجتماعي في المجتمع القروي) ويستعرض بعض الدراسات السابقة في هذا الموضوع كدراسة حامد عمار ودراسة ألان "بيلز A.Beals" ودراسة "رد فيلد ودوبيه وجون امبري "،

وينقد ويقيّم هذه الدراسات ، ويعرض وجهة نظره . ويعرض بعض المفاهيم الضرورية في بحثه ثم يعرض نظرية " رد فيلد عن ما يسمي ((folk society)) ويخلص الباحث إلى بحث التغير الاجتماعي في مجتمع الدراسة محدداً في مجالات ثلاثة هي : العائلة و التنظيم القرابي ، والحياة الاقتـصـادية ، و الثقافة والمجتمع القروي . حيث يبحث العائلة والتنظيم القرابي في الفصل الرابع ، و الحياة الاقتصادية في الفصل الخامس و الثقافة في الفصل السادس .

ويبحث الفصل السابع نظرية التغير والدراسات القروية . ويضع يده أخيراً على مشاكل المجتمع القروي فيعرض صورة عامة لمشاكل المجتمع المصري وحلولها المرحلية ، وأخيراً يبين في الخاتمة فقر الاتجاهات النظرية والمنهجية في علم الاجتماع الريفي .

وقد عرض الباحث في كتابه (التغير الاجتماعي و التخطيط)[1] الفروض التي وجهت الدراسة و البحث و حددها في خمسة فروض مبدئية [2] كما عرض أهم نتائج دراسته التي أجراها على المجتمع القروي ، وخرج بنتيجة نهائية ساقها في نقاط محددة ، واستنتج أن الدراسة أكدت صحة الفروض التي انطلق منها .

وهذه الفروض هي :

1. التسليم بأن كل تغير في علاقة الإنسان بالبيئة يعني بعض التغير في علاقته بأقرانه .

2. في التغير غير الموجه تكون بواعث التغير الأولى (داخلية) نتيجة لازدياد السكان واستمرار ضغطهم على المصادر الطبيعية الثابتة التي يستمدون منها مورد معيشتهم وتكون العوامل الخارجية " كتدخل الحكومة أو أثر المدينة " عوامل معجلة Accelarating factors .

3. الإصلاح الاجتماعي الذي لا تفرضه قوة القانون يكون قليل الأثر جداً في التغير الثقافي ما لم يكن البناء الاجتماعي نفسه قد بدأ يتغير .

4. في المجتمعات البدائية و الحديثة قد يحدث تغير ثقافي في قسمي الثقافة المادي وغير المادي مع عدم استواء بين مكونات هذه الثقافة كنتيجة للتغيرات السريعة . ولكن في المجتمع القروي (النموذج المدروس) عندما لا يكون التغير سريعاً وغير موجه في نفس الوقت لا يحدث اختلال التوازن أو سوء توافق فتسير عمليات التغير بتوازٍ و توازن في كل اتجاه.

5. يعتقد الباحث أن المجتمع القروي يتغير من مجتمع بسيط تكون فيه القرابة أساس العلاقة و الاكتفاء الذاتي خاصية الوحدات العائلية المكونة له ، إلى مجتمع معقد تكون فيه المصلحة أساس العلاقة و الاعتماد المتبادل داخلياً وخارجياً خاصية الكل و الجزء معاً.

وبعد ذلك عرض الباحث(عوامل التغير ونتائجه في النموذج) ، وتحت هذا العنوان عرض نقاطاً تمثل أهم النتائج التي توصل إليها في دراسته ، وهي كما يلي :

1....التغير الاجتماعي والتخطيط ـ دار المعرفة الجامعية (1985)

2...ص87 و ما بعدها .

1. التغير في النسق يقوم على مبدأين : **الأول** هو مبدأ التغير الملازم أو الداخلي ، وهو التغير الذي ينبثق من داخل النسق ولكنه لا يؤدي إلى تغير هذا النسق إلى شيء جديد له خصائص تختلف عن الخصائص الرئيسية المتضمنة فيه سابقاً . ويضرب الباحث مثالاً على ذلك تغير العائلة وتفككها إلى أسر ، لكن هذا التغير لم يُـؤدِّ إلى تغيير رابطة الرجل بالمرأة وإنجاب الأطفال والإشراف على تربيتهم وإعطائهم مركزاً ودوراً في مجتمع القرية وللعوامل الخارجية دور يتمثل في الإسراع أو التأخير بالتغير الملازم للنسق .

و **المبدأ الثاني** مبدأ الحدود : ومعنى ذلك ـ كما يشير الباحث "أن العلاقة السببية الوظيفية بين اثنين أو أكثر من المتغيرات أ، ب لها حدود معينة " ويقصد بذلك أن هذه العلاقة قد لا تكون صحيحة بل قد لا يكون لها معنى ، أو تكون صالحة لتفسير التغير. ونفهم من ذلك أنّ مؤثراً ما (كالعامل الاقتصادي) قد يكون له أثر في خفض نسبة الوفيات (إلى حد معين) ، ولكن من ناحية ثانية لا يجب أن نفهم من ذلك اطراد القاعدة : أي كلما توفر وجود هذا العامل بشكل أكبر زاد انخفاض نسبة الوفيات تبعاً لذلك ؛ إذ إن هذا الاطراد غير صحيح ، وإمكانيات العامل الاقتصادي في التأثير محدودة بحدود معينة لا تتعداها .

2. التغير في العائلة و الحياة الاقتصادية و الثقافية المادية في النموذج تغير كمي أكثر منه كتغير كيفي . والمقصود بالتغير الكمي (زيادة في الوحدات) وبالكيفي " تحسّن في الوظيفة من حيث الأداء " ففي مجال العائلة : ازدادت الأسر عدداً ، ولكن ذلك لم يؤد إلى تحسن ملموس في التدريب الاجتماعي وطرق التربية . وفي مجال الثقافة المادية نجد التغير فيها يمتد إلى زيادة في العدد (كنتيجة لزيادة الأسر) كما أن الجديد فيها لا يحقق الهدف منه ، فالنمو الكمي هو الغالب على النمو الكيفي .

3. التغير في القرية ككل أو في أجزاء منها كمجتمع أدى إلى وجود خاصتي الامتداد الداخلي و الاعتماد الداخلي و الخارجي . والمقصود بالامتداد هو امتداد العلاقات الاجتماعية وعدم اعتمادها على النسق القرابي وحده بل على المصلحة المباشرة أو غير المباشرة أيضاً . وأما الاعتماد الداخلي فالمقصود به الاعتماد على مجتمع القرية بأسره بدلاً من الاعتماد الضيق الذي كانت وحدته الصغرى العائلة و الكبرى البدنة . و الاعتماد الخارجي يقصد به اعتماد القرية على القرى المجاورة و السوق و المدينة .

4. يؤدي التغير إلى اللاّتجانس في القرية : أي النمو من البساطة إلى التعقيد : في مجال العلاقات العائلية وأداء العائلة لوظائفها ، وفي مجال الثقافة المادية من حيث إدخال

الكماليات (ويعتمد ذلك على المركز الاقتصادي للأسرة ، و للتقليد دور في هذا المجال) كذلك لم يعد العمل الزراعي هو العمل الوحيد في القرية .

5. التغير يسير ببطء في انتقاله من مرحلة إلى أخرى ، وبعد أن يتخطى العقبات التي قد تكون في وجهه كالجهل أو الخوف أو سطرة قمة معنة .....الخ وذلك في مجال العائلة أو الحياة الاقتصادية أو الثقافة المادية . والخلاصة أن عمليات التغير تمتاز بميزتين ، الأولى هي: التوازن المتحرك و الثانية الانتشار التدريجي .

6. الشعور الجمعي المستمد من الوحدة العائلية وعلاقات القرابة أخذ يتفكك ، ولم يعد تشابه الأفراد من حيث مركزهم الاجتماعي يقوم على الانتماء لبدنة معينة ، بل أصبح المركز الاجتماعي للفرد مرتبطاً بمركزه الاقتصادي ، و المصلحة هي التي أصبحت تحدد علاقات الفرد و تعين اتجاه شعوره الجمعي أي أن الفردية ظاهرة نامية الآن . وأصبح في المجتمع نمطان رئيسيان من السلوك هما : النمط القديم ، ويحاول الالتزام به كبار السن ، و النمط المتغير الذي يتحراه الشبان بوجه خاص و الذي تغلب عليه النزعة الفردية باتجاهاتها المختلفة .

7. الوحدة القرابية التي كانت تقوم على الاكتفاء الذاتي و الحفاظ على التقاليد و على القناعة و التعاون الملزم و الاعتماد الضيق تتغير الآن نتيجة لتغير هذه الأسس التي كانت تحدد مركز الفرد الاجتماعي و الاقتصادي . ويمكن القول بأن الوحدة القرابية تتغير الآن إلى وحدة طبقية بسبب ارتباط المركز الاجتماعي بالمركز الاقتصادي ، ويمكن أن تتبلور الطبقة للدراسة في المستقبل في المجتمع القروي .

8. يتسع الانتماء كلما زاد التغير الاجتماعي : كان الانتماء القديم ينحصر في ثلاث دوائر هي العائلة والبدنة و القرية . وانتماء اليوم يتغير ليشمل مجتمع القرية ككل . فالقروي اليوم يشعر بانتماء إلى هذا المجتمع أكثر من شعوره بالانتماء إلى النسق القرابي . ويتناسب هذا الشعور طردياً مع التغير ، ويتعدى شعور القروي مجتمع القرية إلى المركز فالمحافظة فالدولة ، حيث أخذ القرويون يتأثرون بالأحداث السياسية و الاجتماعية المؤثرة على المجتمع العام للدولة ، وهذا يوضح أن القرية كجزء من كل في مجتمعها وثقافتها.

9. أثبتت الدراسة صحة الفروض التي حاولت الإجابة عليها :

أ:ـ حيث كانت البيئة في القرية عاملاً له أهمية عظمى في حياة العائلة الواحدة في القرية ، والبيئة هي التي جعلت النشاط الاقتصادي يرتبط ارتباطاً وثيقاً بالحياة الاجتماعية وما تقوم

عليه من قيم ، وحددت نظرة القرويين للحياة وأعطت بذلك صفة (الكلية) لمجتمع القرية على أساس الاكتفاء الذاتي النسبي ، لكن في القرية المتغيرة ـ وإن كان من المناسب عدم إهمال البيئة في تفسير التغيرات الاجتماعية ـ إلا أن أثر القرى المجاورة و القانون والسوق والمدينة لا يمكنإغفال مالها من نتائج في سرعة التغير واتجاهاته خصوصاً بعد أن تغيرت علاقة الإنسان بالطبيعة بسبب الزيارة المستمرة في عدد السكان .

ب:ـ معنى ذلك أن العوامل الداخلية كان لها الأثر الأول الواضح في بواعث التغير بينما العوامل الخارجية كانت عوامل معجلة فقط ، حيث ارتبطت وتساندت مع العوامل الداخلية .

ج :ـ لا ينتج عن عمليات التغير ((المتميزة بخاصيتين هما : التوازن المتحرك والانتشار التدريجي)) تخلف ثقافي أو عدم استواء في أجزاء الثقافة القروية الواحدة .

د :ـ يتجه المجتمع المتغير من البساطة إلى التركيب بعد أن كانت فيه القرابة أساس العلاقة والاعتماد المتبادل خاصية الجزء والكل معاً .

هـ :ـ وإن الإصلاح الاجتماعي غير المفروض بقوة القانون لن يؤدي إلى نتائج مثمرة ما لم يوجه على أساس دراسة عمليات التغير واتجاهاته .

10 . يتساءل الباحث ـ أخيراً ـ عن إمكانية التنبؤ في علم الاجتماع فيقرر بأنها"مهمة صعبة جداً" بسبب الظروف غير الثابتة والمعقدة للمجتمعات بينما التنبؤ في العلوم الطبيعية ممكن لقيامها على قوانين ثابتة ـ وإذا كان التنبؤ هو الغاية العظمى من العلم فإن الحديث عن مستقبل التغير، أو التنبؤ بما سيكون عليه هو أمر فيه مخاطرة كبيرة . ولذلك يمكن الاستفادة من هذه الدراسات "دراسات التغير" في التخطيط الاجتماعي حيث توضع خطط للوصول إلى هدف معين في زمن محدد .

ملاحظات على الدراسات :

أول ما يلفت النظر في هذه الدراسة هو وقوفها على أرض صلبة من حيث القاعدة النظرية التي انطلقت منها،حيث تعرض بوعي لنظريات علم الاجتماع القروي ومنطلقاته العالمية واهتماماته ، وتحدد مكانها الذي يتناسب مع مجتمع الدراسة الميدانية في القرى الثلاث،وهذا ما جعل للدراسة مكانة رائدة وفريدة في مجالها خاصة وأنها((من الدراسات النادرة التي أوقفت جهودها كلية لتتبع عملية التغير الاجتماعي:دوافعها ومظاهرها ونتائجها))[1]،وإن كانت"تفتقر إلى المصادر التاريخية التي تلقي ضوءاً على مراحل متقدمة كان عليها المجتمع" [2]، فهذا ليس قصوراً من الدراسة ولا

1.....محمد الجوهري وزملاؤه ـ ميادين علم الاجتماع ص 48 .

2...نفس المرجع ـ نفس المكان .

يعنيها ، ولكنه (فيما يبدو) شيء منطقي في مجتمع لم يعرف مثل هذه الدراسات سابقاً ، وبالتالي فليس لها في هذا المجال تاريخ يمكن الرجوع إليه . كما أن المصادر الأخرى (المكتوبة) لا يمكن أن توفر للباحث مرجعاً يستطيع الاعتماد عليه ، فكتب التاريخ مثلاً أو كتب الأدب لا تعنى ببحث شؤون المجتمع أو يهمها البحث في التغير الاجتماعي ، بل غاية ما تقدمه للباحث لا يتعدى بعض الملامح العامة للمجتمع ، ومثل هذه الملامح ليس فيها ما يساعد الباحث على فهم أحوال المجتمع في فترة سابقة تاريخياً .

وقد جاء الباحث في دراسته بما أمكن أن يسد به هذه الثغرة وهو الاستعانة بكبار السن ، حيث أشارت الدراسة إلى هذا الأمر [1] ...

3 .. دراسة محمد عبده محجوب :

وعنوانها : "" البترول و السكان والتغير الاجتماعي"" [2]

تناول الباحث في دراسته هذه تغير المجتمع الكويتي بعد أن اكتشف البترول في الكويت ، وقد كان هذا الاكتشاف عاملاً اقتصادياً مؤثراً على بنية المجتمع الكويتي ، وتناول الباحث هذا التغير من خلال دراسته لظاهرة الهجرة التي اعتبرها مدخلاً للتعرف على التغيرات الديموغرافية والبنائية في المجتمع الكويتي . ويبدأ الباحث دراسته بمقدمة يوضح فيها المجال الجغرافي للدراسة وهو الكويت ، فيحدد موقع الكويت . كما يتكلم عن عدد سكان الكويت وتوزيعهم في محافظات ثلاث ويتكلم عن الأعمال التقليدية للسكان وهي صيد اللؤلؤ وركوب البحر وغير ذلك كالرعي والزراعة . ثم يذكر بدايات النفط في الثلاثينات من هذا القرن ثم تصدير أول شحنة سنة 1946م .

ويذكر الباحث بداية تدهور المنا شط الاقتصادية التقليدية وبداية عصر النفط والتغيرات السكانية والاقتصادية والتحديث ، وبداية تأسيس الدولة المستقلة عن بريطانيا سنة 1961م.

وينتقل بعد ذلك إلى صياغة مشكلة البحث ويلخصها في اختلاف العلاقة التقليدية التي كانت تربط بين المصادر الاقتصادية الطبيعية والقوى العاملة في الكويت وما ينتج عن ذلك من موجات من التغير في كل مظاهر الحياة الاجتماعية . ومهمة البحث هي دراسة تلك التغيرات الديموغرافية و الاجتماعية التي ترتبت على التغير الاقتصادي الذي اتخذ مظهراً معيناً يتمثل في الهجرة التي يعتقد الباحث أن كثيراً من التغيرات نتجت عنها في المجتمع

---

[1] ....محمد عاطف غيث ـ دراسات في المجتمع القروي (مرجع سابق) ص 30 .

[2] .....دار المعرفة الجامعية 1985 ...

الكويتي . ويوضح الباحث هذه المشكلة بقوله بأن التغيرات الديموغرافية قد ارتبطت بتغيرات جذرية في بنية المجتمع الكويتي خصوصاً في الجوانب الاقتصادية و السياسية . ويذكر الباحث أن دراسته سوسيوأنثروبولوجية ، وقد اتجهت اتجاهاً (بنائياً) إذ أن التغيرات التي طرأت على بنية المجتمع الكويتي في مرحلة ما بعد النفط هي تغيرات جذرية تصل إلى مستوى التغيرالبنيوي (البنائي) . ويوضح الباحث ما يعنيه باصطلاح (البناء الاجتماعي) ويحدده بأنه يقوم على ثلاث ركائز أساسية هي الظروف الإيكولوجية والتكوين الديموغرافي و الثقافة بجانبيها المادي وغير المادي .

ثم توضح الدراسة طريقتها في اختبار المنهج السوسيوبولوجي ومجالها البشري وتبين أن موضوع دراسة الهجرة وآثارها على بنية المجتمع التقليدي تستدعي أن يعرض الباحث لبعض العلاقات غير الاقتصادية " باعتبار أن موضوع الهجرة العمالية له بعض الجوانب الاجتماعية الأخرى مثل الجوانب السياسية و الجوانب القبلية " . وحاولت الدراسة إبراز العلاقات التي قامت بين الجماعات المتمايزة خصوصاً العلاقات بين السكان الأصليين و المهاجرين ، ثم أنماط العلاقات بين الجماعات المتمايزة من المهاجرين خصوصاً في مناطق السكنى ومجالات العمل والتعليم والزواج و التضامن الاقتصادي والاجتماعي .

وتشير الدراسة إلى كيفية الحصول على المادة الأثنوغرافية فحددتها فيما يلي :ـ

أ‌- الرجوع إلى المعلومات الوصفية والتاريخية عن الكويت القـديمة وتاريخها وتقاليدها .

ب- تطبيق الطرق الأنثروبولوجية التقليدية المتمثـلة في الملاحظة بالمشاركة والاعتماد على الإخباريين و الطريقة الجينيولوجية (أشجار النسب) وتسجيل تاريخ حياة عدد من الأشخاص .

ج ـ الاعتماد على استبيانات وقوائم أسئلة للتعرف على الحراك السكاني و الاتجاهات المهنية و العرقية و التوافق المهني الهجرة وغيرها .

د ـ الاعتماد على بعض المعلومات الإحصائية التي أمكن الوصول إليها لقياس بعض النواحي المتعلقة بمشكلة الهجرة و التغير في بئية المجتمع الكويتي .

ويشير الباحث إلى العلاقة بين المنهج الكمي و المنهج الكيفي في جمع المعلومات و التحليل إذ ليست هذه العلاقة علاقة متوازنة ومطردة بالضرورة ، ويوضح أن اعتماد الدراسة على الطريقة السوسيوأنثروبولوجية لا يعني وجود قسمة ثنائية في طريقة الدراسة

، بل هي طريقة واحدة ذات شقين متكاملين : الشق الأول الطريقة الأنثروبولوجية التي تعنى بالكيف و الثاني الطريقة السوسيولوجية التي تعتمد على المعلومات الكمية .

وقد قسم الباحث دراسته إلى سبعة فصول وخاتمة عرض فيها نتائج الدراسة . وتناول الباحث في الفصل الأول الهجرة و بنية المجتمع ـ وهذا الفصل دراسة نظرية .

وفي الفصل الثاني بحث النسق الاقتصادي في كويت ما قبل النفط ، وقد شمل البحث ناحيتين :

الأولى المنا شط الاقتصادية التقليدية كالملاحة والغوص ، والثانية هي الملكية ونظم تبادلها وحمايتها .

وتناول الفصل الثالث بالبحث الوحدة القبلية والقانون في الكويت ـ قبل التغير ـ حيث بحث ناحيتين هما الوحدة القبلية و السلطة السياسية وحدود كل منهما .

ويبدأ الباحث في الفصل الرابع دراسة الهجرة والتغيرات الاقتصادية ، ويقسم الفصل إلى ثلاث نقاط : الأولى تبحث في النفط والتغيرات الاقتصادية و الثانية تبحث في المنا شط الاقتصادية عامة و الثالثة تبحث في التغير الاقتصادي و تقسيم العمل في المجتمع الكويتي الحديث ويبحث الفصل الخامس في التغـــاير السكاني و السلطة والجزاء في دولة الكويت تحت ثلاثة عناوين هي :

السلطة في المجتمع الكويتي والتّقنين في المجتمع الكويتي و التغيرات الديموغرافية والإدارية .

ويختص الفصل السادس ببحث الفئات الاجتماعية المتمايزة في المجتمع الكويتي حيث يعرض أولاً لترتيب الفئات الاجتماعية المتمايزة في المجتمع الكويتي التقليدي (قبل النفط) . ثم يبحث ثانياً في العوامل الديموغرافية و الاقتصادية ودورها في تغيير نسق ترتيب الفئات .

وأخيراً يبحث في ترتيب الفئات الاجتماعية في مجتمع التغاير السكاني . ويبحث الفصل السابع والأخير في التغاير السكاني و الوحدة المجتمعية تحت عنوانين الأول : التغاير والتمثل في كويت ما بعد النفط . و الثاني : الكويتيون وغير الكويتيين في مجتمع ما بعد النفط . ثم يتكلم الفصل عن التعدد والوحدة في بنية المجتمع الكويتي ((أي المجتمع الكويتي الواحد ذو نسق تعددي)).

أهم نتائج الدراسة :ـ

1. كان هناك تنوع في المنا شط الاقتصادية ـ بسبب الظروف الإيكولوجية ـ حيث كان البدو يوفقون بين العمل الزراعي و الرعي والصيد والغوص وينتقلون في موسم الربيع إلى مناطق العشب و يتجمعون حول مصادر المياه في الصيف .

2. في المجتمع التقليدي كان السكان قسمين : الحضر وعملهم في الصيد والزراعة و الغوص والسفر والتجارة ، والبدو أنصاف الرحل :حيث كانت تربطهم بالحضر علاقات اقتصادية أو علاقات أخرى كدفاع أهل البادية عن الحضر .

3. كان لظهور النفط أثر في الهجرة : الهجرة الداخلية أولاً وترك كثير من الأعمال السابقة التي كانت تمارس . والهجرة الوافدة ثانياً حيث تولى الوافدون كثيراً من الأعمال .

4. نتيجة للهجرة و الظروف الاقتصادية الجديدة حدث توزيع جديد للقوى العاملة المحلية على المهن و ألمنا شط الاقتصادية التي تتناسب مع نوع الخبرة و الكفاءة التي يتمتع بها العامل الكويتي وازدهرت الأعمال و الخدمات الحكومية و تقلصت أو تلاشت الأعمال التقليدية .

5. كونت القوى العاملة الوافدة الغالبية العظمى للعمالة في المجتمع الحديث وهي على نوعين : الأول في المراكز الإنتاجية العلمية والفنية و الحرفية التي تحتاج إلى مهارة و الثاني : عمال غير مهرة يقومون بالأعمال الشاقة التي يعزف عنها الكويتيون أو غيرهم .

6. تغيرت الأسس التي يقوم عليها تقسيم العمل في المجتمع : كالوحدة القرابية والأسس العرقية (أي احتراف عرق معين لمهنة معينة : كالصلب الذين احترفوا الحدادة) . وأصبحت الخبرة والمؤهلات العلمية هي الأساس الذي يقوم عليه الاختيار للوظائف الحكومية .

7. تغير مفهوم الكفالة التقليدي (أي تكافل أبناء المجتمع في تعويض من خسر تجارته مثلاً أو طرأ عليه طارئ ما) إلى مفهوم آخر يقوم على التفرقة و التمييز بين الفئات السكانية في المجتمع بهدف حماية المواطنين الكويتيين في الدرجة الأولى ، الأمر الذي انعكس سلبياً على المهاجرين الوافدين .

8. تغيرت النظرة إلى المصادر الأساسية للثروة في المجتمع حيث كان رضى الحاكم مطلوباً في ممارسة كل الأنشطة الاقتصادية كالصيد و الزراعة والسفر بالبحر (عدا الرعي الذي يخالف ما سبق) ، بل كان يُدفَع نصيب للحاكم . وبعد النفط أصبح ينظر إلى

النفط باعتباره ملكاً للحاكم , وقد تنازل عنه لرفع مستوى شعبه . وأصبح الناس يرون أن لهم حقاً في هذه الثروة ، ونتج عن ذلك نتائج منها أن هذا الحق تحكم في سوق الإنتاج ، وصار التضخم الوظيفي مظهراً من مظاهر التكافل الاجتماعي في المجتمع .

9. نتج عن الهجره الوافده كبر حجم المجتمع وتضارب الثقافات والتنافس في سوق العمل ، فجرى لذلك تعديل أجهزة الحكم والإدارة بما يتلاءم مع الأوضاع الجديد ة وتطورت نظم الإدارة الاقتصادية بسبب كبر حجم المشروعات واتساع دائرة العلاقات .

10. ساعدت الهجرة على زيادة الاتصال بالعالم الخارجي واقتباس النظم الحديثة في الحكم وإدارة المشروعات الاقتصادية ، فالهجرة كانت العامل الأساسي في كثير من التغيرات السياسية والاجتماعية.

11. ظهرت مشكلات جديدة : كعدم وضوح الانتماء السياسي للجماعات المختلفة ، وظهور عمليات التسلل إلى البلاد والمنازعات العمالية والإضرابات أو المنازعات على مستوى طوائف المهن .

12. التغيرات الديموغرافية (الهجرة) أدت إلى توزع السكان في مناطق معينة : كالمناطق المغلقة التي يسكنها الكويتيون . وكذلك أصبحت الدولة حريصة على تكوين بعض قطاعات سوق العمل .

13. كونت فئات المهاجرين جماعات تربطها عناصر التماسك : كالقرابة أو الانتماء إلى موطن واحد ، وهذا جعلهم يقدمون المساعدات للمهاجرين الجدد.

14. كان لظهور المنا شط الاقتصادية الحديثة آثار واضحة في نسق ترتيب الفئات الاجتماعية في كويت ما بعد النفط ـ كانت الوحدات القرابية تتمركز في مواسم معينة حول مصادر المياه وكذلك كان التوزع السكاني في المناطق الحضرية يرتبط بروابط القرابة أو الانتماء المذهبي أو غير ذلك .

15. وقد كانت التشريعات التي ساوت بين المواطنين في حقوق المواطنة السبب في تلاشي مظاهر التمركز الإقليمي في سكنى الوحدات القرابية والعرقية المتمايزة حيث حصل أعضاء من تلك الوحدات المتنوعة على بيوت متجاورة في مناطق الإسكان الحديثة وعلى أعمال متشابهة .

وجهة نظر :

تتناول هذه الدراسة التغيرات التي طرأت على المجتمع الكويتي ، وتبحث ذلك من خلال موضوع الهجرة بعد اكتشاف البترول الذي وفر المال اللازم لإدخال أساليب الحياة العصرية إلى ذلك المجتمع في النواحي التكنولوجية ، ولا مراء في أن العامل الاقتصادي هنا هو السبب المباشر في التغيرات الاجتماعية التالية ، وهو كذلك العامل الحاسم في عمليات الحراك الاجتماعي التي حدثت سواء بشكل أفقي (الهجرة) أو بشكل رأسي (الانتقال والامتزاج بين الطبقات) وقد كان هذا البحث سجلاً حافلاً لكثير من هذه التحركات و التغيرات ، كما أنه عرض مادة ميدانية اتخذها مرتكزاً لتقريراته و استنتاجاته . ولكن من ناحية ثانية ـ نلاحظ أن الباحث لم يحاول بناء أو صياغة أفكار نظرية عامة ، وبالتالي فلم نجد في البحث توقعات للمستقبل يرى أنها شيء محتمل الحدوث في اتجاه معين .

ولعل هذا راجع إلى الاعتقاد بأن علم الاجتماع يجب أن يعني كثيراً بأساليب البحث وأدواته وأن لا يحاول إقامة مستويات نظرية عامة . ولكن تبقى حقيقة نؤمن بوجوب أخذها في الاعتبار وهي أن البحث الاجتماعي لا يجب أن يكون مجرد تسجيل لما هو موجود في المجتمع وكأنه تقرير لما هو في الواقع فقط ، بل لابد أن يكون بحثاً متكاملاً من حيث الأدوات والأساليب والمناهج أولاً ومن حيث الاتجاهات الفكرية والقيمية ثانياً ، كما لا بد أن يكون معنياً بالتحليل والتفسير والتنبؤ ، الأمر الذي يساعد على تخطيط وتوجيه المجتمع ، وذلك حتى نحقق المقولة التي تفترض أن يكون هدف العلم النهائي هو ترشيد الإنسان وخدمته فرداً كان أو جماعة .

ولا نعتقد أن خدمة الإنسان والارتقاء به تكون بدون محاولة المزاوجة والتوفيق بين اتجاهه القيمي والاتجاه العلمي . وانطلاقاً من هذه النقطة يبدو أن ضبط المناهج والأساليب و أدوات البحث وإحكامها يكون أكثر فائدة وغناءً للإنسان إذا كان يصاحبه تنبؤ بما سيكون [1] أو نظرة فكرية تحليلية تسقط الماضي في الحاضر و تتنبأ بالمستقبل من خلال منظومة القيم الاجتماعية والفكرية لمجتمع الدراسة ، ولكن من ناحية ثانية قد يسبب ذلك الحرج (في بعض الحالات) للباحث أو لجهة ما من مجتمع الدراسة . ولاندري في هذه الحالة أين تقف حرية البحث الاجتماعي وحرية الرأي العلمي .

4. دراسة محمد الجوهري لمجتمع غرب أسوان :ـ وهي بعنوان :

"" بعض مظاهر التغير في مجتمع غرب أسوان . دراسة أنثروبولوجية لأحد المجتمعات النوبية ""[2] .

1....زيدان عبد الباقي ..قواعد البحث الاجتماعي ـ مطبعة السعادة ط3 (1400هـ ـ1980م) ص 68 ـ69.

2..العنوان المذكور والدراسة في : محمد الجوهري ـ الأنثروبولوجيا ـ أسس نظرية وتطبيقات عملية ـ دار المعارف ط4 (1404 ـ1983) ص423ـ 527.

يقسم الباحث دراسته إلى ستة فصول يتناول الفصل الأول طبيعة الدراسة وأهدافها فهدف الدراسة هو إلقاء الضوء على مجتمع محلي منعزل مكانياً بشكل نسبي عن المجتمع الكبير ، والهدف من الدراسة بذلك هو المساهمة في جعله يتكامل مع المجتمع الكبير . ومن هنا أيضاً أهمية الدراسة .
أما أسباب اختيار مجتمع البحث فهو إتاحة المجال لطلاب البحث المشاركين أن يشاهدوا الفرق بين مجتمعهم المتحضر ومجتمع له سمات مختلفة ليست مألوفة لهم ، ولذلك اختير هذا المجتمع النوبي ، والسبب الثاني في اختيار هذا المجتمع هو أنه من المجتمعات التي لم يمسها التهجير ، فهو مجتمع قديم مستقر ، والإضافة التي يعتقد الباحث أن هذا البحث يضيفها هي " محاولة الكشف عن ديناميات التغير الثقافي في مجتمع نوبي قديم " .
و بذلك فنتائج البحث ستمدنا بنظرات تعين على فهم ديناميات التغير الثقافي في مجتمعات أخرى ، وأما السبب الثالث في اختيار هذه القربة للدراسة فهو أنها ترتبط مع مدينة أسوان بمواصلات جيدة ، وهي قرية زراعية ، ولكن بدأت الزراعة تضعف فيها مفسحة المجال لأنشطة اقتصادية أخرى كالصناعة والخدمات . والسبب الرابع أنها كانت من بين القرى التي درسها الباحث الألماني هانزالكسندر فينكلر في الثلاثينات من هذا القرن ، الأمر الذي وفر مادة علمية عن بعض مظاهر الحياة في القرية , و السبب الخامس هو توفر بعض الصلات والعلاقات الشخصية التي يمكن أن تساعد الباحث في الوصول إلى المعلومات التي يريدها.
أما خطة البحث وموضوعات الدراسة ، فهي كما يلي :ـ
ذكر الباحث أن لهذه الدراسة غايتين :ـ الأولى /الوصول إلى فهم متكامل بقدر الإمكان لطبيعة الحياة في مجتمع البحث وأبعاد هذه الحياة ومعالم النشاط الإنساني .
الثانية / الوصول إلى فهم دقيق قدر الإمكان لديناميات التغير الثقافي في هذا المجتمع .
الغاية الأولى تتحقق بجمع المعلومات والبيانات المتنوعة عن مجتمع البحث : من الدراسات السابقة والإخباريين والسجلات الرسمية والملاحظات الشخصية .
والغاية الثانية ، أصعب من الأولى لحاجتها إلى التحليل ، وقد اختار الباحث ثلاثة مجالات للدراسة هي: النشاط الاقتصادي وميدان العادات الشعبية وميدان المعتقدات و المعارف الشعبية . ويتناول الفصل الثاني التعريف بمجتمع الدراسة بعنوان (الملامح العامة لقرية غرب أسوان) جغرافياً وتاريخياً . ويبحث في السكان وسلالاتهم وعناصرهم و تقسيمات

القرية وعدد السكان ثم يبحث في علاقاتهم مع المجتمع الخارجي والخدمات والمرافق في القرية .

ويتناول الفصل الثالث بالدراسة النشاط الاقتصادي في مجال الزراعة والمحاصيل الزراعية وأدوات العمل الزراعي وكذلك الثروة الحيوانية والنشاط التجاري والصناعات التقليدية والنقل و المواصلات .

و في الفصل الرابع ، تهتم الدراسة بالبيت النوبي وشكله وملامحه العامة ومواد البناء وتقسيمات البيت من الداخل وما تحويه حجراته من أثاث وملحقات البيت من دورات مياه ومطابخ ومخازن للغلال .

وفي الفصل الخامس ، تتكلم الدراسة عن العادات والتقاليد : عادات الميلاد وتنشئة الطفل وعادات الزواج والزفاف وعادات الموت والأعياد الشعبية ،كليلة النصف من شعبان والإعداد لرمضان وعيد الفطر وعيد الأضحى والاحتفال بيوم عاشوراء والحج .

وفي الفصل السادس والأخير تبحث الدراسة في المعتقدات والمعارف الشعبية : كالأولياء والاعتقاد بكراماتهم ومكانتهم عند الناس ، وزيارة الأولياء والنذور ، ثم الكائنات فوق الطبيعية : كالشيطان والصل والعمار والغول والمارد والقرين والأسياد والأرواح والممسوسين وبنات البحر والبراق والمسيح الدجال . ثم تبحث الدراسة في الطب الشعبي تحت عناوين هي :

1. الطب الشعبي ومصادر البيئة المحلية .
2. الطب الشعبي وبعض عناصر التراث الأخرى .
3. بعض مظاهر الطب الشعبي .
4. التغير في الممارسة الطبية الشعبية .
5. ثم تنتهي الدراسة عند هذا الحد ، دون أن يعرض الباحث نتائج لها ، ولعل السبب في ذلك أن هذه الدراسة وصفية استطلاعية أو استكشافية حيث قدمت وصفاً حياً لجوانب ومظاهر عديدة من ثقافة هذا المجتمع ، ومن خلال الوصف أوقفتنا على جوانب من العلاقات والمواقف الاجتماعية المتصلة بثقافة المجتمع المدروس ، لأن كل عنصر من عناصر الثقافة يستتبع بالضرورة نوعاً من العلاقات أو المواقف الاجتماعية يكون العنصر الثقافي هو الدافع له ، أو المحرك الكامن وراءه

موقف الدراسة الحالية من الدراسات السابقة :ـ

الدراسة الحالية دراسة لمجتمع محلي ، وهذا المجتمع له ظروف قد تتشابه في جوانب منها مع مجتمعات الدراسات التي استعرضناها . ولا شك أن الدراسة الحالية استفادت من الاطلاع على هذه الدراسات ، ولكن لها أمل أن تضيف معلومات جديدة عن جزء من الوطن العربي له عاداته وتقاليده وأعرافه و عراقته ، خصوصاً وأنها دراسة ناتجة عن المعايشة الفعلية للمجتمع القروي بكل ما فيه ، مما يتيح لها أن تعطي صورة واقعية حقيقية لا صورة ظنية .

والنقطة الثانية التي تختلف فيها هذه الدراسة عن الدراسات السابقة نقطة طالما كانت مثار جدل ، تلك هي **مسألة (الحكم القيمي) في البحث الاجتماعي** ، وتأمل هذه الدراسة أن توظف النقطة المذكورة في خدمة البحث وبالتالي خدمة المجتمع من حيث أنها لن تتغاضى عن القيم لتقدم وصفاً فوتوغرافياً فقط للمجتمع .

ونلخص موقف الدراسة من هذه النقطة كما يلي :ـ

1. تعتقد هذه الدراسة بأن البحث الاجتماعي يجب أن يكون محايداً قدر الإمكان في مرحلة جمع الحقائق عن مجتمع الدراسة ، وأن يسجل الحقائق كما هي لاحباً فيها ولا كرهاً لها ، بل فقط للأمانة العلمية وللحق ، ولعدم تبديل أو تغيير أي شيء بصرف النظر عن مشاعر الباحث .
2. تؤمن الدراسة أن أي باحث لايمكن أن يتجرد من خلفيته القيمية التي عاش عليها في مجتمعه، ولا يستطيع ذلك مهما حاول [1] ، وبذلك فلا بد من الاعتراف بكل وضوح بأن للقيم دوراً أساسياً في علم الاجتماع ، بمعنى أنه لا يجوز الاكتفاء بجمع الحقائق و تركها معروضة ، بل لا بد أن يلي ذلك رأي الباحث المزود بموقف نظري تشكل فيه القيم نصيباً منسجماً مع منظومة الأفكار النظرية الأخرى خصوصاً ما يتصل بثقافة المجتمع ومعتقداته وتاريخه وأسس حضارته " فالعمى الأيديولوجي والجبن الأخلاقي كانا من أهم أسباب تخلف علم الاجتماع الإمبيريقي عن فهم المشكلات الحقيقية للإنسان "[2] ومن هنا الالتزام الخلقي والقيمي لدى الباحث .
3. مما سبق يتضح اتجاه هذه الدراسة والتزامها الخلقي والقيمي وذلك انطلاقاً من الإيمان بوجوب جعل القيم الإسلامية مرشداً ودليل عمل لمجتمعاتنا العربية الإسلامية ، ولهذا فالدراسة تحرص على أن تعرض الحقائق الموضوعية كما هي موجودة فعلاً في مجتمع الدراسة ، ثم لا بد

1.....إليكس أنكلز : مقدمة في علم الاجتماع ، ترجمة محمد الجوهري وزملائه ـ دار المعارف (ط6) 1983م ـ 0ص23)

2.....المرجع السابق (ص15ـ17) كذلك جان دوفينو ـمقدمة في علم الاجتماع ـترجمة علياء شكري ـدار نهضة مصر 73م (ص 40ـ 42).

لها من التحليل والنقد ووزن الظواهر بميزان القيم المتوارثة۔ ولا نعني بذلك الجمود ولا نعني أبداً المحافظة على كل قديم مهما كان بل نعني " القيم الإسلامية الداعية إلى الإخاء و التضامن والشعور بالآخرين وبناء علاقات الرحمة والتعاون بين بني الإنسان " .

4. والدراسة تدرك تماماً المسؤولية في هذا الموضوع ، ولكن هذا لن يكون حائلاً دون الهدف المنشود وهو محاولة الإسهام في تجربة ما إذا كان يمكن بناء علم اجتماع إسلامي يأخذ في اعتباره ظروف المجتمعات الإسلامية ،ولا ينسى أن القيم الإسلامية هي التي كونت شخصية هذه المجتمعات بشكل متميز عن سواه ، وبالتالي فما الذي يمنع أن تكون دراسة هذه المجتمعات وتوجيهها وتخطيط مستقبلها في ضوء هذه القيم وبالاسترشاد بها على أن يكون جلياً بأن الباحث لن ينصب نفسه قاضياً يتهم فيدين أو يبرئ ، وإنما جلّ ما في الأمر أن يشير إلى قرب المجتمع أو ابتعاده (في مظهر معين) عن القيم التي تشكل شخصيته القومية المتميزة على مدى تاريخه الطويل . ومن هنا يتحتم القول بأن الباحث الاجتماعي في أي مجتمع يجب أن تكون ثقافته نفس ثقافة المجتمع ليتمكن من تفهم واقعه وليساعد على تخطيط وتوجيه وخدمة هذا المجتمع ، أو بعبارة أخرى ليتمكن من توظيف بحثه في خدمة القيم السامية والتوجيه الإيجابي لهذا المجتمع ، وليس كمجرد جامع للحقائق كأنه يكتب تقريراً صحفياً. يقول محمد علي محمد :" منذ اكتشاف الطاقة النووية واستخدامها بفاعلية عام 1904م لم يعد هناك شك في انتهاء الأسطورة التي تزعم أن البحث العلمي بعيد عن الاعتبارات الأخلاقية والقيم الاجتماعية " [1] وإذا كان علماء الاجتماع والانثروبولوجيا الغربيون قد وظفوا أنفسهم في خدمة أهداف السيطرة الاستعمارية وقدموا نتائج أبحاثهم الاجتماعية والأنثروبولوجية لتسهيل مهمات المستعمرين ـ كما فعل كل من آرثر شلسنجر" A.schlesinger" وروستورهوسيلتر [2]ـ فإن من واجب باحثينا هو أن يتخذوا من قيمهم الإنسانية التي يدعو إليها الإسلام دليل عمل يرشدهم إلى الرقي بالإنسان وعدم استغلاله واحترام إنسانية ، وذلك هو أسمى رقي حضاري .

5. تنطلق هذه الدراسة من النظرية الوظيفية كمدخل لتحليل العلاقات الاجتماعية والتعرف على مضمونها ، وهذا ما يجعلها مختلفة عن الدراسات السابقة في هذا المجال : فمن الدراسات ما اتخذ الطابع الوصفي (الأثنوغرافي) ومنها ما اتخذ الطابع الأنثروبولوجي وبحث في نواح مختلفة من المجتمع المدروس ، ولم يتيسر للباحث في الدراسة الحالية أن يعثر على دراسة وظيفية فيما اطلع

---

[1].... محمد علي محمد : علم الاجتماع والمنهج العلمي ـ دارا لمعرفة الجامعية 1983م ط3 (ص520).

[2]....محمد الجوهري وزملاؤه (ميادين علم الاجتماع)ـ مرجع سابق(ص356ـ 357).

عليه من دراسات أجريت في الوطن العربي . وبطبيعة الحال ليس معنى هذا أن نقول بأن مثل هذه الدراسات غير موجودة ، بل ربما كانت موجودة بصورة أو بأخرى .

وإجمالاً فهذه الدراسة تختلف في منطلقها النظري واعتنائها بالمفاهيم من الناحية اللغوية والثقافية العربية عن الدراسات الأخرى التي جرى استعراضها في هذا الفصل . وهذا نابع من الإيمان بضرورة تأصيل هذه المفاهيم بالرجوع إلى اللغة العربية والثقافة الإسلامية .

الفصل الثّاني

الأسس النظرية للدراسة

أولاً : النظرية الوظيفية كمدخل للتحليل

ثانياً : النظرية الوظيفية من منظور إسلامي

ثالثاً : مناقشة مفاهيم الدراسة في ضوء النظرية الوظيفية

1.التحضر : مفهومه العام ، ومفهومه المادي المعاصر .

2.العلاقات الاجتماعية :معناها ومضمونها .

3.المجتمع القروي : خصائصه ووظائفه .

4.التغير الاجتماعي وعلاقته بالتوازن والاستقرار .

أولاً : النظرية الوظيفية كمدخل للتحليل :

الوظيفية نظرية اجتماعية حديثة ازدهرت في علم الاجتماع الغربي،وهي (كبناء نظري) نتاج تفكير علماء الاجتماع الغربيين سواء في الأنثروبولوجيا أو السوسيولوجيا .

وسوف تتخذ الدراسة الحالية مفهوم الوظيفــية كمدخل للتحــليل السوسيولوجي   ولدراسة العلاقات الاجتماعية في المجتمع المدروس .

وفي الصفحات التالية تحاول الدراسة أولاً أن تلقي الضوء على معنى الوظيفية وجذورها التاريخية وتطوراتها الحديثة ، ثم تتبع ذلك بنظرة إسلامية إلى هذه النظرية ، ومدى توافقها مع تاريخ المجتمع الإسلامي وواقعه وبنائه الاجتماعي ، وخصوصاً وأن الإسلام قد حدد   (الواجبات والحقوق) لأفراد المجتمع حسب مراكزهم الاجتماعية ، كما حدد أيضاً الوظائف للمجتمع الإسلامي كشخصية اعتبارية مستقلة لها سلطاتها ومؤسساتها ومفاهيمها ودورها في حياة الأفراد . وما هذه الواجبات والحقوق إلا الوظائف التي يطلب من الفرد تأديتها للآخرين (فهي واجبة عليه) ، أو أن يؤديها الآخرون إليه (فهي حق له) .

والدراسة الحالية لا تطمح إلى أكثر من اتخاذ (الوظيفية) كمدخل للتحليل والدراسة ، وذلك لاقتناعها بملاءمة هذه النظرية لدراسة مجتمع مسلم ، ولأنها (كنظرية) لا تعارض قاعدة إسلامية شرعية (كالماركسية مثلاً) .

وبناء نظرية وظيفية إسلامية يحتاج إلى مؤلف مستقل يتناول بالبحث بناءها النظري بالتفصيل من إحدى وجهتين :

1- الوجهة الأولى :ـ الجوانب (البنائيةـ الوظيفية) كوظيفة الفرد الاجتماعي ووظيفة مكونات المجتمع أو مؤسساته كالأسرة والقبيلة والمجتمع المحلي والمجتمع العام الإسلامي .

2- الوجهة الثانية :ـ (النظم الوظيفية) في المجتمع الإسلامي مثل الاقتصاد الوظيفي ، ووظيفة النظام السياسي ووظيفة نظام العقوبات .....الخ.

وقد اختارت الدراسة الحالية أن تحدد مكونات المجتمع ، وما يربط هذه المكونات (أو المؤسسات) من علاقات اجتماعية ، ولذلك فالذي يتفق مع خط هذه الدراسة هو الاتجاه   (البنائي الوظيفي) بالمفهوم التبادلي للوظيفة ، حيث يوجد تبادل بين مكونات المجتمع   (الفرد الاجتماعي ، الأسرة ، المجتمع ، المجتمع العام المتمثل في مجتمع المدينة القريبة) . وهذا التبادل يتمثل في التساند الوظيفي بين هذه المكونات . والدراسة الحالية تهتم بتحليل العلاقات الاجتماعية من حيث وظيفتها في ربط المكونات الاجتماعية وإعطائها شكلها.

الحالي في المجتمع المدروس أما عملية التنظير المحض أو المجرد انطلاقاً من مفهوم إسلامي للوظيفية ، فهذا كما هو واضح خارج عن نطاق هذه الدراسة وخطتها المرسومة ، لأن بناء النظريات هو من اختصاص علم الاجتماع النظري ، ويحتاج إلى جهد منفصل ، مع الإدراك التام أنه لا بد لهذا (العلم النظري) من الاستعانة بفروع علم الاجتماع الأخرى حينما يحاول التحقق من مصداقية نظرياته على أرض الواقع .

وخلاصة القول : إن النظرية الوظيفية هي أداة التحليل والدراسة في هذا المقام وهي إنتاج فكري غربي لن نحاول أن نلبسه (العمامة) ، بل نتناولها من وجهة نظر إسلامية : فإن توافقت مع الإسلام أخذنا بها ، وإن لم تتوافق نبذناها جانباً ، شانها في ذلك شأن أي إنتاج فكري أو مادي آخر ، حيث نأخذه ونستفيد منه ونستعمله بالأسلوب الإسلامي المتلائم مع واقعنا وقيمنا وتقاليدنا.

ثانياً : النظرية الوظيفية من منظور إسلامي .

تمهيد :-

كان التفكير الاجتماعي في العصور السابقة مختلطاً بالتفكير السياسي وبفلسفة التاريخ ، ولم يكن علم الاجتماع قد تبلور كعلم له أسسه النظرية الفكرية ومناهجه المستقلة في البحث ، بل اختلط هذا الجانب من التفكير الإنساني بغيره منذ بدء التفكير الفلسفي عند اليونان حيث برزت صورة من صور التفكير الاجتماعي عند فيلسوفي اليونان " أفلاطون وأرسطو" :فطبق أفلاطون أفكاره المثالية على مجتمع تخيّله في كتاب (الجمهورية) ، وبيّن في ذلك الكتاب رأيه في الحكم وفي المجتمع الذي تضمه دولته المثالية بقوانينها التي اعتبرها تحقق السعادة لمجتمعها ، وقد " حاول أفلاطون أن يفهم المجتمع وأن يحلله كوحدة ، أي أنه بالمفهوم الحديث لعلم الاجتماع كان ينظر إلى المجتمع ككل تترابط أجزاؤه لتكون كلاً متساندا "[(1)]

وبذلك فقد كان أفلاطون يفهم المجتمع " ككل مترابط " وترابطه يتم عن طريق أداء كل جزء من المجتمع لوظيفة معينة تسهم في خير هذا (الكل) وفي قيامه واستمراره أما أرسطو فقد كان فيلسوفاً واقعياً يعيش متأثراً بالمجتمع الإغريقي ومؤثراً فيه بأفكاره : فهو من ناحية يبرز تقسيم المجتمع إلى طبقات تضم الفلاسفة والحكام والجنود والعبيد ، ويدافع

1...محمد عاطف غيث :دراسات في تاريخ التفكير الاجتماعي واتجاهات النظرية في علم الاجتماع " دار النهضة العربية (1975)ص5.

عن الطبقية ،حتى إنه يرى ضرورة وجود طبقة العبيد من أجل الخدمة والقيام بالأعمال الشاقة وبذلك فهو يحدد لكل طبقة عملاً أو وظيفة تؤديها ضمن نطاق المجتمع الإغريقي.

ومن خلال كتابات أرسطو التي يبين فيها أن الإنسان حيوان اجتماعي أو كائن اجتماعي استمد ضرورة وجود علاقات اجتماعية [1] . ومن ذلك كله يمكن أن نفهم بأن جذور النظرية الوظيفية كانت في البدايات الأولى للتفكير الاجتماعي الممتزج بالفلسفة والسياسة ، ولكن ذلك لا يعني بأية حال أن التفكير الوظيفي كان بشكل محدد أو متميز ، بل كانت الوظيفية تدخل ضمناً في عناصر ذلك التفكير ، وهذا أمر طبيعي ما دام أنّ همّ فلاسفة الإغريق كان منصرفاً إلى تحقيق قيام المجتمع المثالي : من خلال رسم طريقة الحكم المثالية أو التي يتصور الفيلسوف أنها الأفضل أولاً، ومن خلال تقسيم الشعب إلى طبقات أو فئات اجتماعية كل فئة تقوم بعمل معين ثانياً (أو بالمفهوم الوظيفي نقول : بوظيفة معينة) تسهم بها في هذا البناء (السياسي الاجتماعي) .

وكان ابن خلدون أكثر المفكرين وضوحاً في تفكيره الاجتماعي من خلال دراسته للتاريخ وتعليله للحوادث واستقرائه لها ، ورغم أنه لا يمكن قياس فكر ابن خلدون بالنظريات الاجتماعية المعاصرة (أو بمعنى آخر لا يمكن تصنيفه ضمن نظرية اجتماعية معاصرة) إلا أنه يمكن القول بأن فلسفة التاريخ التي وضعها والتزم بها في دراساته التاريخية كانت البداية الحقيقية للتفكير الاجتماعي بشكل واضح . وقد اعتنى ابن خلدون ببحث أحوال المجتمعات وتطوراتها الحضارية منذ عهدها بالبداوة والرعي إلى الزراعة والاستقرار والعيش في المدن ودخلوها في مرحلة من الترف ، وبحث ما يعتري المجتمعات من أحوال القوة والضعف في نواحي النزعة الحربية والشجاعة وتناسبها مع أحوال المجتمع وتطوراته ، وتفكك الدولة بسبب تفكك المجتمع واسترخائه عندما تسيطر عليه حياة الترف مما يسهل على أعدائه التغلب عليه ، فالدولة في رأي ابن خلدون لها أعمار كأعمار الأشخاص [2] ، وكل عمر (أو مرحلة من عمرها) لها صفات تمتاز بها ، كما أن لها دوراً تؤديه يناسب هذه الصفات : فمرحلة البداوة ـ المرحلة الأولى من عمر الدولة ـ تمتاز بصفات الخشونة والشجاعة وتؤدي هذه الصفات إلى تغلبها على غيرها وتأسيس مجتمع جديد .

---

[1] ...نفس المرجع (ص 5ـ6).

[2] ...المقدمة ـ دار الكتب العلمية 98هـ ـ 78م ـــــــ بيروت (ط4) (ص 170ـ183).

الوظيفية في علم الاجتماع :

ظهر التفكير الاجتماعي في بداية العصور الحديثة مقترناً بالفكر السياسي ومتأثراً بفلاسفة اليونان ، خصوصاً أفلاطون وأرسطو ، فوضع مونتسكيو كتابه (روح القوانين) وظهرت كتابات أصحاب العقد الاجتماعي مثل(رو سو) في فرنسا، (هوبز) و (لوك) في بريطانيا ، بالإضافة إلى المؤلفات اليوتوبية التي كانت مزيجاً من الأدب والسياسة والاجتماع في إطار من (الطوبائية) أو الخيال الذي يمكن تسميته (المثالية الخيالية) ، حيث يتخيل الكاتب مجتمعاً (في بلاد خيالية) تسود فيه المثل الاجتماعية والسياسية التي يعتبرها الكاتب المثل العليا ، وفي هذا تأثر واضح بجمهورية أفلاطون وكان أشهر كتّاب اليوتوبيا "Utopia" السير توماس " More; sir Thomas" (1478ـ1535م) وهو من أوائل الكتاب في هذا المجال ، وقد ظهر في بريطانيا ووضع كتاباً بعنوان "utopia " واقتفى أثره فرانسيس بيكون (1561ـ1626م) في كتابه (أطلانطس الجديدة)[1] ولكن ظهور نظريات العقد الاجتماعي أدى إلى تعويق نمو التفكير الاجتماعي لأن اهتمام هذه النظريات كان مجال السياسة والأخلاق في الميدان الأول ، وكان فصل النظرية السياسية عن النظرية الاجتماعية أول علامة على قرب ميلاد علم الاجتماع .[2]

وقد اتخذت النظريات السوسيولوجية (منذ ميلاده كعلم له مناهجه على يد أوجست كومت) اتجاهات متعددة ، نذكر منها (فلسفة كومت الوضعية) وتصوره للمجتمع على أنه ذو طبيعة عضوية ، وتعريفه علم الاجتماع بأنه ((الدراسة الواقعية المنظمة للظواهر الاجتماعية))[3] ، ومنها (الداروينية الاجتماعية) التي يعتبر سبنسر أشهر ممثليها ، ومنها أفكار ماركس التي تناولت الطبقات وعلاقاتها والصراع الاجتماعي بينها ، وكذلك إسهامات(دوركايم) الذي أكد على دور القيم في الحياة الاجتماعية " وعلى شيئية الظواهر الاجتماعية " مما كان له أثر واضح في دفع الدراسات الميدانية و الأمبيريقية " [4].

وقد انقسم علم الاجتماع إجمالاً إلى قسمين (متأثراً في ذلك بالسياسة) ،قسم يبحث في التوازن والنظام والاستقرار ويدعو إليها ، ويمثله علماء الدول الغربية ، وقسم آخر يبحث في الصراع ويتخذ من الماركسية منطلقاً له ، وهو علم الاجتماع الذي كان يسود في

1....هذه المعلومات من Thosndike,Barnhart, High school Diction, 1957- scott,,forsesmam co .p p. 629, 1039, 70 .
2....محمد عاطف غيث ـ مرجع سابق ـ ص 19.
3...المرجع السابق ص 37.
4....المرجع: السابق في مواضع مختلفة (من ص 37ـ 47).

روسيا ودول المعسكر الشرقي ، ولعل هذه الثنائية نابعة من تقسيم كومت لعلم الاجتماع إلى قسمين هما الاستاتيكا الاجتماعية " static sociology" والديناميكا الاجتماعية "Dynamic soc" وقد تبلورت النظرية الوظيفية على يد مجموعة من علماء الاجتماع الغربيين ، وأصبحت هي الاتجاه الغالب في مقابل النظرية الاجتماعية الماركسية ، وتعني الوظيفية :

" الإسهام الذي يقدمه الجزء إلى الكل وهذا الكل قد يكون متمثلاً في مجتمع أو ثقافة ، ولعل ذلك هو المعنى الذي يقصده كثير من الأنثروبولوجيين مثل راد كليف برا ون " Brown" ورالف لنتون " Linton" ومالينوفسكي " Malinowski" بل ودوركايم أيضاً حينما يستعملون كلمة وظيفة " [1] على أن هناك معاني أخرى للوظيفية : كالمعنى الرياضي الذي استخدمه سوروكين : وهو ما يعني أن مقدار أهمية متغيّرما تحدد بدورها مقدار أهمية متغير آخر ، أو معنى ثالث وهو الذي يشير إلى دراسة الظواهر الاجتماعية باعتبارها عمليات أو آثاراً لبناءات اجتماعية ، مثل أنساق القرابة أو الطبقة ، ويستخدم في هذه الدراسة (التحليل الوظيفي Functional Analysis) وقد يستخدم تعبير (التحليل البنائي الوظيفي Stsuctusal Func. Analy.)، وهي الصيغة المستخدمة بكثرة في أعمال بارسونز وتلاميذه [2].

وقد ظهر الاتجاه الوظيفي في البيولوجيا وعلم النفس و الأنثروبولوجيا الثقافية قبل ظهوره في علم الاجتماع ، فالكائن العضوي في نظر البيولوجيا يمثل نسقاً يتألف من مكونات ترتبط فيما بينها ارتباطاً وظيفياً ، وفي علم النفس استطاعت مدرسة الجشطالت في العشرينات والثلاثينات من هذا القرن أن تبرهن على العلاقة الوثيقة التي تربط الأجزاء بالكل الواحد وأنه لا بد من التعرف على الجزء في سياق الكل ، لأن لكل جزء مكانة أو معنى يؤديه أو يشغله في المجموع الذي يختلف معناه عن معنى كل جزء وهو منفصل. وفي الإثنولوجيا (الأنثروبولوجيا الثقافية) ظهر الاتجاه الوظيفي عند فرانز بواس"Boas"(1858ـ1942م).

وقد تأثرت الدراسات السوسيولوجية بالاتجاه الوظيفي في مجالات العلوم المذكورة ، إلاّ أن فكرة تكامل الأجزاء في "الكل " وتساعد عناصر المجتمع قد ظهرت عند كومت في فكرة " الاتّساق العاوظهرت فكرة التكامل عـند " سبنسر" ، وظهرت فكرة تكامل الأجزاء

---

[1]....نيقولا تيما شيف ـ نظرية علم الاجتماع : طبيعتها وتطورها ـ ترجمة محمود عودة وزملائه (ط8) دار المعارف 1983م) ص32).
[2].....المرجع: السابق (ص 320ـ321) في مواضع مختلفة .

أيضاً في (الاتجاه العضـوي) عـند " كولي " وفي تصور" باريتو" للمجتمع (كنسق متوازن) .
أما فكرة (الدور أو الإسهام الذي تقدمه البناءات الاجتماعية للكل) فقد أكدها كل من دوركايم وتوماس ، حيث اشترك الأخير في أول دراسة كتبت بروح وظيفية قام بها مع زنانيكي عن الفلاح البولندي [1] . أما دوركايم فقد بين في كتابه (تقسيم العمل الاجتماعي ، الوظائف التي يؤديها تقسيم العمل ، فهو " يقول بالتناوب بين فئات المجتمع في تبادل المنافع ، وهذا التناوب هو الذي يحقق التماسك الاجتماعي "[2] ومن هذا يتضح لنا تأكيده لفكرة الدور أو الوظيفية التي تقوم بها كل فئة في تحقيق التماسك الاجتماعي أ و(التضامن الاجتماعي العضوي)[٣] .
ومن أشهر الأعمال التي استعانت بالاتجاه الوظيفي في علم الاجتماع [٤]: ـ

1. دراسة رو برت ليند "Lynd" وهيلين ليند وعنوانها " "Middle Town" (الميدلتون) سنة 1929م . وهذه الدراسة محاولة منظمة لفهم مجتمع أمريكي محلي هومدينة مينسي (Muncie) بولاية إنديانا.
2. دراسة أخرى لنفس الباحثين بعنوان (الميدلتون في تحول Mid. In Transitio).
3. سلسلة دراسات (يا نكي سيتي Yankee City) التي أشرف عليها لويد وارنر Warner. ومنها أربعة مجلدات تدرس مدينة صغيرة في ولاية نيوإنجلند ، والمجلد الأول منها بعنوان (الحياة الاجتماعية في مجتمع محلي حديث (The social life of modern community).وفيه وجهة نظر وظيفية حول علاقات التفاعل الاجتماعي وظهور أنساق اجتماعية (بناءات اجتماعية) تنظم سلوك الأفراد بواسطة قوانين و جزاءات . وتوجد علاقة متبادلة تسود النسق الاجتماعي : حيث يوجد بناء اجتماعي واحد يمنح المجتمع الكبير طابعاً مميزاً وفي نفس الوقت يعمل على تكامل البناءات الاجتماعية الأصغر في وحدة واحدة ، وبذلك يصبح هذا البناء العام أشبه بهيكل يمثل إطاراً لأجزاء الجسم وأعضائه . وفي نفس هذه السلسلة تبدو الجوانب الوظيفية واضحة في بعض دراساتها مثل

---

1 ....المرجع: السابق (ص 322ـ323)في مواضيع مختلفة .
2 ...محمد عبد المعبود مرسي : علم الاجتماع عند تالكوت بارسونز ـمكتبة العليقي ـ بريدة القصيم (ط1)دون تاريخ ص31.
٣.....محمد عاطف غيث (المرجع السابق) ص267.
٤...تيما شيف ، المرجع: السابق (من ص 323ـ 328)

دراسة "deep south"سنة 1941م بإشراف وارنر ودراسة جيمس وست West لمدينة بلينفيل Plainville بالولايات المتحدة سنة 1945م .

4. كتاب بعنوان المجتمع الأمريكي American society تأليف روبن وليامز Williams (سنة 1951) ويسعى إلى تقديم وصف و تفسير سوسيولوجي للعلاقات الاجتماعية ويجيب على التساؤل القائل : كيف تتكامل النظم المستقلة استقلالاً ذاتياً ؟ .

5. دراسة ألبرت كوهين بعنوان (الأولاد الجانحون Delinquent Boys) حيث يتوصل الباحث إلى أن جنوح الأولاد يكون ناتجاً عن ظروف اجتماعية ينتج عنها تشكيل عصابات من قبل الجانحين وتقوم هذه العصابات بوظيفة بالنسبة للجانحين وهذه الوظيفة تتمثل في إسهام العصابات في حل المشاكل التي تواجه الجانحين . فكأن هـذه العصابات بمثابة التعويض عن الظروف الاجتماعية الأسرية .

6. دراسة وليام جود Goode عن (الدين والشعوب البدائية) Religion anong the primitives . وقد ذكر الباحث أن دراسته تتخذ طابعاً سوسيولوجياً ووظيفياً ومقارناً في آن واحد . وكانت مناقشته للاتجاه الوظيفي محاولة تربط هذا الاتجاه بالنظرة التي تعتبر المجتمع بمثابة عملية وحدويّة (unitary) ، ثم أكد بوضوح الفكرة الوظيفية التي ترى تكامل الأجزاء في كل واحد ، وقد خصص الباحث الجزء الأساسي لبحث التساند بين الجانب الديني للحياة الاجتماعية والنشاطات الاقتصادية والسياسية والعائلية في خمسة مجتمعات بدائية ، وخلص من ذلك إلى أن النسق الديني يسند النسق السياسي بطريقة واضحة وبطريقة رمزية من خلال تأكيده للأنماط الثقافية التي تجنب المجتمع حدوث صراعات مختلفة .

وضع الوظيفية الحاضر : -

يعتبر بعض الباحثين الاتجاه البنائي الوظيفي الآن المرحلة الرابعة التي يعيشها التطور البنائي لعلم الاجتماع ، وهو الاتجاه الذي سار فيه بارسونز في الثلاثينات من هذا القرن ، والذي أضيفت إليه تطورات أخرى عن طريق جماعة من المدرسين الشبان مثل رو برت ميرتون وكنجزلي ديفز و ويلبرت مور و روبين وليامز وغيرهم [1] .

أما المراحل الثلاث السابقة فهي : المرحلة الأولى : الاتجاه الوصفي السوسيولوجي وأشهر ممثليه سان سيمون وأوجست كومت , والمرحلة الثانية هي الماركسية ، والمرحلة الثالثة

1....محمد عاطف غيث ـ المرجع: السابق (ص 249ـ 250)

علم الاجتماع الكلاسيكي الذي تطور قبل الحرب العالمية الأولى ، وحاول أن يوجد نوعاً من التكامل بين الوضعية والماركسية ، أو البحث عن طريق ثالث ، وأشهر رواد هذه المرحلة ماكس فيبر و دوركايم و باريتو [١].

وقد تدعم الاتجاه الوظيفي بما قدمه الأنثروبولوجي مالينوفكسي في مؤلفه(النظرية العلمية للثقافة سنة 1944م . The scientific theory of cul) حيث قال بأن كل ثقافة يجب أن تشبع الحاجات البيولوجية للإنسان أولاً ، وبأن الإنجاز الثقافي ما هو إلا تدعيم آلي وتلقائي للفسيولوجيا البشرية ، لأن هذا الإنجاز يرتبط بإشباع الحاجات البيولوجية مباشرة أو بطرق غير مباشرة [٢]، وتهتم النظرية الوظيفية الحديثة بتأكيد وجود الجماعة وإمكانية نمو نسقها الاجتماعي ، وتحديد التطورات التي تطرأ على ثقافتها وأهداف هذه الثقافة ، مع ملاحظة ثلاث قضايا هي:ـ

أ- أن الحاجات الوظيفية يمكن إشباعها بطرق مختلفة ، لأن ذلك يتوقف على التباين الاجتماعي والتنوع الثقافي .

ب- أن عدد الاختيارات التي يتم بواسطتها الإشباع تكون محدودة ، لأنه يخضع لطبقة الخصائص البيولوجية للإنسان ولحاجته الاجتماعية والسيكيولوجية .

ت- ج ـ أن مدى هذه الاختيارات يتحدد عن طريق العلاقات المتبادلة بين الاختبارات ذاتها ، وقدم ماريون ليفي في كتابه المتأثر ببارسونز ، وهو (بناء المجتمع The structure of society) سنة 1952م رأيه في الإجراءات والتدابير التي تستخدم عند دراسة الفروض الوظيفية واختبارها ، وهي :

ث- اعتبار أن التجربة العقلية Mental Experiment إحدى هذه الإجراءات والتدابير .

ج- استخدام المنهج المقارن كإجراء يستعان به في تنمية الفروض الوظيفية واختبارها ، وتتم المقارنة على المستوى الكمي والكيفي .

ح- استخدام إجراء آخر في التحليل الوظيفي ، وهذا الإجراء يتمثل في ملاحظة وتحليل النتائج المترتبة على حدوث الاضطرابات المختلفة في المجتمع ، تلك الاضطرابات التي قد تنشأ عن أحداث داخلية أو خارجية أو كليهما [٣] .

---

[1]...نفس المرجع: ـنفس المكان .

[2]...تيما شيف ـ المرجع السابق (ص 329)

[3]....تيما شيف ـ المرجع: السابق (ص 231ـ 232)

وقدم رو برت ميرتون في كتابه النظرية الاجتماعية والبناء الاجتماعي Social theory and social structure إسهامات خطيرة للنظرية الوظيفية ، وقد ميز بين الوظائف الظاهرة والوظائف الكامنة ، وقدم أيضاً مفهوم البدائل الوظيفية الذي يركز الاهتمام على مدى التنوع الممكن في الوسائل التي تستطيع أن تحقق مطلباً وظيفياً . وحذر من ناحية أخرى من الاهتمام الشديد بالجوانب الاستاتيكية في البناء الاجتماعي ، وأطلق اسم المعوقات الوظيفية Dysfunctions على العوامل التي تحد من تكيف النسق أو توافقه ، وعندما تكون المعوقات موجودة فهي أداة مهمة لدراسة ديناميات التغير [1]. ويبدو أن الوظيفية تشكل منطلقاً نظرياً مهماً في الدراسات الاجتماعية المعاصرة،ولكن نتيجة لتأثرها بالنظرية السياسية الغربية المضادة للماركسية فهي تهتم بشكل واضح بدراسة الاستقرار الاجتماعي أو التوازن بين الأنساق الاجتماعية ، فهي بذلك تدرس الحالات الاستاتيكية فقط ، وتعتبر الصراع إما مرضاً أو عائقاً أو خللاً وظيفياً Dysfunction

وفي هذه النظرة الضيقة تجاهل لحقيقة أن الصراع أمر حتمي تاريخي (بمعنى أوسع من تفسير الماركسية للصراع) ، فهو ينتج عن تعارض المصالح والأفكار ولعل هذه النقطة كانت هي الدافع وراء حركتين ، **الأولى** : إحياء الاهتمام بالماركسية " فعلى حين تركز الوظيفية على التناغم الاجتماعي تركز الماركسية على الصراع الاجتماعي ، وبينما تهتم الوظيفية بالثبات واستمرارية الأبنية الاجتماعية تقدم الماركسية نظرة تاريخية وتؤكد الاهتمام بالبناء المتغير للمجتمع " [2] ولكن من ناحية ثانية فالماركسية تتبنى نظرة ضيقة الأفق للتحليل هي المادية التاريخية التي تتجاهل القيم والأفكار ودورها في الصراع التاريخي ، وهي بذلك ليست أسعد حالاً من الوظيفية في هذا المجال .

أما **الحركة الثانية** فهي حركة (علم الاجتماع الواقعي) :وهو نظام علمي أكاديمي ظهر في الاتحاد السوفيتي نتيجة للمناقشة بين التراث الماركسي والوظيفي خصوصاً بعد فترة الحرب العالمية الثانية ، وهذه بداية علم اجتماع أكثر تميزاً (بالجدلية) [3].

وجهة نظر إسلامية في الوظيفية:ـ

من الاستعراض السابق نجد أن النظرية الوظيفية نظرية واسعة تقوم على أسس سليمة من حيث المبدأ ، وذلك لأنها لا تغفل عن الوظائف والمصالح والمنافع التي لايمكن تجاهلها في

---

[1]...تيما شيف ـ المرجع: السابق (234)

[2]....بوتومور ـ علم الاجتماع والنقد الاجتماعي ـ ترجمة محمود عودة وزملائه ـ دار المعارف)ط1) سنة 81م (ص 86)

[3]...محمد عاطف غيث ـ المرجع: السابق ـص278.

أي مجتمع ، لأنها تشكل حقيقة واضحة لا مفر من رؤيتها والإقرار بها ، ولكن هي من ناحية ثانية تتجاهل أو تستبعد من مضمونها الخلاف أو الصراع الاجتماعي وتعتبره كما أسلفنا ـ مرضاً أو عائقاً أو خللاً في التوازن ـ وقد ساهمت العوامل السياسية والتاريخية في تشكيل هذه النظرية بصورتها المذكورة ، على أن بعض الاجتماعيين حاولوا توسيع نظرتهم الوظيفية فقالوا بالنظرية البنائية الوظيفية) ومنهم روبرت ميرتون وكنجزلي ديفز، وبنظـــرية (البنائية التبادلية) ومنهم جولدنر ووليام جود وبيتر بلاو، وبالنظرية (البنائية في الصراع) ومنهم كوزر ودهرندورف، وبالتفاعلية الرمزية ومنهم جورج هربرت ميد وبلومر [١] ، بالإضافة إلى ما يعتقده (دون مارتنديل) من أن أفضل تصنيف للتحليلات النظرية يتحقق عن طريق تصميم ثنائية واحدة ، وهو يطور ثنائية مشتقة من التعارض بين أمور العقل والجسد [٢] .

والمتتبع لهذا التطور المتدرج في الوظيفية يرى أنه لم يستطع أن يتجاهل أمراً واقعاً هو (ثنائية الإنسان) بين عقل وجسد (خاصة عند مارتنديل) ، وهذا يدلنا دلالة واضحة على كمال الدين الإسلامي الذي اشتمل على هذه المعاني ، والإسلام ليس نظرية فلسفية تحتمل الرأي ونقضيه ، ولكنه دين أنزله الـلـه لسعادة الإنسان ، ففيه من الأحكام ما يكفل هذه السعادة ويرشده إليها ، وهذه الأحكام أحـكام عـملية (أي قابلة للتطبيق الواقعي) وليست مجرد أفكار نظرية .وإذا كانت العلوم الإنسانية تدرس الإنسان من وجهات نظر مختلفة وتحاول تطبيق نتائج دراستها عملياً لكي تحقق فـائدة للفـرد أو المجتمع ، فإن الإسلام قـد سـبق هـذه العـلوم في هذا المجال .

ونلاحظ أن العلوم الإنسانية (خصوصاً علم الاجتماع) تنتهج النواحي العملية في دراستها في سبيل الوصول إلى نتـائج صادقـة ومفيدة في الحياة الاجتماعية والفردية ، ولكن الإسلام كدين له أسس فكرية وعملية قد سبق هذه التطورات الحديثة في علم الاجتماع بقرون عندما استنبط الفقهاء الأسس الإسلامية التي تقوم عليها العلاقات الاجتماعية وبنى المجتمع الإسلامي بناءً متوازناً بكل أنساقه الاجتماعية وأنظمته، ولم يترك شأناً يهم الأفراد والجماعات إلاّ أوضحه ورسم حدوده . والإسلام يمتاز بأنه يحترم الإنسان ويرتقي به ويفتح المجـال للاجـتهاد و الإبداع والاختلاف في سبيل التكامل . ولم يعتبر الإسلام الاختلاف

---

[١] ...المرجع: السابق ـ(ص 180ـ 183).

[٢] ...تيما شيف ـ المرجع: السابق ص 235.

أو الصراع عائقاً في كل الحالات ، بل أجازه في حالات معينة لأنه يؤدي إلى زوال السبب الذي قد يهدد التوازن الصحيح المبني على أسس من العدالة والمصلحة المشتركة لجميع الناس ، لا لطبقة معينة أولأيديولوجية لها اتجاه معين .

ففي حال عدم طاعة الحاكم لله (على سبيل المثال) يجوز الخروج عليه، بل يصبح هذا الخروج واجباً كما ورد في أحاديث النبي عليه الصلاة والسلام ، ومنها قوله: "...وإن ولّي عليكم عبد حبشي كأن رأسه زبيبة ، أطيعوه ما أطاع اللـه فيكم " فطاعة الحاكم هنا مشروطة بطاعة الحاكم لله وتنفيذه لأحكام الإسلام ولذلك قال عليه الصلاة والسلام : "لاطاعة لمخلوق في معصية الخالق ، " وقال أيضاً : " إن من أعظم الجهاد كلمة حق أمام سلطان جائر " . وبذلك فالصراع في مثل هذه الحالات ليس عائقاً أو خللاً في الوظائف الاجتماعية ، بل هو واجب وهو حتميّة تؤدي إلى التغيير نحو الوضع الأفضل وتحفظ كرامة الفرد في المجتمع و تجنّبه الخضوع لغير القانون الإسلامي الذي يحاسب كلاً من الحاكم والمحكوم ، ويضع ضوابط للعلاقة بينهما ، ويجعل من كل مسلم رقيباً على الحاكم وعلى أمانته في تطبيق القانون الذي لا يفرق بين واحد و آخر من الناس .

وبذلك فالإسلام دين لا يسمح للحاكم أن يظلم أو أن يخرج عن حدود المنهج المرسوم في الحكم : فالحاكم ومنهج الحكم في خدمة المسلمين ، وفي سبيل إقامة مجتمع إسلامي يعمره الإيمان وتسود فيه العدالة الاجتماعية والتكافل الاجتماعي ، ويجد فيه الفرد المسلم إشباع حاجاته الجسمية والروحية ولا يشعر بالغربة والضياع [1] .

وبذلك فقد أوضح الإسلام وظيفة كل فرد في موقعه الذي يحتله كعضو في جماعة المسلمين ، كما أوضح وظائف الحاكم وواجباته ، لأن هذه الواجبات أو الوظائف هي التي تُسيّر الحياة الفردية والجماعية .

وإذا كان معنى النظرية أنها مجموعة فروض يمكن تطبيقها والتحقق منها لتصبح قانوناً ، فإن النظام الاجتماعي في الإسلام بأسسه النظرية وتطبيقاته العملية يُسوّغ لنا أن نقول بأن هناك نظرية اجتماعية إسلامية كاملة التحقق ، ولكن الفرق بين هذه النظرية الاجتماعية والنظريات الأخرى أن النظرية الإسلامية تبحث فيما هو كائن فعلاً ، وفيما كان (تاريخياً) على مدى تكوّن المجتمع الإسلامي خلال العصور الإسلامية المختلفة ، بينما النظريات

1....يمكن الرجوع إلى ـ سيد قطب ـ العدالة الاجتماعية في الإسلام ـ دار الشروق بيروت القاهرة ـالطبعة الشرعية السادسة ص 66ـ 96. وكذلك إلى عبد العزيز خياط ـ المجتمع المتكافل في الإسلام ـ مؤسسة الرسالة ط2ـ (1401هـ ـ 1981م)ص (210ـ225)و (ص310ـ 322) .

الاجتماعية (كبناءات نظرية مختلفة) تحتاج إلى اختبار صدقها وواقعيتها ومدى صلاحيتها للبقاء والتطبيق المتجدد.

ومن هذه الحقيقة تبرز عظمة الإسلام وعظمة تنظيمه للمجتمع المسلم ، كما أنه من نافلة القول أن نذكر بأن التطورات والتغيرات المتعاقبة في تاريخ المجتمع الإسلامي لا تجعل من التنظيم الإسلامي للمجتمع شيئاً قابلاً للزيادة والحذف أو للإضافات الوضعية ، والسبب في ذلك أنه الدين الكامل الذي وصفه الله تعالى بقوله : " اليوم أكملت لكم دينكم وأتممت عليكم نعمتي ورضيت لكم الإسلام ديناً " [المائدة : 3] وليس معنى هذا هو الجمود ، بل لقد فتح الإسلام باب الاجتهاد الذي يعتبر أحد مصادر التشريع الإسلامي ، كما فتح باب القياس والاستحسان والمصالح المرسلة والسياسة الشرعية . وكل هذه روافد تصب في مجرى واحد هو مجرى المجتمع الإسلامي الكبير الذي يستند إلى مبادئ أساسية من العقيدة والشريعة الإسلامية .

وكما أوضح الإسلام حقوق الإنسان وقننها ونظمها قبل الإعلان العالمي لحقوق الإنسان بقرون طويلة ، فإنه أوضح أيضاً حقوق الأفراد على مجتمعاتهم ، وأوضح في المقابل واجباتهم تجاه هذه المجتمعات (أو حقوق المجتمع على الأفراد) .

ويعد موضوع التكافل الاجتماعي في الإسلام من المواضيع الأساسية التي تدورحولها أبحاث عديدة للفقهاء وعلماء الدين والباحثين في المجتمع الإسلامي .ولا يمكن بحث هذا الموضوع (موضوع التكافل) دون التطرق إلى الوظائف المتبادلة التي تؤديها الأطراف المختلفة في المجتمع كل منها تجاه الآخرين فالوظيفية كبناء نظري فكري لم تكن تعني الباحثين المسلمين في شيء ، لأنهم استعاضوا عن هذا البناء النظري بالنص القرآني وبالسنة النبوية الشريفة المبيّنة للتطبيقات العملية لأحكام الإسلام وللمعاملات .

وإذا كانت لا توجد نظرية تسمى (الوظيفية) في الإسلام ، فإن هذا لا يعني عدم وجودها من ناحية عملية واقعية مما يشير إلى احتواء الإسلام على هذه المفاهيم المواكبة للحياة البشرية ، وإن لم تكن قد ذكرت باسمها المعروف حديثاً . وليس مثل هذا الأمر جديداً في التراث الإسلامي ففي مجال الأدب (على سبيل المثال) كانت هناك أوزان للشعر العربي قبل الخليل بن أحمد وكان الشعراء العرب يمارسونها بشكل عملي ، وإن لم تكن قد قنّنت وجمعت تحت عنوان واحد هو (بحور الشعر) . وعدم اتخاذها هذا الاسم (قبل أن

يجمعها ويقننها الخليل بن أحمد) لا يعني أنها كانت غير موجودة أو غير معترف بها ، بل كانت موجودة في كل قصيدة وفي كل بيت من الأشعار العربية .

وقد نظر الإسلام إلى العلاقة بين الفرد والجماعة وتناول هذه العلاقة بالترشيد والتوضيح على المستويين الفردي والجماعي :

أ- **فعلى المستوى الفردي** : يعتبر الإسلام الفرد عضواً في الجماعة الإسلامية،وهو مطالب بأداء وظائفه الاجتماعية التي تدعم هذه الجماعة(ذات الوجود المستقل) وفي القرآن الكريم والسنة النبوية الشريفة ما يحدد واجبات الفرد تجاه الجماعة . يقول اللـه تعالى :" والذين في أموالهم حق معلوم، للسائل والمحروم "[المعارج:25] ويقول أيضاً :"وأقيموا الصلاة وآتوا الزكاة "(*).هذا في مجال المال والحاجة إليه،ولا يخفي ما للزكاة من آثار عظيمة نفسية على الفرد المسلم،وآثار اجتماعية عامة في تقوية الروابط والعلاقات الاجتماعية خصوصاً إذا علمنا أن التعريف الشرعي للزكاة أنها " حق الفقراء في مال الأغنياء " وهذا تعريف من القرآن الكريم ، من قوله تعالى :" والذين في أموالهم حق معلوم ، للسائل والمحروم ".

والصدقة في الإسلام صدقتان:إحداهما المفروضة وهي الزكاة والأخرى النافلة وهي التي تعطي زيادة عن الزكاة(أي تطوعاً).وقد امتدح اللـه المؤدين لهذين النوعين في آيات الكتاب الحكيم .

أما في مجال التضامن الاجتماعي والمصلحة الجماعية: فقد شبه النبي عليه الصلاة والسلام المجتمع الإسلامي بقوم ركبوا سفينة واحدة، فلا يجوز لواحد منهم أن يخرق موضعه الذي يشغله من السفينة بحجة أنه حر في هذا الموضع ما دام يملكه" فإن أخذوا على يده نجا ونجوا وإن تركوه هلك وهلكوا".وللمسلم وظيفة اجتماعية عامة لا يعفى منها أيّاً كان موضعه ومكانته،بل هو مطالب بأن يغير المنكر بكل وسيلة يمكن القيام بها فيقول عليه الصلاة والسلام :"من رأى منكم منكراً فليغيره بيده،فإن لم يستطع فبلسانه،فإن لم يستطع فبقلبه وذلك أضعف الإيمان"وعلى هذا الأساس فالمسلم مطالب بأن يؤدي وظائفه الاجتماعية مراعياً حق المجتمع،وفي المقابل فهذا المجتمع مسئول عنه ويكفل له حقوقه الفردية ويحترم إنسانيّته كل الاحترام:فلا يجوز لأحد أن ينتقص من حريته أو أملاكه أو شرفه،ولا يعترف الإسلام بالطبقية بل هو أيضاً لا يسمح لأحد بالادعاء بأنه خير من الآخر ، ولا فضل لأحد على آخر إلا بالتقوى والتقوى اسم جامع لصفات الخير وكرم الخلق

(*) في أكثر من آية, على سبيل المثال لا الحصر: البقرة :110,83,43المائدة:55,12 التوبة71,18 الحج:78. النور56,37..الخ

والتواضع والعمل الصالح الذي ينفع الفرد المسلم وعامة المجتمع . وبعد هذا فليس بين الله وبين أحد من الناس نسب ،فالناس كلهم لآدم وآدم من تراب ، فالطبقية إذن لا يقرها الإسلام ، كما أنه لا يرضى للمسلم السكوت على الظلم ولا يعتبر الإسلام أنه يجب أن يخضع المرء في كل الأحوال ، بل أجاز له في حالات معينة أن يعترض وأن يناقش ويتفهم ما حوله ـوالمواقف التي في التاريخ الإسلامي كثيرة ، ودالة أبلغ دلالة على سماحة الإسلام أو بالتعبير الحديث   (الديموقراطية التي يشتمل عليها الإسلام) ومن هذه المواقف ما كان بين عمر بن الخطاب وغير واحد من المسلمين ، حيث كان الخليفة يستمع للاعتراض ويناقش الرأي الآخر ، وفي هذا ما فيه من دلائل على العظمة والكمال في تعاليم الشريعة الإسلامية وبيانها لواجبات الحاكم والمحكوم والعلاقة بينهما .

واعترفت الشريعة الإسلامية بثنائية الإنسان ووفقت بين طرفيها ـ الروح والجسد ـ فلم تطلق للإنسان حريته بدون رقابة أو توجيه لتتحول إلى فوضوية مادية ، ولم تقيده وتقمع رغباته وعواطفه وتطلب منه العيش في عزلة أو في عالم من المثل المجردة .

وعلى هذا الأساس كانت الجزاءات في الإسلام تراعي التوازن والتوفيق بين حاجات الفرد وحقوق الجماعة ، فهي جزاءات موظفة لحفظ هذا التوازن .

ب. وعلى المستوى الجماعي :ـ حدد الإسلام وظائف يقوم بها المجتمع تجاه الأفراد ، وحدد أيضاً للمؤسسات الاجتماعية (الأصغر من المجتمع العام كالأسرة) الوظائف والأدوار التي يجب أن تقوم بها ، بل حدد لأعضاء الأسرة ما يجب على كل منهم تجاه الآخر : كحقوق الزوجين على بعضهما ، وحقوق الأبناء والبنات .

ومما يدلنا على اهتمام الإسلام بدور كل فرد ووظيفته في المجتمع ما يعرف في الفقه الإسلامي باسم " المصالح المرسلة وباب سد الذرائع " وكذلك الاستحسان عند الحنفيّة . و تشمل دائرة المصالح المرسلة وسد الذرائع كل ما يمكن أن يحقق مصلحة عامة اجتماعية فيما لا يخالف نصاً شرعياً من نصوص الكتاب أو السنة , وهي تطبّق في الأحكام عامة ، ففي مجال المال : " إن الزكاة هي الحد الأدنى المفروض في الأموال ،حين لا تحتاج الجماعة إلى غير حصيلة الزكاة " فأما حين لا تفي فإن الإسلام لا يقف مكتوف اليدين ، بل يمنح الإمام الذي ينفذ شريعة الإسلام سلطات واسعة للتوظيف في رؤوس الأموال ـ أي

الأخذ منها بقدر معلوم في الحدود اللازمة للإصلاح " [1] فهذا باب من أبواب التشريع يراعي المصلحة العامة للمجتمع الإسلامي .

وإذا كان كثير من علماء الاجتماع (في الشرق والغرب) قد وضعوا أبحاثهم و نظرياتهم في خدمة السياسة التي تتبناها مجتمعاتهم أو دولهم (وبذلك زاوجوا بين السياسة والاجتماع عملياً) فإن نظرية الحكم في الإسلام لا تنفصل عن المجتمع ، بل تعتبر سياسة الدولة (ممثلة في حكومتها) مسخّرة في خدمة المجتمع ، وبهذا ففي المجتمع الإسلامي تحدد الوظائف بدقة لكل الأنساق الاجتماعية وللأفراد باعتبارهم اللّبنات الأساسية للمجتمع . وهذا الدين ينظم حياة المسلم ويتناولها من كل جوانبها ومراحلها ، ويحدد لها الوظائف التي تؤديها في الجانب المادي وفي الجانب الروحي ، فمعاني الوظيفية إذن كلها ـ بل وأعم منها بكثير ـ نجدها من ضمن الكنوز العظيمة التي لا تنتهي في منظومة هذا الدين المتكامل .

والدراسة الحالية تستعمل مفهوم (الوظيفية) بمعنى قريب من المعنى الأول المذكور آنفاً بعد تعديله والتوفيق بينه وبين معنى التحليل الوظيفي Functional Analysis وتعني الوظيفية بالمعنى الأول " الإسهام الذي يقدمه الجزء إلى الكل" وبالمعنى الثاني { دراسة الظواهر الاجتماعية باعتبارها عمليات أو آثاراً لبناءات اجتماعية مثل أنساق القرابة أو الطبقة ، ويستخدم في هذه الدراسة (التحليل الوظيفي) . } .

والدراسة الحالية تُعنى بالعلاقات الاجتماعية كمدخل لفهم التطور الحضاري الذي حدث في المجتمع القروي بعد التقدم الاقتصادي الكبير فيه ، ولذلك فهي تحاول بحث الوظائف التي كانت تؤديها العلاقات الإجتماعية في تقوية بناء المجتمع واستمراريته في فترة ما قبل التقدم الاقتصادي ، ثم تبحث الدراسة في العلاقات وأشكالها الجديدة (والعلاقات البديلة لها) ، وما تؤديه هذه العلاقات بشكلها الجديد في حياة المجتمع وسكانه من وظائف . ومن خلال ذلك كله نرى أن معنى الوظيفية مرتبط هنا بالبناءات الاجتماعية ، وهذا الارتباط ارتباط تأثير وتأثر :

أ‌- فالوظيفة التي تؤديها العلاقات الاجتماعية ستكون ذات أثر فعال في البناءات الاجتماعية : إذ سيتحدد شكل هذه البناءات (كالأسرة مثلاً) وحجمها بناءً على العلاقات الجديدة أو بناءً على الشكل الجديد للعلاقات القديمة .

1...سيد قطب ـ المرجع السابق ـ ص 157 ـ158

56

ب- ولكن من الناحية الأخرى ستتأثر هذه العلاقات بوجود البناءات الأصلية ، وتصبح ذات طابع خاص بهذا المجتمع وحده بحيث يصعب القول بأنها ستشبه علاقات خاصة بمجتمع آخر مرّ بنفس التجربة الحضارية : لأن التفاعل الناتج عن التقاء علاقات المجتمع السابق (بمضامينها الخاصة) من جهة ، مع العلاقات بمفاهيمها الجديدة من جهة أخرى لا يمكن أن ينتج عنه نفس ما ينتج عن تفاعل مشابه في مجتمع آخر .

والدراسة الحالية تعي تماماً أن العلاقات الاجتماعية لا يمكن أن تدرس مفرغة من مضامينها الثقافية والقيمية التي تشكل مادتها الحية ـ رغم أنه يمكن ـ نظرياً ـ الفصل بين العلاقات ومضامينها لغرض الرصد والوصف لا من أجل الدراسة والتحليل والتفسير .

ونستطيع ـ تبعاً لذلك ـ أن نقول بأن الوظيفية المقصودة في الدراسة تعني الإسهام الذي يقدمه الجزء إلى الكل ، كما تعني أيضاً الشعور المتبادل الذي بين الكل والجزء بمعنى التساند و التأثير المتبادل والمصلحة المشتركة ، مع ملاحظة أن معنى الوظيفية الذي تتبناه الدراسة لا يعني الحالةالاستاتيكية الجامدة التي تصور المجتمع على أن نسق يعمل كما لو كان آلة تؤدي وظائفها في توازن واستقرار ، كما هو مفهوم بارسونز مثلاً [1] ، بل تؤمن الدراسة بأن الصراع ذا ته يشكل قانوناً اجتماعياً (جدلياً بالمعنى الهيجلي)وليس معنى هذا أن الدراسة تؤمن بالماركسية ، لأن الماركسية في النهاية تعجز عن تفسير الصراع وعن تبريره العقلي والواقعي لكونها مذهباً دوجماطيقياً   يقرر بعض حقائق التاريخ ويتجاهل حقائق أهم بكثير مما يقرر ، رغم أنها ماثلة وملموسة . والذي تقصده الدراسة في هذا المجال هو أن المجتمع الإنساني لا يمكن أن يكون مثالياً بمقياس محدد تماماً :

فما يبدو لي مثالياً قد يبدو لك عادياً أو أقل من عادي ، وما يبدو لي مقنعاً ومرضياً قد يبدو لك مسخطاً ومثيراً للغضب أو النفور ومن هنا تنشأ الصراعات الفكرية أولاً بعد أن تلتقي الأفكار ببعضها فتتعارض .

ولكن لو نظرنا إلى هذا الصراع نظرة موضوعية فسوف نجد أنه لا بد له من حل ، وهذا الحل قد يكون في صالح المجتمع (في غالب الأحيان) ، ومن هنا ـ يمكن تطبيق جدل هيجل على هذه الحالة : ففكرة أولى تتطابق مع فكرة أخرى : ثم يتولد منهما معاً فكرة ثالثة جديدة تكون هي الحل الذي يمكن أن ننقله من النظرية إلى التطبيق وعلى هذا فإن الصراع

1....محمد عاطف غيث ـ المرجع: السابق (ص 192) : (حيث يبين المرجع: المذكور أن بارسونز يعتبر النسق الاجتماعي مجموعة العلاقات الاجتماعية التي اتخذت شكلاً نظامياً . وهذه هي النقطة المرجعية عند بارسونز الذي يعتبر أنه يجب القضاء على الانحراف والضغوط لأنها معوقة وظيفياً).

أو الاختلاف أمر طبيعي في حياة المجتمعات كما هو في حياة الأفراد . والوظيفية بالمعنى الغربي الحديث تخشى الصراع وتعتبره مرضاً اجتماعياً ، social pathology أو تعتبره خللاً وظيفياً أو عائقاً عن التوازن Dysfunction وذلك لأنها ذات حساسية شديدة للماركسية التي تؤكد على الصراع (المادي التاريخي) ، أما نحن المسلمين فإنه ليس لدينا هذه الحساسية ،ولا نستطيع أن نغمض أعيننا عن الصراع والاختلاف الاجتماعي لأنه حقيقة ، وربما يكون صحياً لا مرضياً ، وذلك أمر لا ينكره الإسلام لأنه دين الحياة وأنزله اللـه من أجل الرقي بالحياة ، ولذلك فهو في صميمه دين متكامل تماماً :

وتكامله يكمن في اعترافه بالجانب المادي للإنسان ، وعدم كبته أو قمعه كما في المسيحية مثلاً : ولذلك قال عليه الصلاة والسلام :(لا رهبانية في الإسلام) ويكمن أيضاً ـ تكامل الإسلام ـ في اعترافه بالجانب الروحي ورعايته تماماً ، قـال تعالى " وابتغ فيما آتاك اللـه الدار الآخرة ولا تنس نصيبك من الدنيا" القصص : 77ـ وقال عليه الصلاة والسلام :"اعمل لدنياك كأنك تعيش أبداً واعمل لآخرتك كأنك تموت غداً " فالإسلام بهذا المعنى دين متكامل وتوفيقي ، مع أن قـضية المـادية و المثالية كانت الموجه الرئيسي وراء المشكلات والخلافات المذهبية والسياسية والفلسفية ثم في النظريات الاجتماعية الكلاسيكية وامتدادها في النظريات المعاصرة .

والخلاصة أن هذه الدراسة تنطلق من مفهوم وظيفي محاولة أن تفهم العلاقات الاجتماعية في المرحلة التاريخية السابقة (قبل التقدم الاقتصادي) وبعد هذا التقدم لتخرج بصورتين تتم من خلالهما المقارنة . وسوف تأخذ الدراسة مفهوم الوظيفية بالمعنى الذي جرى توضيحه خلال الصفحات السابقة ، وهو المعنى الواسع الذي ينظر للصراع ذاته على أنه يشغل وظيفة مهمة في البناء الاجتماعي وفي العلاقات الاجتماعية . **وليس المقصود هنا صراع طبقات بقدر ما هو صراع (أفكار وعلاقات) أولها قديم والآخر جديد جاء مع التقدم الاقتصادي** . وبذلك فنستطيع القول بأن الدراسة تنطلق من مفهوم (النظرية الوظيفية) بعد تعديله بما يتفق مع المفهوم الإنساني والإسلامي ، لا بما يتفق مع المفهوم الغربي السائد من أن الوظيفية نظرية تعارض الماركسية ، إذ لا شأن لنا بهذه المعارضة ، ولا شأن لنا بالمفاهيم السياسية التي جعلت النظريات الاجتماعية تنظر بمنظار ضيق وبلون معين إلى المجتمع وإلى دراسته .

ثالثاً :ـ مناقشة مفاهيم الدراسة في ضوء النظرية الوظيفية :

تمهيد:ـ

المفاهيم التي تستخدم في أي بحث تكون بمثابة الشواهد المقامة على الطريق، بها يستطيع الباحث أن يحدد ما يريد قوله ، وبها يستطيع أن يعبر عن أفكاره بوضوح.

وإيماناً من الدراسة بأن هناك ضرورة لإلقاء الضوء على الخلفية الثقافية التي تنطلق منها ، وعلى معاني المفاهيم التي تعنيها وتتناولها ، بل وتدور حولها ، فقد تناولت بالبحث المفاهيم التالية :ـ 1- التحضر:مفهومه العام ومفهومه المادي المعاصر 2- العلاقات الاجتماعية: معناها ومضمونها 3- المجتمع القروي:خصائصه ووظائفه 4- التغير الاجتماعي وعلاقته بالتوازن والاستقرار

وتحديد هذه المفاهيم يعطي فكرة عامة عنها وعن المعنى الذي اختارته الدراسة ، وإذا تم هذا التحديد كان ضمانه لأمور تهم الدراسة ذاتها من حيث سيرها في اتجاه واضح ترتضيه وتتبنّاه أولاً ، ويضمن أيضاً القدرة على تحديد الإجراءات المنهجية اللازمة للبحث ثانياً ، ويساعد بالتالي في الوصول إلى النتائج التي تستحق جهد البحث ، ويفتح أمام الدراسة ـ أخيراً ـ إمكانية التوقع والتنبؤ بما يتفق مع واقع المجتمع [1].

وتوضيح المفاهيم يعتبر مكملاً للنظرية التي تنطلق منها هذه الدراسة وهي (النظرية الوظيفية) ، لأن هذا التحديد ذاته يتم في ضوء النظرية المذكورة وضمن صلة هذه المفاهيم بالثقافة والتاريخ الإسلاميين .

1ـ التحضر :ـ

مفهومه العام ، ومفهومه المادي المعاصر :ـ

التحضر أو الحضارة كلمة يسعى للاتصاف بها كل مجتمع لما فيها من إيحاء بالرقيّ والرفاهية والحياة السعيدة . ونسمع هذه الكلمة تتردد على الأفواه في الحديث العادي وفي وسائل الإعلام دون فهم واضح لمعناها وظلالها ككلمة تحمل تاريخاً وتتزاحم فيها مفاهيم معينة ، وكثيراً ما نسمعها مع كلمة مرادفة لها وكأنهما التوءمان اللذان يصعب التفريق بينهما ، وتلك هي كلمة (المدنيّة).

ولو حاولنا البحث عن أصول هاتين الكلمتين لوجدنا أن كلمة((الحَضَر:(بفتحتين)خلاف البدو والحاضر خلاف البادي، والحاضرة ضد البادية،وهي المدن والقرى والريف))[٢]

1.....محمد علي محمد : علم الاجتماع والمنهج العلمي ـ دار المعرفة الجامعية (ط3) سنة 83. ص (91ـ92).

٢.....محمد بن أبي بكر الرازي ـ مختار الصحاح ـ المكتبة الأموية بيروت ـ دمشق ـ1390ـ1971م ص141.

I bid p. 1037.....

وقياساً عليه فالحضارة ضد البداوة . وأما كلمة (مدنية) فهي مأخوذة من قولهم (مَدَن بالمكان إذا أقام به)[١]. فكلمة مدنيّة منسوبة إلى المدينة (مكان الإقامة) فهي تدل على مطلق الإقامة في المكان، كما قد يقيم البدوي في مكان معين فنقول(مَدَن بالمكان).فهناك إذن تقارب من حيث المعنى اللغوي بين (حضارة ومدنية) من حيث أنهما كلتيهما تعنيان(الإقامة والاستقرار) ويفترقان في المعنى من حيث تخصص كلمة (الحضر) بأماكن الإقامة التي تختلف عن البداوة ومن هنا تنبع خلفيتها الثقافية في أذهاننا وفي تراثنا اللغوي والتاريخي .

وفي الإنكليزية تقابل كلمة civlization كلمة الحضارة وكلمة unbanization كلمة (مدنية) والكلمة الأولى لها مدلول ثقافي إذ تعني كلمة civilized أي (متحضر) ما ترجمته " المتقدم في العادات الاجتماعية والفنون والعلوم "[٢].

وتعني كلمة unbanization " الانتساب إلى المدينة ، العيش في المدينة "[٣] وبهذا تكاد تكون هناك مطابقة في المدلول الثقافي لكلمة (حضارة)بين اللغتين العربية والإنكليزية ، وكذلك في كلمة مدنية من حيث دلالتها على الاستقرار في أماكن ثابتة هي المدن (أو أماكن السكن). ولكن ذلك لا يعني ـ من ناحية ثانية ـ وجود انفصام تام بين الكلمتين ، لأن مجرد نشوء المدينة يعني في حد ذاته وجود نوع من الثقافة أو العلاقات الثقافية التي تربط بين هؤلاء الذين أنشأوا المدينة . وقد آثرنا استعمال كلمة (الحضارة أو التحضر) في هذه الدراسة لما فيها من إيحاءات بأنها مرحلة متقدمة على البداوة التي هي المرحلة البدائية في حياة كثير من الشعوب خصوصاً شعوب الشرق من عرب وغير عرب . وقد أسهبت كثير من الكتب الباحثة في تاريخ العرب وآدابهم في وصف أحوال البدو(في جزيرتهم العربية) وطرق حياتهم ومعاملاتهم [*] ، الأمر الذي جعل معنى البداوة واضحاً في أذهاننا كحياة

---

[١] .....نفس المرجع: ص 619.

[٢] Thorndike ,Barnhart ,High school dict ,Sott , Foresman & co . copysight 1957 , p 177.

[٣] I bid p. 1037.....

[*] (.*)...على سيبل المثال نذكر من كتب التاريخ : فيليب حتى وإدوارد جورجي وجبرائيل جبور : تاريخ العرب " دار غندور للطباعة والنشر (ط5) 1974م (ص 51ـ الفصل الثالث) كذلك : لطفي عبد الوهاب يحيـــ العرب في العصور القديمة .دار النهضة العربية (ط1) 1978م (ص 265ـالمجتمع)ومن كتب الأدب ـ شوقي ضيف : تاريخ الأدب العربي (العصر الجاهلي) دار المعارف (ط6) 1982 ص 30 وكذلك : ناصر الدين الأسد : مصادر الشعر الجاهلي وقيمتها التاريخية ، دار المعارف (ط6) 82م (ص1ـ19).

تنقل ورحلة طلباً للعشب والماء ، ويقسم المؤرخون عرب الجزيرة القدماء إلى قسمين هما البدو- سكان الصحراء- والحضر (سكان المدن والقرى) مثل مكة والمدينة والطائف وصنعاء .

وهذا التقسيم التاريخي مطابق للواقع حتى في عصرنا الحاضر. وبذلك أصبح معنى الحضارة أوالتحضر المقابل للبداوة هو الأقرب إلى مفهوم الاستقرار والتقدم والاشتغال بأعمال أخرى غير الرعي كالزراعة مثلاً ، وإذا كانت المؤلفات التاريخية والأدبية تتكلم عن البداوة فتمسّها بمقدار ما يتناسب مع موضوعها ، فإن ابن خلدون قد جعل تميز المجتمعات وتميز حظها من الحضارة موضوعاً لدراسته سعياً للوصول إلى القوانين التي تحكم تحرك المجتمعات الإنسانية في محاولة منه للوصول إلى تمحيص التاريخ وغربلته وانتقاء ما هو معقول وإبعاد غير المعقول أو الذي لا يتمشى مع القوانين التي رأى ابن خلدون أنها ضوابط صحيحة [1] .

مثل هذه المؤلفات قديماً وحديثاً ، بالإضافة إلى ما تحفل به دواوين الشعر العربي القديم من إشارات إلى البادية [**] تجعل لكلمتي (بداوة وحضارة) خلفية ثقافية في أذهاننا وعمقاً تاريخياً وطعماً مستساغاً لدى الذوق الثقافي العربي. ونفس هذه التقسيمات وهذه المفاهيم هي التي يدرسها أبناؤنا في المراحل الدراسية الأولى (أي الابتدائية والمتوسطة) [***] .

إذن التحضر مرحلة تالية للبداوة ومتقدمة عليها ، ولكن هذا التقسيم الحاسم بين بداوة وحضارة أو مجتمع بدوي وآخر حضري تقسيم لا يتناسب تماماً مع مقاييس هذا العصر وربما كان في الأخذ به تبسيط شديد للأمور . فعلى سبيل المثال قد يستقر البدوي في مكان معين ويبني له بيتاً ، ولكن في نفس الوقت يربي حيواناته المعتادة من أغنام وجمال حيث يقدم لها العلف الأخضر والجاف ، ومع هذا فقد يحن إلى حياة التنقل من جديد ، فتراه يشد الرحال إلى البر مصطحباً أغنامه وجماله ، وربما حمل متاعه وأغنامه بالسيارات في رحلة قد تطول إلى أشهر أو سنوات ، وقد تقصر إلى أسابيع معدودة . ومثل هذا الأسلوب متبع ومعمول به لدى بعض البدو في المملكة العربية السعودية مما يجعل من غير السهل رسم

---

[1] .....ابن خلدون :المقدمة -دار الكتب العلمية بيروت (ط4) 98هـ 78م -ص 38،28،9، 39.

[**] ...كقول المتنبي : حسن الحضارة مجلوب بتَطْرِيَةً وفي البداوة حسن غير مجلوب .

[***] ..كمثال على ذلك :كتاب التاريخ المقرر للصف الرابع الابتدائي ، وكذلك المقرر للأول المتوسط في مدارس المملكة العربية السعودية ..

خطوط فاصلة بين الحضارة والبداوة ، أو بالتحديد بين مجتمع بدوي وآخر حضري ، يضاف إلى ذلك ما نراه من كثرة ارتياد البدو للمدن أو السكن حولها لقضاء حوائجهم من مواد غذائية وألبسة وغير ذلك ، مما قد يعطيهم نوعاً من الاستقرار المؤقت أو شبه الاستقرار.

وذات يوم رأيت بدوياً وقد ضرب خيمته في شِعب بين الجبال قريباً من قرية شرمة (بفتح الشين والراء ،وهي إحدى قرى الدراسة الميدانية) ،فجرى بيننا الحديث التالي ::ـ

سألته : من أين العّم ؟

فأجاب : من بلاد بالأحمر(*).

ـ ومالذي جاء بك إلى عسير ؟ هل أنت لا تملك أرضاً تزرعها هناك ؟

ـ لا و الـلـه يا ولدي ،أنا عندي بلاد (يعني أرضاً زراعية) ولله الحمد ،ولكن عندي حلال (أي أغنام) وجئت حتى أرعاه ، لأن هذه الأرض ممطورة وفيها خير .

ـ هل أنت وحدك مع الغنم ؟

ـ أنا و حرمتي (زوجتي) وبنت عمرها 12 سنة ، أما العُوال(الأولاد) فقد ذهبوا إلى المدارس، والكبار منهم سافروا إلى الرياض في وظائف (وهم اثنان) .

ـ لكن هل حياتك في البداوة (يعني كل يوم في مكان)مناسبة لك ، ولا تسبب لك التعب ، خصوصاً وأنت الآن شيبة (أي كبير السن).

ـ لا و الـلـه يا ولدي ، البداوة حلوة وزينة ، وتناسبني .

ـ [تعقيب باستغراب] :حلوة ؟ ! وما هو الحلو فيها ؟ يكفي أنك تتعرض للحر والبرد .وقلة الماء ، وصعوبة الجبال ، وتبعد عن الناس ولا تأكل لقمة خبز طرية .

ـ لا يا ولدي ، البداوة حلوة لأنها " سعة خاطر وهوا نقي وشمس صافية وقوة بدن ، وفيها خير كثير ، فيها لبن وسمن ولحم ، واللبن غيث البدن ، وأنا أحب الغنم لأن الغنم غنيمة ".

ولقد أوردنا هذا الحوار كاملاً لأن فيه صورة لما يفكر فيه إنسان عاش فترة طويلة من حياته متنقلاً مع أغنامه ، ورغم أنه استقر (اسمياً) وبنى بيتاً إلا أنه لم يستطع ترك ما اعتاده من رعي الأغنام والتنقل بها والسكن في خيمة يطويها متى شاء وينشرها متى أراد ، وقد أوجد لنفسه تعليلاً صادقاً وفيه منطق يرتضيه كمبرر لتمسكه بهذا النمط من الحياة ،

* بلاد بالأحمر تقع شمال مدينة أبها على بعد45 كلم وتمتد مع خط الطائف حتى بلاد بالأسمرشمالا

فالبداوة " سعة خاطر ....والغنم غنيمة " من هذا يتضح أن الحضارة قد تكون مادية ، ولكنها لا يمكن أن تأخذ معناها الكامل إلا إذا كانت ثقافية فكرية : فقد يتوفر للبدوي السيارة والمنزل المشيد على أرض ثابتة ولكنه في صميمه يحن إلى نمط الحياة السابق ، ويرى فيه شيئاً لا يستطيع نسيانه أو التخلي عنه بسهولة , ولم يألف بعد المظاهر المادية الجديدة التي طرأت على حياته ولم يستطع التكيف معها بسهولة ، وقد لا ينجح كثيراً في هذا التكيف والملاءمة لأنها غريبة عنه ولا يملك القناعة العقلية بها .

وهذا يدلنا على أن التغير الثقافي أمر غير يسير خصوصاً إذا كانت الأنماط الثقافية الحالية ذات عمق تاريخي واستمرار واقعي فعال ، ونقصد بالعمق التاريخي: أن أجيالاً عديدة سابقة قد توارثت هذا النوع من الثقافة حتى أصبح طابعاً مميزاً للمجتمع ، وله مؤسسات ثقافية ومعالم حسية من العسير هدمها أو استبدالها بسواها لأنها تشكل وسيلة الاتصالات والتفاهم بين أبناء المجتمع سواءً باللغة المكتوبة أو الملفوظة أو بوسائل اتصال أخرى عديدة [1] .

ولا تتغير هذه الثقافة بطابعها المتميز إلا ببطء شديد مع توالي الأجيال عبر الزمن ، وهذا البطء ناتج عن وراثة الأجيال اللاحقة لسابقتها وراثة ثقافية فيها كثير من صفات ومميزات الأجيال المتقدمة مما يعطي نوعاً من الاستمرار للطابع الثقافي لمجتمع من المجتمعات , وبهذا نجد أن مفهوم التحضر أو الحضارة في الواقع اللغوي للغة العربية لا يعني فقط الاستقرار ، بل يعني الاستقرار الذي يمتاز بصفات معينة تتعلق بالوظائف التي يقوم بها أفراد المجتمع : ففي المجتمع المستقر يقوم الأفراد عادة بأعمال تحتاج إلى مهارات ، ولا يقتصر عملهم على رعي الحيوانات (كما في المجتمع البدوي) ، ولو ربوا الحيوانات فإنهم يعتمدون في ذلك أساليب تخالف البدو ، فيربونها في مزارع خاصة بها تعتمد على الرعاية والصحية و الغذائية للحيوانات ، وقد تستخدم أساليب العلم في مكافحة أمراضها وفي التعامل معها (كما يحدث عند عملية الحلب الميكانيكي مثلاً) .

Hall, Edward T. ,The silent language , Anchor psess,Doubleday ,garden city , New york ,1973 p.p ...1 38 F .

ويقول المؤلف "هناك عشرة أنواع مختلفة من النشاط الإنساني التي وضعها تحت عنوان :أنظمة الاتصال الرئيسية أو المبدئية "وأول هذه الأنظمة فقط يشتمل على اللغة 0والأشكال الأخرى في عمليات الاتصال هي أشكال غير لغوية ، وبما أن كل شكل منها متداخل مع الأشكال الأخرى ، فالإنسان يستطيع أن يبدأ دراسة الثقافة بدراسة أي واحد من هذه الأشكال العشرة ويخرج في النهاية بصورة متكاملة وأنظمة الاتصال الرئيسية هي :ـ 1ـالتفاعل 2ـالاجتماع أو الزمالة 3ـ الوجود (أي العيش أو الاستمرار في الحياة) 4ـ ثنائية الجنس 5ـ الإقليمية (الإقليم المشترك) 6ـ المعاصرة الزمنية 7ـ التعليم (اكتساب المعرفة) 8ـ اللعب 9ـ الدفاع 10ـ الاستثمار (استخدام الأشياء المادية) .

ونلاحظ هنا تدخل الناحية الفكرية والعلمية والتكنولوجية في أعمال المجتمع المتحضر بينما لا نجد ذلك في المجتمع البدوي .

وتظل كلمة حضارة ذات مدلول ثقافي أعمق من المـدنية : فمنها اشتقت كلمة (حاضرة) أي العاصمة . وإذا كانت كلمة مدينة تدل على التجمع السكاني الكبير : فإن كلمة (حاضرة) تدل على هذا التجمع وتدل على الرقي فيه أيضاً ، لأن (الحاضرة أ والعاصمة) تكون في العادة أكثر المدن تقدماً في البلاد .

وبهذا المعنى نلاحظ أن كلمة (الحضارة) ذاتها لها مدلول مزدوج ، أولاً : فهي تعني الرقي في الناحية المعنوية ، بمعنى أن يكون الإنسان أو المجتمع متميزاً بعادات وأفكار غير بدائية وفيها تهذيب وخلق طيب وإحساس مرهف وذوق رفيع ، مما أطنبت كتب اللغة والأدب والتاريخ في وصفه ، وقد أطلقت بعض الكتب لفظ (مثقف) على الإنسان المتحضر أو لفظ (ظريف) على المتحضر الذي يمتاز بصفات معينة من جمال اللفظ وحسن الخلق وطيب المعشر . وأما على مستوى المجتمع فقد وصف بأنه متحضر إذا كان صاحب علم وأدب وذوق رفيع ولديه إحساس بالجمال في شؤونه العامة فيما يتصل بالفنون المختلفة .

وثانياً : يتصل بالعلم ـ النظري ـ اتصالاً وثيقاً منجزات العلم المادية التي يمكن توظيفها في خدمة ذلك المجتمع ، فقد وصف المجتمع العربي في عهد العباسيين بأنه كان متحضراً ، ولإثبات ذلك يسرد المؤرخون كثيراً من الشواهد العلمية التي تدل على التقدم العلمي :كالتقدم في الفلك وفي الطب وفي الفيزياء والرياضيات وغيرها. ويذكرون المستشفيات والآلات والأدوات التي استعملت في مجال الطب والهندسة والفلك وعلوم البحار والكيمياء وغيرها من العلوم ، ويأتون بأسماء العلماء في كل مجال ويخرج المؤرخ في النهاية وهو واثق أنه قد وفى موضوعه حقه ، وأنه أثبت أن المجتمع العباسي كان متحضراً للأسباب التي ذكرها [1]. من ذلك نفهم أن الحضارة في الواقع اللغوي العربي ،وكذلك التاريخي تتضمن شقين هما (الفكر والمادة) وتوظفهما في خدمة المجتمع ، فإذا سارا في خطين متوازيين ومتفاعلين سمي المجتمع إذ ذاك مجتمعاً متحضراً.

1....يمكن الرجوع إلى أحمد أمين : موسوعة أحمد أمين الإسلامية ، خصوصاً : ضحى الإسلام بأجزائه الثلاثة حيث فصل هذه المعاني واستوفاها .

المفهوم المادي المعاصر للتحضر:ـ

أصبح مفهوم التحضر المعاصر يدل على تقدم مجتمع ما في التكنولوجيا ، وعلى مدى ما يتوفر للمجتمع من رفاهية مادية بغض النظر عن القيم والأفكار والمفاهيم الإنسانية والخلقية ، ونلاحظ أن مناهج علم الاجتماع الغربي لا تعير (القيم) اهتماماً كبيراً خصوصاً المناهج الحديثة كالمنهج الامبيريقي والسوسيومتري والتجريبي وإن كان من ناحية أخرى لم يستطع أن يتجاهل أثرها في الحياة الاجتماعية .

كما أن علماء الاجتماع ـ تبعاً لذلك ـ قد أخذوا يحاولون دراسة الإنسان كما تدرس الآلة ، وحتى الوظيفية ذاتها بطابعها الغربي المتطرف تنظر إلى المجتمع الإنساني في توازنه وكأنّ أفراده تروس في آلات كبيرة تؤدي وظائف محددة ، ومن اعترض على دوره ، أو حاول شيئاً من التغيير فهو عندهم بمثابة(معيق أو مرض) ، كما أوضحنا آنفاً (في القسم الأول من هذا الفصل) .

وربما كان عدم الاهتمام المذكور نابعاً من تحلل الغربيين من القيم الدينية واتجاههم نحو العلمانية والاهتمام بالعلوم المادية والانبهار بها بسبب ما كان لها من أثر في حياتهم المادية إلى الحد الذي جعلهم يحاولون تطبيق مناهجها ونتائجها على الإنسان كجسم مادي فقط أما في الحضارة الإسلامية ـ في عصورها الأولى ـ فقد كان الاهتمام موجهاً إلى شقّي الحضارة الفكري والعلمي ، أو الروحي والمادي ، وهذا منسجم مع الإسلام ذاته كعقيدة وشريعة ومع الإنسان أيضاً كجسم وروح ، وهذا هو التكامل الحقيقي والتوازن الصحيح ، وليس التوازن الذي يطلب من الإنسان أن يكون ترساً في آلة أو قطعة غيار في هذه الآلة تدور حتى تتلف فتستبدل بأخرى ، ولا يحق لها أن تحتج أو تعترض أو تتساءل .

وقد وصلتنا عدوى المفاهيم الغربية المعاصرة فأصبحنا نقصد بالحضارة الآن الجانب المادي فقط : فالمجتمع المتحضر هو الذي تسود فيه التكنولوجيا وهو الذي يستعمل أفراده منتجات العلم المادية :كأدوات الكهرباء المتقدمة والأجهزة المختلفة والسيارات ، وغير ذلك . وبهذا المفهوم يعتبر الغربيون مفهوم (الريف) ومفهوم (الحضر) كجانبين متقابلين . الريف يدل على التخلف الحضاري (بمفهومهم)بينما (الحضر) هو المدينة فقط .وهذا التقسيم الثنائي المسمى المتصل (الريفي الحضري) [1] ناتج عن المفهوم المادي للحضارة عندهم ، لأن المدينة عندهم مركز الصناعة والتكنولوجيا ، فهي بذلك أكثر تقدماً في ذلك من الريف ، فارتبطت حضارتهم الصناعية بالمدن وليس بالريف .

1....محمد الجوهري وعلياء شكري : علم الاجتماع الريفي والحضري ـ دار المعارف ط2(83م) ص254 .

ولا يمكن أن نقلل من أهمية الناحية المادية في حياة الإنسان وفي توفير حاجاته اليومية المادية ، ولكن الذي ترفضه الدراسة هو مفهوم الثنائية (ريفي ـ حضري)بالمفهوم الغربي ،وذلك التزاماً منها بخطها المنسجم مع معنى الحضارة وتاريخها في الإسلام وفي اللغة العربية ، وترى الدراسة أن من الأصوب القول بمتصل (ريفي ـ مدني) أو(قروي مدني)، على اعتبار أن القرية والمدينة جانبان للحضر ، وإذا كان لا بد من وضع متصل متدرج للحضارة فليكن المتصل (البدوي ـ الريفي ـ المدني) أو المتصل (البدوي ـ الحضري) على أن نعني بكلمة (حضري) القرى والمدن ، وعلى اعتبار أن في القرى من الروابط الإنسانية و الاستقرار و الأعمال الزراعية المتقدمة ما يبرر القول بأن القرى مناطق حضرية يمكنها أن توفر للإنسان الطمأنينة والسعادة أو سلامة الصحة النفسية ، مع التسليم بأن النواحي المادية أكثر تقدماً في المدينة منها في القرية ، ولكن بالمقابل فالعلاقات الاجتماعية أكثر نضوجاً ورسوخاً وأرقى في القرية بما لا يدع مجالاً للمقارنة مع المدينة .

أما البادية والبدو فلا بأس من اعتبارهم علامة على المرحلة الأولى في سلم الحضارة لأن لهم ميزات خاصة بهم تختلف عن الريف والمدن ، ولا يمكن اعتبارهم بدائيين تماماً .

وبالنسبة لاستعمال كلمة (تحضر) في هذه الدراسة فالمقصود به المعنى المادي المعاصر من حيث دخول التكنولوجيا وتقدم النواحي المادية في المجتمع منذ أن تحقق التقدم الاقتصادي وتحسنت الأحوال المعيشية عامة تحت تأثير هذا الوفر الاقتصادي الذي انعكس على النواحي الاجتماعية المختلفة ، إذ لا شك أن هناك تأثيراً متبادلاً بين النواحي المادية والفكرية عند الإنسان الفرد وفي المجتمع ، وقد وصل الأمر ببعض الباحثين أن يعتبر مجرد التجمع العددي في المدينة دليلاً على التحضر ، يقول محمد عبد اللـه أبو علي :

" كما أن وجود البطالة في المدينة ، سواء أكانت بطالة حقيقية أم مقنعّة تؤدي بالحكومة إلى إدخال عملية التصنيع بأقصى سرعة ممكنة لتوفير فرص العمل لعدد كبير من الأفراد الذين يفدون إلى المدن الكبيرة ، **فالتحضر الزائد** يؤدي إلى إنشاء المصانع نظراً لوجود التجمعات السكانية ، بدلاً من أن يكون إنشاء المصانع هو الذي يؤدي إلى تكوين التجمعات

السكانية ،**فزيادة التحضر على التصنيع هي التي تدفع الحكومة إلى توفير فرص العمل**"[1]

وواضح أن هذا الاستعمال لكلمة (تحضر) قد أفرغها تماماً من محتواها الثقافي ومن مضمونها الواقعي المرتبط بالتاريخ ، الأمر الذي لا تقره الدراسة ، ولا بد من الرجوع إلى

---

1 محمد الجوهري وعلياء شكري : علم الاجتماع الريفي والحضري ـ دار المعارف ط2 ــ (83 م) ص254

استلهام تاريخنا الإسلامي وإحياء مفاهيمه واعتناق مافيها من فكر وروح تدعو إلى أن يشق الإنسان طريقه الحضاري مسلحاً بالإيمان العميق بالقيم السامية وبالعلم الذي يساعده على تطبيق هذه المبادئ (عملياً ومادياً) من أجل سعادة الفرد والمجموع ، وهذا هو التحضر الحقيقي (*)

وعليه فالمجتمع المتحضر يعرف بأنه المجتمع القادر على تحسين ظروف حياته بتوظيف الوسائل المادية في ضوء القيم ، وستأخذ الدراسة الحالية بعين الاعتبار ما تحدثه هذه الوسائل (المادية) على علاقات المجتمع ووظائفه . وعلى بناء المؤسسات الاجتماعية كالأسرة والقبيلة ، وكذلك على وظائف الأفراد وأدوارهم وإسهاماتهم في الكيان الاجتماعي الذي ينتمون إليه .

2 _ العلاقات الاجتماعية : معناها ومضمونها :ـ

تعني العلاقات الاجتماعية الروابط التي تقوم بين أفراد مجتمع ما ، وهذه الروابط تعبر عادة عن حاجة الإنسان للإنسان ، وهي الحاجة التي دفعت ابن خلدون إلى أن يقول :" الإنسان مدني بالطبع "ومعنى كلمة مدني أي " لا بد له من الاجتماع "[1] لأنها كلمة تدل على الحاجة إلى الاستقرار ، ولا يمكن أن يكون استقرار الإنسان بشكل منفرد ، بل لا بد أن يكون في جماعة متعاونة في سبيل تحقيق المطالب والحاجات التي يحتاجها الإنسان ، وهي كثيرة لا يقدر إنسان واحد على الوفاء بها : فلا يقدر إنسان واحد أن يزرع القمح ثم يحصده ويطحنه ويعجنه ويخبزه ليحصل على لقمة الخبز ـ كما أوضح ذلك ابن خلدون[2] . وإذا كان هذا في مجال توفير لقمة الخبز ، فما قولنا بالنسبة للمجالات الأخرى الأصعب كتوفير الأطعمة الأخرى أو الملابس أو بناء البيوت ؟

من ذلك نرى أن نشأة المجتمعات حتمية لا مفر منها ، وبالتالي لا مفر من قيام علاقات اجتماعية بين أعضاء هذه المجتمعات حيث يرتبطون ببعضهم بسبب تلك الحاجات

---

* يمكن اعتبار كلمة (تحضر) دالة على الجانب الديناميكي من مسيرة الإنسان نحو (الحضارة) التي هي الهدف النهائي والمستقر (الاستاتيكي). فبهذا المعنى :التحضر يعني التحرك على طريق الحضارة. وهذا المعنى ليس مبتكراً ولا جديداً، لأن هذا الوزن من أوزان اللغة العربية (وزن تفعّل) يعني الدخول في الشيء ، كما يعني الصيرورة ، فنقول : تحضرـ : أي صار حضريا، أو دخل في الحضارة . ونقول : تحجر أي صارحجراً. وهذا يدل على أن في اللغة العربية قدرة تعبيرية عن هذه الأمور الحديثة ، وكل الذي يلزم هو أن ندرس لغتنا بشيء من الأناة والتبصر ـ لنستخرج كنوزها ونحييها باستعمالنا إياها ، لأنها أهم الروابط التي تربط هذه الأمة وتوحد أهدافها ، وبالتالي تكون منها مجتمعاً عربيا واحدا في مقابل المجتمعات العالمية الأخرى .

1....المقدمة (ص41).

2....المقدمة (ص44).

67

وضرورة توفيرها و كذلك بحكم العيش في مكان واحد والانتماء إلى أصل واحد (في أحيان كثيرة) .

تقوم العلاقات إذن على المصلحة المشتركة والمتبادلة بين أفراد المجتمع ، ولا بد من قوانين تنظم هذه المصلحة وترعاها وتضمن لكل فرد أن يصل إلى إشباع حاجاته بصورة لا تؤذي غيره ، وقد تمثلت هذه القوانين الاجتماعية في مظاهر هي :ـ العادات والأعراف الاجتماعية التي تواضع عليها الناس وحكمت علاقاتهم ببعضهم ، وكذلك تمثلت هذه القوانين في الأفكار القيمية والمعايير التي انبثقت من مصادر معينة : كالأديان السماوية أو القوانين الوضعية . وبرزت كل هذه القوانين (بمضامينها وأسسها المختلفة) لتكون ثقافة متميزة للمجتمع ، ولتصبح هذه الثقافة ـ في المراحل اللاحقة ـ أساس العلاقات الاجتماعية التي تعتبر المظهر العملي التطبيقي لتلك المنظومة الثقافية بكل محتوياتها (من عادات وأعراف وقيم وأفكار) .

كما تصبح هذه الثقافة هي الطابع الذي يميز مجتمعاً معيناً عن مجتمع آخر ، مما يعطي لكل مجتمع شخصية عامة لها ملامح تختلف كثيراً أو قليلاً عن ملامح مجتمع آخر ، وتتوارثها أجيال ذلك المجتمع جيلاً عن آخر .

وعلى هذا الأساس فلا يمكن الفصل بين العلاقات الاجتماعية ومضامينها الثقافية التي توجهها وجهة معينة وتلونها بلون خاص ـ كما أوضحنا سابقاً ـ وربما جاز هذا الفصل إذا كان الهدف منه مجرد إحصاء ظاهري لهذه العلاقات أو وصفها مجرد وصف بدون البحث عن أصولها ووظائفها أو محاولة تحليلها ومعرفة ترابطها وتأثيرها على بعضها ،وواضح أن هذا هو الاتجاه الاستاتيكي ، وهو لن يفيد كثيراً في فهم العمليات الاجتماعية لأن هذه العمليات (بتفاعلها) هي التي تحدد شكل العلاقات الاجتماعية التي لا يفرق كثير من العلماء بينها وبين العمليات الاجتماعية [1] فكأن نموذج العملية إذن يطرح البناء الاجتماعي باعتباره كياناً استاتيكياً جانباً ، ويركز كل اهتمامه على دراسة عمليات التغير ، حتى إن كلمة (العملية) داخل هذا التصور تعتبر مرادفة لكلمة التغير))[2] .

ولكن لا يمكن التسليم بهذا المعنى الضيق للعمليات الاجتماعية، لأن عملية التغير الاجتماعي ما هي إلا جانب واحد فقط من العمليات الاجتماعية المتعددة والمتفاعلة.ويظل صحيحاً -

[1]....مصطفى الخشاب ـ علم الاجتماع ومدارسه ـ الكتاب الثاني ـ مكتبة ألا نجلو مصرية (دون تاريخ) ص 200.
[2]...محمد عاطف غيث ـ المرجع: السابق ـ ص 189.

كما يبدو- أن نقول بأن العمليات الاجتماعية هي عبارة عن العلاقات الاجتماعية في حالة الحركة وفي حالة قيامها بأدوارها ووظائفها ـ أو في حالة تفاعل لا في حالة سكون ، لأن السكون أصلاً لا يمكن أن يكون سمة الحياة الاجتماعية التي تقوم على الأخذ والعطاء والتفاعل النشيط بين الأفراد والجماعات . ومهما حاولنا أن نجرد العلاقات الاجتماعية وأن نصفها فإننا لن نستطيع الوصول إلى هذا الهدف بشكل صحيح إلا بملاحظة هذه العلاقات أثناء تأديتها لوظائفها الاجتماعية ، ثم رسم مخطط شامل لها يبين موقع كل علاقة مفردة من هذه العلاقات وأهميتها بالنسبة لغيرها وبالنسبة للمجتمع. ولا يمكن اعتبار هذه العلاقات مجرد (خطوط اتصال) بين الأفراد والجماعات، لأن هذه الخـطوط نفسها لا بد أن تكون مصنوعة من (مادة معينة) وما هذه المادة إلا (المضمون) الذي تتضمنه العلاقات، وهو كما بينا سابقاً يتكون من :

1)ـ القيم والمعايير والمثل: سواء كانت دينية أو خلقية أو اجتماعية أو اقتصادية ، وهي قيم تتفاعل فيما بينها لتتبلور في صورة عمليات أو علاقات اجتماعية تحدد سلوك الأفراد والجماعات تجاه بعضهم .

2)ـ العادات والأعراف الاجتماعية : وهي متصلة بالأولى اتصالاً وثيقاً وتشترك معها في بلورة صورة العلاقات الاجتماعية بشكل معين .

3)ـ الأفكار الجديدة التي تنتج عن عوامل الاختراع والانتشار الثقافي . وتأخذ العلاقات الاجتماعية أحد المظاهر التالية :ـ

أ-   مظهر التعاون والصداقة .

ب-   مظهر العداء أو التحفظ والنفور .

ت-   مظهر الحياد . ويتدرج مظهر التعاون والصداقة من إبداء البشاشة والانفتاح نحو الآخرين ، إلى الاستعداد للمشاركة معهم في الحياة الاجتماعية أو زمالتهم أو تقديم العون لهم . كما يتدرج مظهر العداء (أو التحفظ والنفور) من الإحجام عن الآخرين والانطواء عنهم إلى الاستعداد لمخالفتهم أو التنافس معهم أو الاستعداد للصراع المكشوف معهم فكرياً ومادياً .

ولا نعني أن هناك حدوداً فاصلة تماماً بين مظهري الصداقة والعداء : فعملية التنافس مثلاً قد تكون بين صديقين ولا تتخذ بالتالي مظهر العداء أو النفور ، وقد تؤدي إلى أشد العداوة إذا كانت بين غير صديقين أو كانت منافسة غير شريفة . أما مظهر الحياد الذي تتخذه

العلاقات الاجتماعية فيمتاز بأنه شعور بعدم الاهتمام أو المبالاة ، وهذا النوع من العلاقات يسود عادة في كثير من مجتمعات المدن بسبب ما امتاز به مجتمع المدينة من علاقات رسمية تقوم فقط على المصلحة المادية والعلاقات الاقتصادية وطابع الفردية . ولا نستطيع أن نقول بأن هناك علاقة اجتماعية حيادية تماماً ، لأنها لا بد من تأثرها (ولو نفسياً) بشيء من العلاقتين السابقتين وعواملهما المؤدية إلى التعاون أو النفور ، ولكن العلاقة الحيادية تكون غير واضحة في ميلها إلى إحدى العلاقتين الأخريين بشكل حاسم أو قطعي .

وهدف هذه الدراسة (فيما تهدف إليه) هو أن تتتبّع العلاقات الاجتماعية في المجتمع القروي قبل التحضر وبعده: فقبل التحضر كانت العلاقات تسير بطابع معين وتؤدي وظائفها بما يتفق ورؤية ذلك المجتمع لمصلحته ولخيره العام. ولكن بعد دخول الوسائل الحضارية الحديثة أصبحت بعض العلاقات بلا معنى وبلا هدف (أي لا وظيفة لها تؤديها) ، وبذلك فهي إما أن تتغير بما يتلاءم مع الظروف الجديدة مع بقاء فكرتها الأساسية ، أو أن تتلاشى ويحل محلها علاقات من نوع جديد يتفق مع الظروف الجديدة . بالإضافة لذلك تعنى الدراسة بالوقوف على تطور هذه العلاقات ومعرفة وظائفها وتفهم مضامينها والمؤثرات عليها وتأثيراتها المتبادلة على بعضها "ويستطيع الباحث أن يصل إلى الوظيفة الاجتماعية التي تؤديها الظاهرة ويستطيع أن يكشف القوانين التي تحكمها ، وهذه الطريقة هي الوظيفة الحقّة لرجل الاجتماع "[1] .

والبحث في العلاقات الاجتماعية ليس جديداً ، فقد حاول كثير من العلماء تفسيرها وفهمها ومنهم :
-

1) . دوبريل : Dupreel الذي قسمها إلى روابط إيجابية وروابط سلبية .

2) تونيس : Toennis وقد قسمها إلى علاقات موجبة وعلاقات سالبة .

3) فون فيزي V.weise: قسم العلاقات الاجتماعية من عدة نواح هي -

أ- من ناحية السلب والإيجاب .

ب- من ناحية التكامل والتباين .

ت- من ناحية البناء والهدم .

ولكن هذه التقسيمات يمكن إرجاعها إلى تصنيف واحد هو التجاذب والتنافر .

1.....مصطفى الخشاب ـ المرجع: السابق ـ ص 70.

4) روس : Ross قسمها إلى قسمين هما علاقات التعاون وعلاقات الصراع،وهي علاقات محكومة بعدة عوامل تؤثر عليها مثل : تكوين المجتمع والتنشئة الاجتماعية وغيرها.

5) بارك وبرجس Park & Burgess: أخذا على تصنيف روس كثرة تفريعاته للعمليات ، وقالا بإمكان إرجاعها إلى أربع عمليات فقط هي التنافس والصراع والتكيف والتمثل .

6) يونج K.young أرجع العمليات الاجتماعية إلى عمليتي (التنافر والتعاون) .

7) أوبانك Eubank: أرجع التفاعل الاجتماعي إلى عمليتي (التنافر والتكيف)،وبحث في الآثار المترتبة على التفاعل الاجتماعي،وهي تتعلق بدرجة الصلة بين الأفراد وبدرجة المساواة بينهم وبدرجة التكيف والتمثل وشيوع المشاركات الوجدانية وبدرجة استقرار الجماعة وثباتها [1] .

ومهما يكن من أمر فإن العلاقات الاجتماعية تمثل الإطار الذي تتحرك الجماعة في داخله ضمن مفاهيم معينة ، وخلاصة كل هذه التقسيمات تتمثل في الاعتراف بأنه لا بد من   (الانسجام أو الاختلاف أو اللامبالاة) في العلاقات كما أوضحنا سابقاً .

وعلى هذا الأساس ستحاول الدراسة أن تبين ما يسود مجتمعها من علاقات جديدة أو قديمة متجددة تحت تأثير التقدم الاقتصادي مع توضيح الأسس الثقافية الواقعية لهذه العلاقات ، ولا بد من الاعتراف أيضاً بأن هذه مهمة عسيرة وشاقة على أي باحث ، لأن بعض هذه العلاقات ـ في مجتمع الدراسة ـ يدخل تحت العلاقات غير المنطقية ، ولهذا فإن الباحث يدهش حين يجد علاقة اجتماعية تقوم على أساس من الوهم أو الخيال أو أشبههما ، وكمثال على ذلك : قيام علاقة اجتماعية بين الأسر تتعلق بممارسات معينة في الزواج أو في تقديم النذور أو علاقة أفراد الأسرة ببعضهم كعلاقة المرأة بالرجل وسبب عمل المرأة في الأرض مع الرجل ، وحين يحاول الإنسان البحث عن الأصول التاريخية والمنطقية المقبولة لمثل هذه العادات فإنه لا يجد شيئاً .

وحينما يفسر وظيفة هذه العلاقة فإنه قد يجدها مضحكة أو تدل على تصور في غاية السذاجة واللامعقولية ، ولا نريد أن نورد أمثلة على ذلك مع توفرها.

ولكن النقطة التي تهتم بها الدراسة هي أثر الدين الإسلامي في تشكيل العلاقات الاجتماعية في المجتمع المدروس، وفي توجيه هذه العلاقات حتى علاقات العداء والتنافر،كما يحدث ـ مثلاً ـ عندما يقول أحد الخصمين[المتنازعين على امتلاك قطعة أرض]لخصمه:"أنت مقروع

---

[1] ....مصطفى الخشاب ـ المرجع: السابق ـ (ص 215ـ 211)في مواضع مختلفة .

بشرع الله أن لا تعمل في هذه الأرض"فيقف الخصم(المقروع كما يسمى)، عن العمل ويقبل التحكيم الشرعي في المشكلة، إلى غير ذلك من الأمثلة، كما في مجال التراحم والتواصل الذي يرتكز على أسس متينة من تعاليم الدين الإسلامي الحنيف، وإن كان في بعض الأحيان يختلط بنوع من العادات والتصورات الشعبية المتوارثة، والتي قد لا تتفق بالضرورة مع الدين، هذا بالإضافة إلى العامل الاقتصادي الذي يمكن اعتباره العامل الأساسي في (تغير) المجتمع القروي وتغير شكل علاقاته السابقة إلى شكل آخر جديد يتفق (في وظائفه) مع التطورات المتعددة الجوانب والناشئة عن العامل الاقتصادي كاستخدام منتجات التكنولوجيا على نطاق واسع،وانفتاح المجتمع واتصاله بغيره وتغير طراز الحياة ذاتها، إلى غير ذلك من المؤثرات والنتائج على المستوى الفردي والاجتماعي .

3. المجتمع القروي ـ خصائصه ووظائفه :ـ

أ) :ـ **خصائص المجتمع القروي** : يمكن اعتبار المجتمع القروي أو (الريفي عامة) ذا موقع متوسط بين كل من المجتمع البدوي والمجتمع المدني، وبهذا يمكن القول بأن لهذا المجتمع صفات معينة تميزه عن كل من المجتمعين المذكورين . وقد اهتم الباحثون بالتفريق بين نوعين من المجتمعات هما: المجتمع الريفي ومجتمع المدينة الذي سموه (المجتمع الحضري) حيث جعلوا معنى الحضارة مقصوراً على المدينة فقط وأهملوا ـ من ناحية أخرى ـ المجتمع البدوي في أحيان كثيرة ، أو ربما ألحقوه بالريف بنوع من التجاوز الذي لا يتمشى مع الواقع الفعلي للمجتمعات العربية . ولعل الباحثين يقتدون في ذلك بابن خلدون من حيث المبدأ الذي اعتبر به الريف والبادية مجتمعاً واحداً سماه ابن خلدون (البدو أو مجتمع البدو) وسماه الباحثون المعاصرون (الريف أو المجتمع الريفي) .

كما اقتدى الباحثون أيضاً بالعلماء الغربيين في اعتبار المدن هي (الحضر)[*].وواقع الأمران أن ابن خلدون قد اتبع هذا النهج فقال بأن هناك (بدواً وحضراً) [1] ولكنه عمم كلمة (بدوي) لتشمل أهل الريف ، واضطر إلى وضع تقسيمات للبدو كما يلي :

1) . البدو العاملون في " الزراعة والقيام بالفلح "[2]:وهذا القسم" كان المقام به أولى من الظعن، وهؤلاء سكان المدر والقرى والجبال"[3]. وواضح أن هذا القسم ليس إلا أهل الريف الذي لم يذكره ابن خلدون بالاسم وإنما ذكر صفاته وأهمها الاستقرار والزراعة .

(*)هذا الموضوع يتصل اتصالا وثيقاً بالمفهوم الأول من مفاهيم الدراسة وهو التحضر : مفهومه العام ومفهومه المادي المعاصر

[1] ...محمد الجوهري وعلياء شكري ـ علم الاجتماع الريفي والحضري ـ مرجع سابق ـ ص .246

[2] ...المقدمة : ص .121

[3] ....المقدمة : ص 121. والمدر معناه : الطين اللزج المتماسك (المعجم الوسيط ج2 ص 858)

2) البدو القريبون من " القرى والمدن أو من أهل الحضر" ووصفهم ابن خلدون كما يلي :" ومن كان معاشه في السائمة مثل الغنم والبقر فهم ظُـعّـنٌ في الأغلب لارتياد المسارح والمياه لحيواناتهم، فالتقلب في الأرض أصلح بهم ويسمون (شاوية) ، ومعناه القائمون على الشاء والبقر ولا يبعدون في القفر"[١].

3) القسم الثالث : هم البدو المتوغلون في الصحراء ، وقد قال في وصفهم : " وأما من كان معاشهم في الإبل فهم أكثر ظعناً وأبعد في القفر مجالاً ... وربما ذادتهم الحامية عن التلول أيضاً فأوغلوا في القفار نفرةً عن الضعة منهم ، فكانوا لذلك أشد الناس توحشاً وينزلون من أهل الحواضر منزلة الوحش " [٢].

وبهذا فلا يمكن القول بأن ابن خلدون قد تجاهل الصفات أو الوظائف الموجودة في المجتمع القروي والريفي ، وان لم يكن قد ذكره بالإسم ، وقد جعل مقياس التمييز بين ماسماه (حضراً) وما سماه (بدواً) مقياساً ماديا صرفاً من حيث أسلوب العيش الذي هو الصفة البارزة لكل فئة ، فهو يقول : " أهل البدو هم المنتحلون للمعاش الطبيعي من الفلح والقيام على الأنعام وأنهم مقتصرون على الضروري من الأقوات والملابس والمساكن وسائر الأحوال والعوائد ومقصرون عما فوق ذلك من حاجي أو كمالي"[٣].

أما أهل المدن فهم " يتخذون القصور والمنازل ويجرون فيها المياه ويغالون في صروحها ويبالغون في تنجيدها ويختلفون في استجادة ما يتخذونه لمعاشهم من ملبوس أو فراش أو آنية أو ماعون "[٤]. أما من حيث الوظائف التي تقوم بها كل من الفئات الثلاث :

فالبدو " الأمم الوحشية كما سماهم " يوغلون في القفار ويقـومون بعمل (وظيفة) رعي الإبل ، وأهل الريف " أهل الـمدر كما سماهم يقومون " بالفلح والغرس " ، وأما أهل المدن " ومن هؤلاء من ينتحل في معاشه الصنائع ، ومنهم من ينتحل التجارة " [٥] .

من ذلك نلاحظ أن تقسيم ابن خلدون غير دقيق تماماً ، وإن كان قد ذكر أكثر الصفات بروزاً في كل مجتمع من المجتمعات الثلاثة ، ولكن عدم دقته كانت في أنه " أشار إلى مجتمع البدو ومجتمع الحضر قاصداً بالأول مجتمع الريف وبالثاني مجتمع المدينة ، وقد

---

[١]...نفس المرجع ـ نفس المكان . والجدير بالذكر أنه توجد في منطقة الجزيرة (في الشـمال الشرقي من سورية) قبائل بدوية تدعى (الشوايا) .سبق للباحث زيارتهم عدة مرات . ولعل لهم صلة بالاسم الذي ذكره ابن خلدون لان ما ذكره من صفات ينطبق عليهم .

[٢]....نفس المرجع: ـ نفس المكان

[٣]....المقدمة ـ ص 121.

[٤]....المقدمة ـ ص 120.

[٥].....المقدمة ـ ص 120.

كانت نظرة ابن خلدون ومن تبعه من علماء القرن التاسع عشر إلى هذين الطابعين من المجتمعات نظرة شاملة كلية ينقصها التحليل الواضح الذي يحدد طبيعة كل طابع منها"[١].

والحقيقة أن ابن خلدون ـ كما أوضحنا ـ قد خلط المجتمع الريفي بالمجتمع البدوي في قسم واحد ،وأياً كان تقسيم ابن خلدون فإن الواقع الذي نراه في المجتمع العربي هو وجود ثلاثة أشكال من الحياة الاجتماعية هي : البدو والريف والمدن .

وتهمنا خصائص وصفات المجتمع الريفي عامة والقروي بشكل خاص لأن كلمة (ريف) تطلق على (ما عدا المدن من القرى والكفور)[٢].

وكثير من المؤلفات في علم الاجتماع لا تفرق بين قروي وريفي ، مع أن الريف في درجته السفلى يتصل بالبادية ويقترب منها في خصائصه العامة ، بينما (القرية) كمركز متقدم في الريف تتصل بالمدينة ، أو هي أقرب أجزاء الريف إلى المدينة .

وإجمالاً يمتاز المجتمع الريفي بالصفات التالية :

1) قلة عدد السكان بالقياس إلى المدينة وبالتالي قلة كثافتهم .

2) قوة العلاقات الاجتماعية بين السكان بحكم الظروف الإيكولوجية (البيئية) وبحكم الوظائف التي يمارسها المجتمع الريفي .

3) تمسكهم بالأعراف والعادات والتقاليد وتحكيمها في شؤون حياتهم أكثر من القوانين الرسمية للدولة . ولذلك فعندهم ظاهرة الضبط الاجتماعي أوضح منها في المدينة[٣](ولكنه الضبط الذي يقوم به العرف والعادات والتقاليد . ولا نريد أن نسهب في ذكر الصفات التي يتصف بها المجتمع القروي ، ولكن نشير إلى بعضها الآخر مثل : 1ـ ضعف الحراك الاجتماعي 2ـالتأثر بالبيئة الطبيعية 3ـ عدم وجود تفاوت طبقي حاد كما في المدينة 4ـ قوة التفاعل الاجتماعي الداخلي في مجتمع القرية وضعفه مع الآخرين.[٤]

---

[١]..... المعجم الوسيط: ج1 ط2 (ص386)

[٢]... علي فؤاد أحمد : علم الاجتماع الريفي ـ 1981م ـ دارا لنهضة العربية ـ بيروت ص 39

[٣]... للمزيد :علي فؤاد أحمد ـ علم الاجتماع الريفي ـمرجع سابق ـ ص54 ـ 56 كذلك: عبد الحميد محمود سعد ـ المدخل المورفولوجي لدراسة المجتمع . دار الثقافة للطباعة والنشر ـ القاهرة 1980 الفصل السابع ص271 ـ 291وأيضا سعيد فالح الغامدي ـ التراث الشعبي في القرية والمدينة ط1 دار العلم للطباعة والنشر ص84

[٤]... محمد الجوهري وعلياء شكري ـ علم الاجتماع الريفي والحضري مرجع سابق ص256 ـ 269 بالإضافة إلى المراجع المذكورة أعلاه[٣]

وهناك سمات أخرى حددها بعض الباحثين للمجتمع المحلي ، ومنها : 1ـ منطقة محلية (Locality) ذات حدود جغرافية معينة ومعترف بها .

2ـ اهتمامات مشتركة لأفراد المجتمع ذات فعالية وأهمية في حياتهم لإثارة الاعتراف فيما بينهم بالرباط المشترك (Common bound) الذي يربطهم والذي ينمي فيهم الشعور بالانتماء .

3ـ نظم اجتماعية أساسية لا يمكن بدونها الاعتراف بمجتمع محلي ما : كنظام الأسرة والتعليم والمؤسسة الدينية وغيرها ....

4ـ مشاركة شعبية لأعضاء المجتمع في أنشطته المختلفة[١]

ب:ـ أما الوظائف التي يقوم بها المجتمع الريفي ،فهي كما يلي(من واقع مجتمع الدراسة):

1ـ الأعمال الزراعية : حيث تشكل العمل الأساسي الأول عندهم ، وأشهر المزروعات في قرى الدراسة ـ كما سيأتي ـ الحبوب والفاكهة والخضار .

2ـ تربية الحيوانات وأشهرها الأغنام بنوعيها، والأبقار وبعض الإبل، وهذه المهنة تكمل مهنة الزراعة حيث يعتمد الفلاح على الحيوانات في غذائه (الألبان ومشتقاتها واللحوم) وفي أعماله الزراعية، ومما يسهل على المزارع تربية الحيوانات وجود الأعلاف المناسبة لها، كالبرسيم والذرة والشعير .

3ـ تربية النحل : وهي مهنة غير منتشرة بكثافة المهنتين السابقتين، ولكنها على أية حال كانت من المهن المشهورة عندهم، ولا تزال على نطاق ضيق .

4ـ دبغ الجلود والصناعات الجلدية البسيطة : كانت هذه الصناعات في القرى نظراً لحاجة الناس إلى القرب لجلب الماء إلى المنازل من الآبار، وكذلك منها نوع كبير كان يصنع من جلود البقر ويستخدم في السّواني لسقي المزروعات. كما كانوا يصنعون الحبال من جلود الأبقار، ويصنعون فراشاً يسمى الجاعد من جلود الضأن، وكانوا يصنعون القرب الصغيرة لحفظ السمن واللبن.

5- صناعة أدوات الحراثة : مثل المحراث الخشبي وملحقاته وبعضها من الجلد وبعضها الآخر من الأخشاب .

---

[١]... جلال مدبولي : المجتمعات الريفية المستحدثة ـ تخطيطها وتنميتها ط1 ـ دار النهضة العربية 1979م ص49

6ـ صناعة الفؤوس والسكاكين والسيوف وسلاح المحراث وغيرها من الأدوات التي تستعمل في المنزل أو في الحقل : كالمسحاة (المجرفة) .

والصناعات الثلاث الأخيرة المذكورة في الفقرات(4،5،6)لا يقوم بها إلا بعض الناس المتخصصين فيها، ولا يمكن لغير طبقتهم أن تعمل فيها لأن الناس ينظرون إليها كأعمال وضيعة يبتعدون عنها رغم ضرورتها لهم في القرية ، وهي كما يتضح منها : أعمال يدوية تنحصر في الصناعات الجلدية وأعمال النجارة والحدادة التي تحتاجها القرية.

مما سبق نرى أن المهن التي يقوم بها المجتمع الريفي هي المهن أو الوظائف التي يمكن اعتبارها مهناً أولية لا تحتاج إلى كثير من الفنون التكنولوجية كالصناعات التحويلية[1] ومهما يكن الأساس الذي نتبعه في اعتبار المجتمع ريفياً، فإن هناك سمات لا يمكن إغفالها وهي السمات التي تتعلق بحجم السكان و كثافتهم والمهن التي يقومون بها .

ولكن في العالم الغربي (أو في الدول المتقدمة تكنولوجيا) نلاحظ أن هناك تقارباً شديداً بين السمات[2] التي تسود المجتمع القروي والتي في مجتمع المدينة، وذلك بعد التقدم التكنولوجي الهائل في وسائل الزراعة الآلية[3] حتى لقد أصبح من المتعذرالتفريق عملياً بين ريف وحضر أو بين قرى (ذات صفات ريفية متميزة) ومدن تخالفها بصفاتها الحضارية المختلفة عما في القرى .

وقد أدى هذا ببعض الباحثين إلى القول بأن الحضرية عبارة عن سمات نفسية وجسمية يتمتع بها الحضري دون الريفي (كالرشاقة)[٤] .

ومن هنا نلاحظ أن مسألة (ريفي وحضري) قد انفصلت عن علم الاجتماع " كبحث في المجتمع وعلاقاته وسماته" إلى بحث في" أسلوب حياة الأفراد ورشاقتهم و صفاتهم النفسية" فكأن علم الاجتماع قد تخلى عن هذه القضية ليبحثها بدلاً منه علم النفس أو الفسيولوجيا .

ونلاحظ أيضاً بناءً على ما سبق ـ أن ثنائية (ريفي - حضري) كمقابلة بين طرفين متناقضين لا يمكن أن تصدق صدقاً مطلقاً، لأن الحضرية "ليست مسألة عدد، بمعنى أننا لا نطلق على مكان يكثر فيه السكان اسم حضر ومكان يقل فيه السكان اسم ريف"[٥]، فكثير من المدن تشكل أماكن تجمع عددي كبير، لكنها أشبه بقرى منفصلة متقاربة، لأن سكانها نزحوا إليها

---

[1] ...علي فؤاد أحمد ـ علم الاجتماع الريفي ـ مرجع سابق ـ ص 47.

[2] ...سعيد فالح الغامدي ـ التراث الشعبي في القرية والمدينة ـمرجع سابق ـص 88.

[3] ...محمد الجوهري وزملاؤه ـميادين علم الاجتماع ـ دارالمعارف (ط6) 1984(ص92ـ98) .

[٤] ..علي فؤاد أحمد : علم الاجتماع الريفي ـ المرجع: السابق ـص (51ـ 52)

[٥] .....محمد عاطف غيث ـ دراسات في علم الاجتماع ـ دار النهضة العربية بيروت ط1405هـ ـ 85م(ص124)

من الريف، فماذا نسمي مثل هذه المدينة ؟ هل نسميها (الحضر) بمعنى التقدم أو نسميها الحضر بمعنى التجمع العددي ولو أنها لا تملك من مقومات الحضارة الروح الحقيقية ؟

من هذا يتبين لنا عدم دقة التقسيم الثنائي (الريفي ـ الحضري) في العصر الحاضر خصوصاً في وضع اختلطت فيه القرى بالمدن واقعاً ومضموناً بسبب تقارب المسافات الشديد وبسبب الامتزاج الكبير بين السكان في الجانبين .

على أن ذلك لا يعني أنه لا توجد مدينة وقرية ، بل هذا لا يختلف فيه اثنان ، إنما الخلاف في اعتبار الريف علامة على التخلف بينما المدينة علامة على التقدم ، مع أنه من الملاحظ أن كثيرين يهاجمون المدينة وحياتها ويعتبرونها المكان الذي تكثر فيه الجرائم ، وبأنها قد تكون بؤرة للفساد. [١]

ولهذا يبدو أن الأصدق(بمعنى الصدق المنطبق على الواقع)هو أن نقول بمتصل ريفي حضري أو بلفظ أدق "ريفي ـ مدني" على أن يكون مفهوماً أن هذا لايعني ثنائية يتقابل طرفاها وإنما مقياس متدرج متصل ، ومهما كانت الانـتقادات المـوجهة إليهـا فإنها تظل أكثر واقعية من الثنائية " ريفي ـ حضري"[٢] .

أما بالنسبة للمجتمع العربي فإنه من الأصدق أيضاً أن نتجاوز هذه الثنائية لنقول بمتصل " بدوي ـ ريفي ـ مدني " ـ كما أوضحنا ذلك سابقاً [ ]ـ خاصة بعد أن أصبحت الاتصالات بين هذه الأطراف متشبعة وعديدة ولايمكن حصرها وضبطها ، كما لا يمكن بالتالي أن نضع حدوداً فاصلة تماماً بين البدو والريف والمدن .

4.التغير الاجتماعي وعلاقته بالتوازن والاستقرار :ـ

تحمل كلمة (تغير)معنى الانتقال من حال إلى حال أخرى ، ولكنها لا تسير إلى اتجاه معين ، فربما كان التغير تقدماً وربما كان تقهقراً ، ولهذا فالتغير معناه عدم الثبات على حال واحدة بل تجاوزها إلى أي اتجاه أو وضع جديد .

---

[١]...محمد عاطف غيث ـ علم الاجتماع الحضري ـ مدخل نظري ـ دار النهضة العربية ـبيروت 1983م(ص93ـ 100)

[٢]...من أبرز العلماء الذين وردت عندهم فكرة المتصل " سوروكين وزيمرمان وروبرت بارك ونيقولا سبيكمان وجورج زيمل ولويس ويرث " أنظر : حسن الخولي : الريف والمدينة في مجتمعات العالم الثالث ـ ط1ـ دارا لمعارف ـ 82م ـ (ص 48ـ49) و كذلك محمد الجوهري وعلياء شكري ـ علم الاجتماع الريفي والحضري ـ مرجع سابق (ص 369).يتبع

ولعله من الحق أن نقول بأن هذه الفكرة ـ فكرة المتصل ـ أقرب إلى الصواب من محاولة وضع ثنائيات لها قوانين جامدة أو محددة تماماً ، مهما قيل عن غموض فكرة المتصل أو عدم إمكانية اتخاذها كقانون مطلق ، لأن الادعاء بأن أي علم من العلوم الإنسانية (كعلم الاجتماع) يملك مثل تلك القوانين إدعاء يجانبه التوفيق ، فالإنسان " موضوع العلوم الإنسانية " كائن متطور متغير بين أحوال عديدة ومعقدة , ولا يمكن أ ن ينضبط ككائن له إرادة وتفكير مبدع لقانون جامد لأنه في هذه الحالة إما أن يكون إنساناً محنطاً أو تمثالاً لإنسان ..

[ ]......في مناقشة مفهوم التحضر في هذا الفصل .

وتوحي كلمة (توازن) أن هناك أجزاء متكافئة أو متعادلة ، وكل جزء يحتفظ بمكان معين يشغله ، ووجوده في هذا المكان مهم لإبقاء (الهيكل العام) أو الأجزاء كلها في وضع لا يعتريه الخلل و التأرجح ، وتتـصل بالتوازن حالة (الاستقرار) وترتبط به ارتباطاً وثيقاً ، لأن الاستقرار معناه الثبات والاستمرار على وضع معين . ولهذا فعندما نكتب عنواناً كهذا السابق فإننا نلاحظ فيه طرفين يوحيان بالتناقض الطرف الأول (التغير) يعني عدم الاستقرار ، فهو معنى ديناميكي (حركي) بينما الثاني(التوازن والاستقرار) معنى استاتيكي (ساكن) ، فكيف ستستطيع الدراسة الحالية أن توفق بين الحالين من خلال بحثها لوظائف العلاقات الاجتماعية في المجتمع ؟ تقوم النظرية الوظيفية بدراسة وظائف أجزاء المجتمع وأثر كل منها في تدعيم البناء الاجتماعي واستمراره ، ولهذا فهي تعني بالحالة المستقرة المتوازنة ، فبارسونز يدافع عن (مفهوم النظام العام ......وقد حظي بشهرة الباحث الاجتماعي المحافظ الذي يهتم بالمحافظة على الوضع القائم من خلال تحليله للأسس الاجتماعية التي يقوم عليها النظام العام)[1] .

كذلك " يعتبر مالينوفسكي النظام وحدة التحليل الثقافي ، وذلك يعني أن تحليل الثقافة يمكن أن يبدأ بالتسجيل الكامل للنظم التي يمكن أن توجد بها ، وهذه النظم كالتنظيم العائلي وجماعات العمر والجماعات الثقافية وأنسا ق الطائفة وتنظيمات المدينة والمجتمعات السرية وما إلى ذلك)[2] ، ويقرر زنانيكي أن أفعال الفرد تخضع (لنظام معياري في أساسه axionormatively ordered...ويتبلور هذا النظام في شكل أنساقه محددة limited systems ، وتصبح الأفعال الاجتماعية للناس أو الفاعـلين والتي تتبادل الاعتماد على بعضها وظيفياً ، متكاملة داخل أنساق منظمة على أساس معياري)[3] .

ولم يغفل الوظيفيون عن التغير الاجتماعي ، ولكنهم مع ذلك اعتبروه استثنائياً ، فبعضهم يعتبر التوازن والتغير عمليتين متكاملتين ، فالتغير يظهر نفسه على حسب بارسونز في شكل ظاهرة حتمية [4] ، ولكن من ناحية ثانية تعتبرالبنائية الوظيفية أن كل تغير يطرأ على المجتمع أو الثقافة يكون مصدره من الخارج ، وتتبعه عملية استعادة للتوازن الذي كان قائماً من قبل ، وقد أخذ بهذا النموذج عدد كبير جداً من علماء الاجتماع الذين يفسرون أي

---

[1] .....جي روشيه ـ علم الاجتماع الأمريكي ـ دراسة لأعمال تالكوت بارسونز ـ ترجمة وتعليق محمد الجوهري وأحمد زايد (ط1) دار المعار ف ـ1981م (ص70)

[2] .....محمد الجوهري وزملاؤه ـ التغير الاجتماعي (ط1) دار المعارف سنة 1982م(ص 43).

[3] ...تيما شيف ـ المرجع: السابق ـص 369.

[4] .....محمد الجوهري وزملاؤه ـالتغير الاجتماعي ـ المرجع: السابق ـص 110.

اختلال في التوازن بأنه حالة تفكك اجتماعي، وكان أفضل ما استطاع الوظيفيون الأوائل تحقيقه بالنسبة لدراسة التغير الثقافي هو تناول نماذج ثابتة مقارنة على فترات زمنية متباينة ، وكانت الفـروق بين النمـاذج المخـتلفة تعـتبر دليلاً على التغير وليست تفـسيراً له ."[١].

ولاتخرج اهتمامات الوظيفية إجمالاً عن البحث في المجتمع كنسق متوازن مستقر تعمل كل أجزائه في صالح المجموع (الذي هو بناء النسق) من أجل استقراره الدائم ، ولذلك فإن وجود صراع أو تغير يعـتبر (عندهم) خللاً في هذه الوظائف أو خروجها عن النظام الذي يحكم النسق ويرتب الأدوار لأجزائه ومكوناته .

وهذ ه النظرة كما يتضح نظرة مثالية إلى المجتمع الإنساني (بمعنى المثالية النظامية وليس المثالية الخلقية) ، وهي مثالية لأنها تفترض بقاء هذا المجتمع في وضع منظم تماماً ويعمل في وضع لا يشوبه أي خلل أو خروج عن خط النظام المرسوم .

""وكثيراً ما أهمل علم الاجتماع الحديث ـ تحت تأثير الاتجاه الوظيفي مشكلات التغير أو عرضها بصورة توحي بأن التغير الاجتماعي شيء استثنائي عارض ،وكان التركيز دائماً على ثبات واستقرار الأنساق الاجتماعية وأنساق القيم والمعتقدات وكذلك على الإجماع أكثر منه على التنوع والصراع الموجود داخل كل مجتمع، غير أنه من الواضح أن جميع المجتمعات على السواء تتميز بظاهرتي الاستمرار والتغير ، وأن الوظيفة الرئيسية للتحليل السوسيولوجي هي الكشف عن كيفية ارتباط هاتين العمليتين ببعضهما ""[٢].

ولكن هذه النظرة المثالية تتصف بما يلي :ـ

1. فيها إغفال وتجاهل للطبيعة الإنسانية التي تتصف بالحركة الدائمة وعدم السكون ،والسعي إلى الابتكار والتجديد وبلوغ الكمال في كل مجالات الحياة، ومنها الحياة الاجتماعية .
2. كذلك تتجاهل هذه النظرة صفة أخرى للإنسان هي صفة العدوان [٣] والمنافسة ومحاولة تجاوز الواقع إما بإزالته أو تغيير شكله .
3. تربط الوظيفية ربطاً وثيقاً بين النظام الاجتماعي والنظام السياسي من حيث أن النظام السياسي يمكنه أن يفرض شكلاً من الحياة الاجتماعية على المجتمع الذي يحكمه كما فعلت

---

[١] ....المرجع: السابق (ص283).

[٢] ....بوتومور ـ عوامل التغير الاجتماعي ـفصل في كتاب (التغير الاجتماعي) ـ المرجع: السابق ـص 169.

[٣] ..بوتومور ـ علم الاجتماع والنقـد الاجتماعي ـ ترجمة و تعليق محمد الجوهري وزملائه (ط1) دار المعارف سنة 1981م (ص 222و 224) .

الماركسية مثلاً ، ومن هذا الموقف (السياسي ـ الاجتماعي) كانت الوظيفية تقف في مقابلة الماركسية ، فارتبطت بذلك بالنظام الرأسمالي الغربي واكتسبت السمعة المعروفة بأنها نظرية محافظة .

وإذا كان النظام والاستقرار من علامات الصحة في المجتمع ، فإن الذي يهم هو مضمون هذا الاستقرار ، أو بمعنى آخر : ما هي القوانين التي استقر على أساسها نظام المجتمع ؟ هل هي قوانين عادية أم ظالمة ؟ سواء في ذلك القوانين الاجتماعية والسياسية.

قد يكون هناك استقرار في مجتمع يؤمن بالتمييز العنصري (كما كان في جنوب أفريقية مثلاً) أو في مجتمع فيه أقلية مقهورة (كالعرب الموجودين في فلسطين المحتلة منذ سنة 1948م) أو في مجتمع فيه قوانين أو أعراف اجتماعية ظالمة بالنسبة لطائفة من المجتمع (كما في طائفة المنبوذين castes في الهند)، فالاستقرار في مثل هذه الأحوال ناتج عن عدم استطاعة هذه المجتمعات (أو الفئات الاجتماعية) أن تغير الواقع الذي تعيشه ، لعدم امتلاكها أداة التغيير (وهي السلطة السياسية أو القوة القادرة على فرض التغيير) .

إذن هل المهم هو المظهر الخارجي للمجتمع (كمجتمع مستقر) أم المهم هو مضمون الاستقرار ذاته ، والقوانين التي يقوم عليها هذا الاستقرار ؟

من هذا التساؤل نتبين أن الوظيفية ـ كما صورها علماء الاجتماع الغربيون ـ قد نزلت إلى مستوى النظرية المسخرة في خدمة النظام القائم وتبرير ما يقوم به من أعمال (قد لا تكون إنسانية كما في المستعمرات أو في داخل المجتمع نفسه) باسم المحافظة على الاستقرار والتوازن . وما هذا التوازن إلا توازن المصلحة بين نظام مسلح بكل وسائل القوة الظالمة وطرف آخر مقهور أو مغلوب على أمره ، واستقرار الوضع كما هو يكون في صالح الدولة ذات النظام المذكور .

وقد شعر كثيرون من علماء الاجتماع الغربيون بهذا النقص في الوظيفية ، وأرادوا سدّ هذه الثغرة فنادوا بضرورة أ ن يدرس المجتمع من النواحي الديناميكية ، أي في حالات التغير الاجتماعي والصراع والمنافسة باعتبارها عناصر مصاحبة لنمو المجتمعات وتفاعل مؤسساتها وأفـرادها ، ولذلك " فمصطلحات (الصحة الاجتماعية)و(المرض الاجتماعي أو الباثولوجيا الاجتماعية) التي تستخدم في بعض الأحيان غير محدّدة وغير ملائمة إلى

حد بعيد ، ذلك أن محور الاهتمام ليس صحة المجتمع (التي قد تعرف بأنها قدرته على البقاء) بقدر ما هو **نوعية الحياة الاجتماعية**)[1].

وعلى هذا فإن كلمات مثل (خلل اجتماعي وظيفي . أو مرض ، أو عيب أو نقص) لم تعد كافية في هذا المجال ، لأن الصراع الاجتماعي (من أدنى درجاته إلى أعلاها) شيء حتمي وموجود ، وهو نابع من غريزة العدوان الموجودة في كل إنسان ، ومن سعيه لإشباع حاجاته المختلفة ، وهذا السعي لا بد أن يولد نوعاً من الاحتكاك مع الآخرين ، وهو الأمر الذي ينتج عنه الصراع ، ولكن اعتراف النظرية الوظيفية بالصراع لم يبلغ درجة اعترافها بالنظام أو اهتمامها به وبتفسيره ، فالصراع أمر هامشي بالنسبة للنظام ، ولهذا لم ينل التحليل والتفسير الكافي الذي ناله الاستقرار . وبذلك فليس المهم اعتراف الوظيفيين بالصراع ، بل المهم هو مدى استعدادهم للإقرار به كحقيقة تستحق الاهتمام والدراسة مثله في ذلك مثل النظام سواء بسواء انطلاقاً من الاعتراف بأنه أمر واقع لاسبيل إلى تجاهله أو حذفه من الاهتمام ما دام نابعاً من صفة أصيلة في الإنسان . [2].

موقف الدراسة الحالية :

تؤمن الدراسة الحالية بأن الجانبين (**التغير**) من ناحية "**والاستقرار والنظام** " من ناحية ثانية **وجهان لعملة واحدة هي الإنسان** ، وهذا الإيمان نابع من التزام الدراسة بخطها النظري الفكري الذي يقر بأن الإنسان مكون من ثنائية هي الروح والجسد أولاً ، وبأن الاستقرار والنظام المطلق أمر لا يكون إلا في عالم الجمادات (أي في العلوم الطبيعية) لا في عالم الإنسان ثانياً .

بل لقد أثبت العلم الحديث أن مكونات الذرة في الجمادات نفسها تكون في حالة حركة دائمة حول نواتها ، فالإنسان ـ الكائن الحي ذو الفكر والقدرة على الاختيار والإرادة الفاعلة لا يمكن أن يحكمه نظام مستقر ، ثم إذا خالف هذا النظام كان ذلك " خللاً أو مرضاً " "" فلم يعد ممكناً الآن قبول المبالغة في مظاهر الانسجام الاجتماعي والتكامل والتوازن وتبنّي نظرة استاتيكية للبناء الاجتماعي كما حدث خلال العقود الثلاثة الماضية تحت تأثير النزعة البنائية الوظيفية ، والواقع أن مصطلح الانحراف Deviance (وهو من أسوأ المصطلحات

1...التغير الاجتماعي ـمرجع سابق ـص (197)
2...بوتومور ـ المرجع: السابق ـ ص (236)

السائدة في علم الاجتماع) لم يعد يستطيع التعبير عن مختلف صور الأشياء والصراع والتمرد والكبح التي تحدث في كل المجتمعات ""[١].

وتقتضي ثنائية الروح والجسد التوفيق بين مطالب الفكر والروح من جهة والمطالب المادية " أي حاجات الجسم " من جهة ثانية ، ونفس هذه الثنائية تنسحب على التوفيق بين مطالب الاستقرار والتوازن من جهة ومطالب التغير الناتج عن الصراع الناشئ عن التنافس في إشباع الحاجات المادية الجسدية للإنسان من جهة أخرى ، ويشبه جان دوفينو العمليا ت الاجتماعية المختلفة بأنها تشبه (الدراما الاجتماعية) التي يعرفها بأنها " كل جدلي يمثل الصراع بوعي أو بغير وعي بين مختلف العناصر الاجتماعية التي تخوض معركة لأداء وظيفة ما، لإشباع حاجة ما ، لإنجاز هدف أو قيمة ، لازدهار الكمال أو البحث عن الاتصال"[٢].

وعيب النظرية في علم الاجتماع ـ والوظيفية بالذات ـ أنها تتناول الجانب المادي فقط وتمعن في تحليله واستقصائه ، وتهمل الجانب الآخر (جانب الفكر) أو تتناوله من وجهة نظر غير موضوعية ، بل بما يتفق مع فكرة مسبقة (كفكرة تأييد النظام السائد) ، فتصبح بذلك نظرية عرجاء ، مما دعا بعض العلماء إلى المناداة بضرورة الاهتمام بالجانب الآخر من القضية (الجانب الديناميكي والفكري) ، وإذا كان علم الاجتماع علماً إنسانياً (أي يتناول الإنسان) فإنه يتحتم عليه أن يتناول الإنسان كحقيقة كاملة كما هي وبدون أن يهمل جزءاً منها ويدرس جزءاً آخر : فتناول أي قضية من بعد واحد فقط لا يعطي فكرة عن أبعادها الأخرى ، والإنسان كحقيقة واقعية عبارة عن مادة هي الجسم ، وفكر فعال هو البعد الثاني (الروحي) ، وندخل هنا في قضية فلسفية ربما كان لها أثرها في توجيه علماء الاجتماع الغربيين ، وهي قضية نطرحها في هذا السؤال ، ""هل الفكر الإنساني تابع للمادة (أي لجسم الإنسان ولدماغه بالذات) ، أم أنه شيء منفصل وله كيان ووجود يمكن تناوله كحقيقة موضوعية ؟

ولا نستبعد أن تكون هذه القضية قد ساهمت في توجيه علماء الاجتماع الغربيين الوجهة المادية الصرفة ، لأن كثيراً من المدارس الفلسفية الغربية تعتبر أن (الفكر عبارة عن إفراز مادي يفرزه الدماغ) وهذه المدارس هي التي نشأ في أحضانها علم الاجتماع .

---

[١] ...بوتومور ـالمرجع السابق ـ ص(236)

[٢] ... جان دوفينو : مقدمة في علم الاجتماع ـ ترجمة علياء شكري ـ دارا لنهضة مصر ـسنة 73م (ص 87)

مما سبق نتبين عقم الجدل بين طرفي المسألة :الطرف الأول القائل بالنظام والاستقرار والطرف الثاني القائل بالتغير والصراع ، لأن الجانبين يلتقيان في محصلة واحدة يمثلها الإنسان ، والإنسان من حقه ممارسة الصراع والتغيير ، كما أن من حقة ممارسة النظام إذا كان أي منهما يساعد على تعزيز حياته ويلبي حاجاته الأساسية تلبية سليمة وناجحة ، وربما كان للصراع أثر إيجابي أكبر بكثير (في بعض الحالات) من النظام لأنه قد يلبي حاجات ضرورية يعجز النظام عن تحقيقها.

وليس الصراع جديداً في حياة الإنسان فهو ـ كما ذكرنا سابقاً ـ نابع من غريزة العدوان . وهذا قول يؤيـّده القرآن الكريم في قوله تعالى :" قال اهبطا منها جميعاً بعضكم لبعض عدو ، فإما يأتينكم مني هدى فمن اتبع هداي فلا يضل ولا يشقى"(ط: 123)هذا نص قرآني من خالق البشر يقرر هذه الصفة بما لا يدع مجالاً لقول آخر. وعن غريزة العدوان هذه ينتج نوعان من الصراع هما : الصراع الخارجي والصراع الداخلي .

أ ـ وينشأ **الصراع الخارجي** بين المجتمعات ، وهو في طبيعته وأسبابه لا يختلف عن الصراع الداخلي ، كما أنه لا يختلف عنه في آثاره ونتائجه ، ولكنه يختلف في أبعاد هذه النتائج والآثار تبعاً لحجم المجتمعات التي تشترك فيه ، ويتراوح هذا الصراع من اختلاف وجهات النظر بين مجتمعين (ربما لاختلاف أيديولوجية كل منهما أو لاخـتلاف مصالحهما) إلى الصـراع المسلح (الحرب) . ويتميز الصراع الخارجي بأنه يكون أكثر وضوحاً من الصراع الداخلي ، فقد أدى هذا الصراع إلى قيام حروب مدمرة وقيام تكتلات عسكرية بين دول تتبع أيدوبولوجيا سياسية واجتماعية واحدة .

ويمكن اعتبار الصراع داخل المجتمع الواحد صورة مصغرة عن الصراع على مستوى المجتمعات العالمية ، وبذلك فدراسة الصراع على المستوى الاجتماعي الدولي تساعد في إلقاء الضوء على الصراع الداخلي لكل مجتمع على حدة [(1)].

ب ـ أما **الصراع الداخلي** فيتم داخل نفس المجتمع على مستوى الأفراد أو الأسر أو القبائل أو أية تنظيمات اجتماعية يضمها المجتمع ، ولهذا الصراع أثر في اتجاهين :.

1. الأول : أثر سلبي أو تدميري .
2. والثاني : أثر (بناء) أو إيجابي .

1....بوتومور ـالمرجع السابق . ص(226)

الأول : يكون سلبياً بالنسبة للنظام القائم وبالنسبة لأصحاب المراكز الاجتماعية العالية (كالشيوخ في القبائل ، أو الحكام بشكل عام) ولكنه من ناحية ثانية يكون إيجابياً بالنسبة لفئات أخرى ، لأنه يحقق لها نوعاً من الحراك الاجتماعي نحو الفئات (أو الطبقات الأعلى ، وبذلك نجد أن الصراع بين الجماعات المختلفة في داخل المجتمع مازال مصدراً رئيسياً للتجديد والتغير [1] وبهذا المفهوم فالتوازن الحقيقي لا ينشأ من حفظ النظام القائم على علاته ، بل ربما ينشأ كنتيجة لهذا الصراع.

الثاني : الأثر البناء (أو الإيجابي): فهو ناتج عن صراع يؤدي إلى تدعيم النظام السائد في المجتمع ، وفي نفس الوقت يحاول إرضاء الفئات الاجتماعية التي قد تكون صاحبة مصلحة حقيقية في التغير ، ولكنه لا يسمح لها بالحراك الاجتماعي لخوفه منها.

ومثل هذا الصراع يرتكس إلى تدعيم النظام القائم وحفظ التوازن ، ولكنه في حقيقته ذو أثر سلبي لأنه لا يسمح بالتطور أو التغير الاجتماعي . والصراع الداخلي بشكل عام ضرورة لا يمكن للمجتمع أن يستغني عنها. لأن له وظيفة مهمة في عملية التغير الاجتماعي .

ومن مظاهر الصراع الاجتماعي ما يمكن أن تراه **بين جيلين** (جيل الشيوخ وجيل الشباب) أو **بين نمطين** من أنماط الحياة الاجتماعية . ومهما كان شكل الصراع أو مظاهره فإنه يشبه فترة المخاض التي لا بد أن تليها فترة ولادة عهد جديد له صفات مختلفة عن صفات الوضع السابق ، ومن هنا كان إيمان هذه الدراسة بأن الصراع الاجتماعي جزء لا يتجزأ من (النظام الاجتماعي) ذاته ، ولابد من استيعابه جنباً إلى جنب مع الاستقرار ضمن نظرية وظيفية حقيقية يكون معنى النظام فيها شاملاً للصراع والاستقرار معاً ، لأن للصراع دوراً لا يقل بأية حال عن دور الاستقرار في حياة أي مجتمع ، وهو ليس سمة ضئيلة أو استثنائية تميز العلاقات الاجتماعية [2] .

إن الاستقرار إذا ساد في مجتمع يطبق شريعة الله فإنه يكون مصدر سعادة الإنسان ولكن هذا مرتبط بأمانة ولي الأمر الذي ينفذ أحكام الإسلام ويطبق الشريعة تطبيقاً عادلاً على الجميع بدون محاباة أو انحراف عن الحق ولو كان على نفسه.

[1] ...التغير الاجتماعي ـ مرجع سابق (ص 170)

[2] ...بوتومور ـ المرجع: السابق (ص 214)

وفي حالة انحراف ولي الأمر فإن تطبيقه المنحرف للشريعة ـ مع المحافظة على الاستقرار ـ يعد ظلماً كبيراً ومنكراً يجب تغييره مهما ادعى ولي الأمر المنحرف بأنه يتمسك بالنظام ، فيصبح التغيير هنا ضرورة .

هذا في مجال تطبيق الإسلام ، فما قولنا في تطبيق أنظمة وضعية فاسدة أصلاً كالنظام الرأسمالي أو غيره من الأنظمة التي بنيت لمصلحة طبقة معينة ، وليس لمصلحة كافة أفراد المجتمع ؟ أو كالنظام الشيوعي الذي يسحق الفرد ومـوهبته ؟

خلاصة القول : إن الإنسان هو الموضوع الأساسي للدراسة الاجتماعية وهذا الإنسان يمتاز بصفة النظام والاستقرار وبصـفة أخرى هي صفة التغير والتغيير ، وكلا الصفتين أصيلتان وفطريتان ولا يمكن أن ننفي إحداهما أو نحذفها ، بل هما تؤديان إلى التكامل ، ولكل منهما وظيفة مهمة في الارتقاء بالحياة الفردية والاجتماعية للإنسان ، ويمكن القول بأن هناك جدلية تقوم بين الطرفين لتخرج في النهاية النتيجة المبنية على أسس واضحة المعالم ومنتزعة من واقع حياة الأفراد والمجتمع وتحقق الإشباع الحقيقي وليس فقط الاعتراف بواقع جديد ـ كما يوحي بذلك هيجل [١].

وإن " تجاهل علم الاجتماع لمشكلتي التفكك والصراع من شأنه أن يفقده اكتماله وفعاليته ، كما أن تجاهل عالم الاجتماع للحقائق الأساسية للنظام الاجتماعي قد يدفعه إلى الاكتفاء بدراسة مشكلات التفكك الاجتماعي وحدها. والواقع أن الصراع الذي نشهده الآن بين الذين يتبنون (نظرية التوازن) والذين يتبنون (نظرية الصراع) إنما هو في حقيقة الأمر صراع عقيم ، ذلك لأن علم الاجتماع يجب أن يهتم بدراسة كل من النظام والتفكك ولقد أكد فيليدمان Feldman وولبرت مور Moore ضرورة تبني تصور أكثر دينامية وشمولاً للمجتمع ."[٢].

---

[1] ...جان دوفينو ـ المرجع: السابق ص(88)

[2] ...اليكس انكلز ـ مقدمة في علم الاجتماع ـ ترجمة محمد الجوهري وزملائه ـ ط6 ـ دار المعارف سنة 83ـص.73

الفصل الثالث ....

بعض عوامل التخلف الاجتماعي في المجتمع الرّيفي

" موضوع الدراسة "

1.   دور البيئة الجغرافية والطبيعة وعلاقتها بالمفاهيم الثقافية المتخلفة .

2.   الفقر وآثاره.

3.   مقاومة أصحاب السلطات والامتيازات في المجتمع المحلي .

1ـ دور البيئة الجغرافية والطبيعية وعلاقتها بالمفاهيم الثقافية المتخلفة :

يتبين مما ذكرناه سابقاً أن المجتمع العربي إما بدوي أو قروي أو مدني ، ومن هذا الواقع نرى أن لكل مجتمع سماته المميزة سواء منها السمات الظاهرة أو السمات الفكرية والمعنوية المتصلة بأسلوب الحياة وطريقة التفكير والتعامل مع الآخرين فيما يعرف باسم العادات والعلاقات الاجتماعية . ولا نستطيع القول بأن المجتمع البدوي مجتمع بدائي تماماً ، بل هو مجتمع قائم على قيم خاصة به ومبنية على أسس فكرية وتاريخية تتصل في كثير من جوانبها بالعقيدة الدينية والأصل العرقي المشترك . وربما كان هذا المجتمع في بعض جوانبه (خصوصاً في العلاقات الإنسانية ومستوى التفاهم) أرقى من المجتمع القروي أو المدني ، ولكن رغم ذلك فإن البداوة تظل علامة على التخلف الحضاري حسب المفهوم الحديث ، لأن الحضارة ـ كما هو معروف ـ ليست مجرد علاقات حسنة تربط مجموعة من البشر ، رغم إجلالنا وتقديرنا لمثل هذه العلاقات ، **بل لا بد أن يكون مفهوم الحضارة شاملاً لكل ما فيه رفاهية الإنسان مادياً والسمو به فكرياً .**

ونظراً لأن حياة البداوة لا تتيح للإنسان مجالاً أكثر من سعيه لكسب قوته اليومي عن طريق تربية الحيوانات والتنقل بها ووقف حياته كلها على ذلك ـ فإن هذا الوضع لا يمكن أن يتيح مجالاً للتفرغ لما هو أبعد من كسب الرزق ، الأمر الذي يجعل أجيال البدو لا تخطو خطوة واحدة عما كان عليه أسلافها منذ سنين طويلة .

ويعتبر الاستقرار الخطوة الأولى والأساسية في بناء الحضارة , وقد ذكرنا سابقاً أن كلمة الحضارة في حد ذاتها تدل على الاستقرار (من حيث أن الحاضرة ضد البادية)، وقد رأينا أن القرى والمدن هي الحاضرة ، ولكن هناك تفاوتاً بين مكان وآخر من مراكز الحضارة : تفاوت من حيث درجة الرقي والتقدم .

وتلعب البيئة الجغرافية والطبيعية دوراً رئيسياً في تحديد السمات الأساسية لكل مجتمع من المجتمعات ، ولنأخذ كمثال على ذلك البيئة الصحراوية التي تفرض على السكان نوعاً من الحياة هي الحياة البدوية المتسمة بسمات معينة يمكن التعرف عليها بسهولة وأهم هذه السمات الاعتماد على حيوانات الرعي (كالإبل والأغنام) ، والتنقل بها في مساحات واسعة من الأراضي الصحراوية طلباً للعشب والماء ، بالإضافة إلى العيش في بيوت من الشعر .

هذه السمات الظاهرة للعين ناتجة عن ظروف البيئة الجغرافية والطبيعية ، وهي ليست السمات الوحيدة : بل هناك مميزات أخرى خاصة بالمجتمع البدوي تتصل بالنواحي الثقافية بشقيها المادي والمعنوي : فمن حيث النواحي الثقافية المادية (بالإضافة إلى ما ذكرناه في الأسطر السابقة) يستعمل البدوي أدوات محددة في حياته العادية ، كما يتزيا الرجال والنساء بزي معين ، وأما في النواحي المعنوية فنجد في المجتمع البدوي سمات واضحة تكوّن عادات وأعرافاً يتقيد بها جميع الأفراد سواءً في التصرفات الفردية (أي في علاقة الفرد بالآخر كطريقة السلام مثلاً) أو التصرفات الجماعية (أي في علاقة الفرد بجماعته أو علاقة الجماعة ببعضها) . وتتبـــلور هذه التصرفات و العلاقات بشكل حسي ملموس في القبيلة والأسرة .

فالأسرة يترابط أفرادها في تدرج هرمي يقف في أعلاه رب الأسرة (الأب) ، ويتدرج باقي أفراد الأسرة نزولاً حيث يأتي الابن الأكبر في المرتبة التالية للأب ، وقد تكون الأم (في حالة فقدان الأب ، والابن الأكبر) في رأس الهرم ، وتتكون القبيلة من مجموعة من الأسر التي يجمعها أصل واحد أو حلف أو زواج ، وتكون للشيخ سلطة مطلقة لحل المنازعات والخصومات بين أبناء القبيلة ، واتخاذ القرارات في المواقف المختلفة بالتشاور مع رجالات القبيلة .

وقد رأينا نموذجاً للمجتمع البدوي في المجتمع العربي القديم في شبه جزيرة العرب ، حيث أنتجت الظروف الصحراوية القاسية مجتمعاً رعوياً قبلياً تشكل فيه كل قبيلة وحدة مستقلة متماسكة داخلياً وتقوم بالبحث عن الماء والعشب لتنتفع بهما حيوانات الرعي من إبل وأغنام التي تشكل بدورها عماد حياة القبيلة ، ثم إن عملية البحث هذه فرضت نمطاً من حياة التنقل الدائم والتنافس مع الآخرين على أماكن وجود الكلأ والماء وغزو القبائل لبعضها البعض مما أدى إلى احترام البدو للرجل واحتقارهم للمرأة ، لأن الرجل أقدر من المرأة على ركوب الخيل والطعن والضرب [1].

والمرأة أيضاً عرضة للأسر مما يجلب العار للقبيلة ، وهذا بالتالي ولّد مفاهيم وعادات تتصل بالمرأة كوأد البنات وعدم توريث النساء .

1....زينب رضوان : النظرية الاجتماعية في الفكر الإسلامي ـ دار المعارف (ط1) 82م ص32.

وإذا كانت البداوة بسماتها المعروفة هي علامة تخلف، فإننا نتفق مع الرأي القائل : " إن حالة التخلف أو ظاهرة التخلف ليست سوى نتيجة لبعض الظروف الثقافية والاجتماعية"[1] فمن عرضنا السابق لحالة المجتمع العربي الجاهلي نستنتج أن هذه الأنماط الثقافية نتجت عن ظروف اجتماعية عاشها ذلك المجتمع ، ولكن هذه الظروف الاجتماعية بدورها مولود شرعي لظروف البيئة الجغرافية والطبيعية التي عاشها العرب وتوارثتها أجيالهم ، ولم يفكروا في تغييرها ،وذلك بسبب استمرارهم في نفس البيئة الصحراوية المذكورة (**أي استمرار المؤثر**)، والتي تتصف (إضافة إلى ما سبق) بأنها معزولة عما جاورها مما جعلهم غير قادرين على مقارنة ثقافتهم وظروف مجتمعهم بغيره من المجتمعات ، وبالتالي لم يتطلعوا إلى إمكانية تبديل شيء في البناء الاجتماعي والثقافي والقيمي لمجتمعهم ،أو تبديل شكله وأدوار الأشخاص كل حسب موقعة الموروث.

هذه العزلة النسبية لبدو جزيرة العرب جعلتهم يعيشون متأثرين بظروف الصحراء وأجوائها أكثر من تأثرهم بالحضارات التي كانت على أطراف الجزيرة (كالفارسية و الرومانية) أو الحضارات التي نشأت في أطراف جزيرة العرب كحضارة سبأ و حمير في الجنوب وحضارة الأنباط والتدمريين في الشمال . ويمكن الرجوع إلى كتب التاريخ الباحثة في هذا الموضوع لنرى كيف أن أكثر سكان الجزيرة من البدو . ورغــم وجود مراكز حضرية محدودة (مثل مكة) إلا أن العادات البدوية إجمالاً كانت هي السائدة : كالغزو ووأد البنات وعدم توريث النساء وقِــرى الضيف.

ولو استعرضنا مجتمعات أخرى تعيش في بيئات مختلفة لوجدنا أن لكل مجتمع طابعاً يختلف عن طابع الآخر في ثقافته وعاداته ومثله العليا ، ولهذا فنحن نختلف مع الرأي القائل : " إن قدرات وإمكانيات الشعوب المختلفة لا تحدد في ضوء سماتها الوراثية أو السلالية ولا من خلال ظروفها الجغرافية ، وإنما تحدد تلك القدرات والإمكانيات في ضوء المثل والأهداف والمعتقدات وأساليب السلوك السائدة في بيئة اجتماعية معينة "[2].

نختلف معه حول **عدم اعتباره الظروف الجغرافية** كموضوع **للتأثير** على مصير التقدم الحضاري . نعم ، لا يوجد أثر للسمات الوراثية الجسمانية أو السلالية على قدرات

---

[1]...محمد الجوهري :علم الاجتماع وقضايا التنمية ـ دار المعارف (ط2) 81م ص61.
[2]...المرجع: السابق ـص 62.

وإمكانيات شعب ما في التقدم ، لأن الإدعاء بغير ذلك ليس له سند من واقع علمي أو منطق فكري نظري ، **ولكن الظروف الجغرافية والطبيعية شيء مختلف تماماً** .

لأنها كما سبق أن أوضحنا ـ هي العامل الأول والحاكم (منذ فجر التاريخ) في تحديد سمات أي مجتمع بحيث يتميز بهذه السمات عن غيره : فمجتمع الإسكيمو ـ مثلاً ـ لا يمكن أن يكون كمجتمع الصحراء العربية أو كمجتمع إفريقي يعيش في الغابات أو كمجتمع ساحلي يعتمد على صيد الأسماك , ولا يمكن فصل ثقافة المجتمع عن طراز حياته : فثقافة الإسكيمو بالتالي غير ثقافة البدوي العربي، وهي غير ثقافة سكان الغابات وغير ثقافة صيادي الأسماك ، والثقافة تمثل أهم مظهر لأية حضارة ، بل هي زبده ما تنتجه الحضارات لأنها خلاصة تجارب كل مجتمع بشري . يقول على فؤاد أحمد : " يعيش الإنسان ـ منذ أن وجد على الأرض ـ مع غيره من الأفراد ومن الكائنات الحية حيوانية ونباتية , ويتعامل الإنسان أثناء حياته مع ما حوله من البيئة الجغرافية وما فيها من مياه وجبال وسهول ، ويتأثر بالبيئة البيولوجية وما فيها من حيوانات ونباتات ، ويتأثر بالبيئة الطبيعية ومافيها من أجواء وأمطار وبرق ورعد وبرد وحر ، كما أنه يؤثر في البيئة فيزرع الأرض ويشق الترع ويستخرج منها المعادن ويبني المدن والقرى ...الخ ، وهكذا نرى الإنسان يعيش متأثراً بهذه الأشياء التي تحيط به ، كما تتأثر حياته بمدى تمكنه من الاستفادة من وقاية نفسه من أضرارها إما بإخضاعها أو بالعمل على التكيف معها بشكل من الأشكال "[1] .

يتضح من هذا النص أن الإنسان إما أن يتكيف مع ظروف البيئة الجغرافية والطبيعية أو يؤثر في هذه البيئة ويسيطر عليها، ولكن إذا كانت الظروف المذكورة من القسوة بحيث لا يمكن تبديلها أو تعديلها بسهولة ، فإنه ليس أمام الإنسان سوى أن يتكيف معها ،وذلك بأن يمارس نشاطه بالأسلوب الذي يمكنه من استمرار حياته في ظل تلك الظروف القاسية التي لا حيلة له في تحييدها أو التقليل من قسوتها مالم يطرأ عامل خارجي يقلل من تلك القسوة أو يوفر لذلك الإنسان الطاقة القادرة على تبديل تلك الظروف .

أما تحديد " القدرات والإمكانيات في ضوء المثل والأهداف والمعتقدات وأساليب السلوك السائدة في بيئة اجتماعية معينة " فهو عمل يتم عادة في ضوء المثل والأهداف التي يتبناها المجتمع ، وما هذه " المثل والأهداف والمعتقدات " إلا ناتج من نتائج ظروف المجتمع التي

1...علم الاجتماع الريفي ـ مرجع سابق ـ (ص 9)

لا يمكن أن يتحداها ، لأنها هي - كما يراها - المتفقة مع ظروفه وحياته فهذه المعطيات المذكورة لا وجود لها من فراغ ، بل هي ناتجة عن ظروف المجتمع ، وبهذا فنحن **هنا نقع في الدور المنطقي** : فقدرات المجتمع وإمكانياته في التقدم يجب أن تتحدد على ضوء (المثل والأهداف والمعتقدات) ، ولكن **هذه (المثل والأهداف) نفسهاهي إحدى نواتج الظروف والإمكانيات في هذا المجتمع** ، وفي نفس الوقت لا نستطيع أن نطالب مجتمعاً ما بأن يكون متحضراً بمقياس مجتمع آخر إلا إذا توفرت نفس الظروف الجغرافية والطبيعية والتاريخية والتكنولوجية لكلا المجتمعين . وهذا القياس لم يتوفر حتى الآن ، لأنه لا وجود لمجتمعين تتطابق ظروفهما تماماً . إذن كيف الخروج من هذا الدور المنطقي ؟

يكون الخروج (بالثورة) ، وليس المقصود بذلك هدم هذه المثل القائمة والقضاء عليها من أجل فرض مثل جديدة بشكل تعسفي - بل المقصود أن تكون الثورة هادفة إلى إنبات مثل جديدة بشكل شامل ومنبثق من الأساس أو القاعدة الاجتماعية العريضة لنضمن بذلك قوة البناء القيمي الجديد ونجاح عملية الإحلال بشكل سليم .

وهنا نلاحظ أن الثورة يجب أن تكون في مجالين معاً:-

الأول : المجال التكنولوجي : ويشمل هذا المجال توظيف التكنولوجيا في كافة المجالات : كالزراعة والمواصلات والإسكان والتعليم وغيرها ، من أجل تحسين ظروف الحياة بوجه عام .

والثاني : هو المجال الفكري : ويشمل ذلك مجال العلم والقيم الفكرية ، حتى يتمكن المجتمع من الارتفاع إلى مستوى استيعاب التكنولوجيا من جهة ،ولكي يتمكن من القدرة على التفكير الموضوعي السليم ، مع ملاحظة ضرورة مراعاة القيم الأساسية للمجتمع المسلم والمحافظة عليها من جهة أخرى .

وهنا نلاحظ أنه لابد من توظيف عملي للعلم في خدمة المجتمع في دائرة من الأسس الفكرية و القيمية التي يقرها الإسلام بحيث تكون هناك قاعدة فكرية إسلامية يتحرك في حدودها التطبيق العملي للتكنولوجيا .

وبذلك فالملاحظ هو أن (المثل والأهداف والمعتقدات) لاتكون غريبة عن المجتمع ، بل هي في حقيقتها متصلة اتصالاً وثيقاً بما يعتقد المجتمع أنه (الكمال) المطلوب والذي يسعى إليه : فالمجتمع البدوي يعتبر (إطعام الضيف) من الفضائل العظيمة ، واتخذ من

بعض أشخاصه (كحاتم الطائي) مثلاً أعلى ينظر إليه بإعجاب ، بينما في مجتمع آخر قد لا يكون ما عمله حاتم مدعاة لكل هذا الإعجاب بسبب اختلاف الظروف المصاحبة لهذا العمل .

ولا يستطيع الإنسان أن يترك مثله الأعلى القديم بمجرد أن يعرض عليه مثل أعلى جديد ، ولكن يمكننا **من ناحية ثانية أن نبدل مثله الأعلى إذ بدلنا المورد الذي يكسب منه رزقه** وجعلناه أقل تعرضاً لقسوة الصحراء : كأن نوطنه مثلا ونعلمه الزراعة بدل الرعي مما يتيح له بالتالي أن يدخل في شبكة جديدة من العلاقات الاجتماعية تتيحها له حياة الاستقرار فيتطلع إلى مثل عليا تختلف عن التي كانت زمن الرعي والفقر .

وإنه لجميل أن نضع مثلاً أعلى أمام المجتمع المتخلف ونحاول دفعه باتجاهه ، ولكن الأجمل من ذلك حقاً هو أن يكون المثل الأعلى المنشود منتزعاً من واقع المجتمع المتخلف وناشئاً ينحو باتجاه الكمال الحضاري بشكل متدرج ولكن مستمر . إن الذي نريده هو أن يولد المثل الأعلى داخل المجتمعات المتخلفة (إما بتأثيرات ثقافية محلية أو خارجية) ، ثم تنمو فكرته مع النمو الاقتصادي والاجتماعي لهذا المجتمع في ضوء الإمكانيات الحقيقية المتاحة ، ويمكننا القول بأن تبديل وظيفة الفرد يجعله يبدل مثله الأعلى بما يتفق مع تطلعاته الجديدة ، كما سنلمس ذلك في مجتمع الدراسة الحالية بعد التقدم الاقتصادي .

أما ما ذكره المرجع المذكور عن نجاح بعض المهاجرين إلى بلاد أخرى كنجاح " جماعات المهاجرين من الصينيين والهنود والعرب ، والنجاح الذي استطاعوا أن يحققوه اجتماعياً واقتصادياً في شرق آسية وأفريقية وأمريكا الجنوبية ، كما نذكر في هذا الصدد النجاح الفائق الذي حققه اللبنانيون والسوريون في النشاط التجاري في غرب إفريقية " [1] فهذا النجاح ـ كما يشير إلى ذلك نفس المرجع ـ نجاح اقتصادي واجتماعي ، وهذا شيء منطقي تماماً ، فالنجاح كان في الدرجة الأولى اقتصادياً ثم تلاه النجاح الاجتماعي ،ولكن هذا النجاح لم يكن نتيجة للتحرر من المفاهيم الجامدة بقدر ماكان نتيجة لحب المغامرة والطموح الشخصي وحب الغنى ،و للهروب من الفقر . وكمثال على ذلك فنحن نرى أبنا ء اليمن يحققون نجاحاً رائعاً في النواحي الاقتصادية والتجارية (وبالتالي الاجتماعية) في المملكة العربية السعودية ، بينما كانوا في بلادهم فقراء ،فلأي سبب نعـزو نجاحهم ؟

1......علم الاجتماع وقضايا التنمية (مرجع سابق) (ص 63)

هل نعـــزوه لتحررهم من " إسار القيود التي تفرضها عليهم مجتمعاتهم "[1] أم " لتبني الأهداف والمثل المتقدمة "[2]؟

أم الأصوب والأكثر واقعية أنهم أصحاب حب للمغامرة وأصحاب طموح شخصي يدفعهم الفقر للهجرة من بلادهم إلى حيث يجدون الإمكانيات الاقتصادية ؟

ويتأكد هذا بشكل خاص إذا عرفنا بأن مجتمع اليمن يكاد يكون صورة أخرى طبق الأصل للمجتمع السعودي " خصوصاً في منطقة الدراسة الحالية " حيث لا يمكنك في كثير من الحالات تمميز ما هو يمني مما هو سعودي .

مما سبق نرى أنه قد يحدث أن تتبدل (المثل العليا والأهداف والمعتقدات) نتيجة لعامل سلمي :كحدوث طفرة اقتصادية واستفادة أبناء المجتمع منها ، أو نتيجة لحدوث اتصال مستمر بين مجتمع متخلف وبقية المجتمعات المجاورة المتقدمة ، ونضيف إلى ذلك بأن مثل هذا التبدل (في المثل)قد يحدث بشكل ثوري سريع حين يتم إبعاد الصفوة الحاكمة لتحل محلها صفوة جديدة قد يكون لها مثل عليا أخرى مخالفة للسابقة ، فتعرض هذه المثل الجديدة وتحارب القديمة وربما قضت عليها أو جعلتها محايدة وغير ذات تأثير على المجتمع ، ولكن هذا يحتاج إلى زمن ليتحقق ولتصبح المثل الجديدة ذات وجود حي فاعل وتمارس تأثيرها على الناس : كعادات وتقاليد وأعراف ، أو كأسلوب حياة ، كما حدث في بعض الدول الأوروبية أو غير الأوروبية خصوصاً بعد انتشار كثير من المذاهب الاجتماعية والسياسية كالرأسمالية والشيوعية والاشتراكية .

ولكن ما تقوم به الثورة هو فتح الباب للتغيير الاجتماعي ، أما التغيير ذاته فيتم عادة من خلال عمليات مخططة (كعملية التنمية)التي يمكن أن تساعد على الرقي بالمثل الاجتماعية أو غرس مثل جديدة تنمو مصاحبة للظروف الجديدة في المجتمع .

وإذا كان أرنولد توينبي قد عزا نشوء الحضارات إلى ما سماه (التحدي والاستجابة) challenge and response ، فإن هذا يصد ق على بدء نشوء الحضارات الإنسانية بشكل خاص وإن كان تأثيره يستمر فاعلاً (بلا شك) في تطور ورقي الحضارات في المراحل اللاحقة لمرحلة نشوء الحضارات .

ولكن إذا كان التحدي (أي قسوة البيئة الطبيعية والجغرافية)قد وصل إلى حد لا يمكن معه للإنسان أن يجد حاجاته الأساسية الضرورية ،

---

[1] ... نفس المرجع (ص 62)

[2] ... نفس المرجع (ص 62)

فلا نعتقد أن استجابته لهذا التحدي (مهما كانت ناجحة) ستكون قادرة على تغيير الوضع تغييراً واضحاً، خصوصاً إذا كان هذا الإنسان من الذين عاشوا هذا النمط من الحياة واعتادوه وتكيفوا معه . فماذا يستطيع البدوي (مثلاً) أن يعمل في رمال الربع الخالي أو الصحراء الأفريقية الكبرى ؟ بل ماذا يستطيع كل بدو العالم إن يفعلوا أكثر من التكيف مع البيئة الصحراوية ؟ وماذا يستطيع الإسكيمو أن يفعلوا في ثلوج القطب الشمالي ؟

إذن كيف نفسر استجابة بلاد " كسويسرا وهولندا والدول الاسكندنافية ونيوإنجلند"[1] للتحدي ولقسوة الظروف الجغرافية والطبيعية " على حين نجد شعباً مثل أهل بيرو (في أمريكا الجنوبية) يتمتع بثروات طبيعية لا تحصى يقارن أبناؤه أنفسهم بالشحاذين الذين يجلسون على كرسي من الذهب " [2] .

يفسر محمد الجوهري ذلك بقوله : " فالفيصل في الأمر هنا ليس هو شكل البيئة الطبيعية ودرجة ثرائها ،وإنما هو ماذا يفيد منها أهلها وكيف يفيدون ، ومن هنا قولنا بأن كل تفسيرات الجغرافية السياسية للأوضاع الاجتماعية للدول المتخلفة تفسيرات خاطئة ومضللة خاصة إذا كانت منطلقة من فكر جغرافي حتمي حيث نجد على سبيل المثال أن بيرو وبوليفيا ونيبال والتبث وسويسرا تشترك في بعض السمات الجغرافية الواضحة (خاصة المناطق الجبلية فيها) كالوديان الجبلية الفقيرة ودرجات الحرارة المنخفضة والبعد عن البحار وعن الأنهار الصالحة للملاحة " [3]

هذا التفسير كان مصيباً لو لم يفته عاملان مهمان :

الأول :ـ هو العامل التاريخي والزمني الذي لعب الدور الحاسم في تقدم بلاد كسويسرا وتخلف بلاد أخرى مثل بيرو أو التبت : بالإضافة إلى العامل الثاني : وهو الاتصال بشعوب مجاورة متقدمة .

أ- **فبالنسبة للعامل التاريخي والزمني** :تمتاز المنطقة التي تقع فيها سويسرا بأنها منطقة عمرها الإنسان منذ أقدم عصور التاريخ : حيث شهدت أوروبة وشمال أفريقية وبلاد غرب آسية وجنوبها الغربي أقدم الحضارات الإنسانية : فالحضارة المصرية القديمة وحضارات مابين النهرين والإغريقية والرومانية والإسلامية تركت بصماتها على التاريخ القديم

1....المرجع: السابق ص 68.
2...نفس المرجع: ص 68.
3...ص 69 (من نفس المرجع:)(3) نفس المرجع:ـ نفس المكان .

والوسيط والحديث ، والعلوم التي هي زبده الحضارات ـ وصلت إلى أوروبة قبل مئات السنين ،بينما كانت التبت في شبه عزلة تامة حتى العصور الحديثة ، وكذلك كانت بيرو وأمريكا الجنوبية كلها حتى بداية عهود الاستعمار الأوروبي ،ورغم أن بيرو كانت معزولة عن قارات العالم القديم قبل اكتشاف الأوروبيين لها، فقد كانت فيها حضارة زراعية ، كما يقرر ذلك نفس المرجع المذكور حيث قال:

" وقد عمل الأسبان ـ خاصة في أمريكا الجنوبية ـ على فرض نمط ثقافي معين أدى إلى إهمال الزراعة بسبب سعيهم الجشع للحصول على المعادن النفيسة "(3) . ومعنى ذلك أن هناك إمكانية لقيام لون من الحضارة مادامت هناك ظروف متاحة يستطيع الإنسان من خلالها استخدام خامات البيئة المحيطة به وما تحويه من إمكانيات يمكن استخدامها في بناء نوع من الحضارة . ومهما كانت درجة نجاحه في استخدام هذه الموجودات والاستفادة منها فإن هذا يمثل محاولة العقل البشري الدائمة وسعيه المتواصل للتحكم في ظروف البيئة وجعلها صالحة للاستفادة منها في الرقي بالحياة وجعلها أيسر .

وبسبب تنوع الظروف الطبيعية والجغرافية كانت كل حضارة من الحضارات القديمة تتلون بلون يناسب موقعها وظروف هذا الموقع : فحضارة ما بين النهرين ووادي النيل حضارة زراعية وحضارة الأنباط والتدمريين حضارة تجارية ، لوقوع البلاد المذكورة على خطوط التجارة القديمة ، ولكل حضارة منجزات هندسية أو علمية أو فنية تمثل معالم الثقافة لتلك الحضارة ، **وهذه المنجزات تكون ثمرة أو نتيجة للحضارة وليست سبباً في قيامها** : فسويسرا (مثلاً) بلد واقع في جوٍ مشبع بمنجزات العلم من أدوات تكنولوجية تستخدم في كافة المجالات ، وهذه المنجزات ثمرة من ثمار الفكر الإنساني المتوارث وليست إنتاج عقلية شعب واحد (شعب سويسرا) ، بل إن النهضة الأوروبية كلها كانت نتيجة لتفاعل عدة حضارات ثقافياً وفكرياً وإضافة كل حضارة وإسهامها في دفع المسيرة الحضارية للبشرية كلها ، الأمر الذي جعل قيام هذه النهضة (الفكرية والصناعية ...الخ) يكاد يكون حتمية تاريخية .

يقول ملفيل .ج. هيرسكوفتز " .... ومن الأمثلة على ذلك الأبحاث التي أجراها شترن B.Stern على بعض الاكتشافات الطبية ، والأبحاث التي أجراها جلفلان s.c. Gilfillan على السفن ، وتهدف جميع هذه الأبحاث إلى إثبات الفرضية التالية وهي : لو أن اكتشافاً أو

اختراعاً معيناً لم يتحقق على يد الشخص أو الأشخاص الذين حققوه فعلاً ، لدفع منطق الثقافة المتطورة شخصاً آخر إلى بلوغ النتيجة ذاتها"[1] .

هذا من الناحية التاريخية . **وأما من الناحية الزمنية** : فلا نستطيع المقارنة بين سويسرا أو الدول الاسكندنافية (من جهــة) ودولة أخـرى مثل (بيرو أو التبت) أو حتى أية دولة نامية (من جهة أخرى) ، بمعنى أنه لايمكن اعتبارها جميعاً تعيش في عصر واحد من ناحية حضارية فنقارنها على هذا الأساس ، لأن في هذه المقارنة نوعاً من عدم الإنصاف ، وربما يجوز أن نقول بأن الدول المتقدمة (كسويسرا أو غيرها) تعيش حقاً في نهاية القرن العشرين بينما الدول النامية المذكورة تعيش في القرن الثامن عشر (على أحسن تقدير) فكيف تجوز مقارنة هذه بتلك ؟

ومن باب أولى عدم جواز المقارنة بين سويسرا والتبت. وقد اعترف المرجع المذكور بذلك حيث قال عن ظروف البلاد النامية الحاضرة مايلي : " ويمكن القول إن الظروف الاقتصادية والاجتماعية السائدة اليوم في كثير من البلاد النامية تشبه في جوهرها تلك الظروف التي كانت سائدة في البلاد الصناعية المتقدمة حتى قبل ثلاثة قرون أو أقل "[٢] .

ب ـ **أما العامل الثاني :ـ (وهو الاتصال مع شعوب مجاورة متقدمة)** : فهو عامل مكمل للعامل الأول السابق : إذ أن موقع بلاد كسويسرا يختلف عن موقع التبت وعن موقع أي بلد آخر مثل (بيرو) . وسواء كان البلد المقصود هو سويسرا أو الدول الاسكندنافية أو غيرها ، فإن هذه الدول (المتقدمة) كلها واقعة في دائرة ضيقة ومتقاربة والشعوب التي تسكنها شعوب متأثرة بما في القارة من تقدم علمي واتصال بالحضارات الأخرى (خصوصاً السابقة عليها تاريخياً) .

ثم إن هذه الشعوب على اتصال وثيق ببعضها سلماً وحرباً : فالهجرات المتبادلة والحروب الطاحنة كانت تقلب الموازين وتبدل المفاهيم وتخلط الشعوب المنتصرة بالمغلوبة : فمن غزوات الفايكنج في الشمال إلى النورمانديين في الجزر البريطانية إلى أحداث وسط أوربة وغربها ، والإمبراطورية الرومانية المقدسة والنزاعات المرافقة لعصر القوميات وعصر النهضة ، كل ذلك خلق تمازجاً فكرياً وعرقياً على مدى العصور ، وقد كانت أحداث

1....رالف لنتون (الانثروبولوجيا وأزمة العالم الحديث) المكتبة العصرية ـــ بيروت ـ صيدا 1967م،فصل في الكتاب بعنوان عمليات التغير الثقافي (ص 270)

٢...ص .66

الاكتشافات الجغرافية والنهضة والثورة الصناعية وما صاحب ذلك كله من حروب ـ كانت كلها أحداثاً لم يشهد لها التاريخ مثيلاً ، وتـوّجت تلك الأحداث بالحربين العالميتين .

ومن أين لبيرو أو التبت بمثل هذا الموقع المتميز الغني بهذه الأحداث التي تقلب الأمور رأساً على عقب بعد كل فترة من فترات التاريخ : فتغير المفاهيم والمثل وتمزج وتولد مفاهيم جديدة ومثلاً جديدة ،بل ومجتمعات جديدة .

إن التشابه في التضاريس بين بلد وآخر قد يحدث ،ولكنه ليس الفيصل في الحكم على هذا الشعب أو ذاك بأنه مفاهيم تقدمية أو مختلفة ، ولا يمكن اعتبار كل تقدم تكنولوجي أو اقتصادي دليلاً على سمو المثل العليا في المجتمع ، بل قد يكون هناك تناسب عكسي بين الناحيتين بحيث نرى ـ كما هو حاصل الآن في الدول الصناعية الكبرى ـ أن أصحاب التقدم المادي والاقتصادي قد أصبحت مثلهم العليا تتمثل في قهر الشعوب الضعيفة والسيطرة عليها ، بل وربما إبادتها باستخدام هذا التقدم التكنولوجي ومنجزاته من الأسلحة الفتاكة .

ولهذا لابد من النظر إلى الموقع الذي يحتله أي بلد على خريطة العالم : فالموقع المعزول عن مركز الحضارات القديمة له أثر سلبي على تحضر المجتمع الذي يسكنه ،بينما لو أتيح له الاتصال بغيره فسوف يكتسب مفاهيم جديدة تتولد من تفاعل الثقافات وامتزاجها ، وربما أتيح له الامتزاج العرقي بغيره ،فيكتسب بذلك دماء جديدة ـ كما حدث في شعوب القارة الأوروبية مثلاً ـ بالإضافة إلى طرز جديدة من الثقافة والفكر العلمي المستنير ، ولكن هذا لن يكون كافياً إذا كانت بيئة المجتمع من الفقر والجفاف والقسوة بحيث لا يتمكن الإنسان من الحصول حتى على قوت يومه الضروري ـ كما في الصحارى الجافة .

ولهذا كان قولنا بأن التغيير يجب أن يتم في القاعدة الأساسية التي هي البيئة الطبيعية والجغرافية ، ولا يمكن أن يتم ذلك إلا بمؤثر اقتصادي فعال وبتخطيط يضع الأسس الراسخة لإنتاج لا تستطيع الظروف القاسية أن تقهره أو أن تضعه تحت رحمتها وهذا أجدى كثيراً من مجرد محاولة تغيير المثل العليا الموجودة في أذهان الناس ، لأن هذا التغيير- في هذه الحالة ـ يأتي من علٍ لا من القاعدة ، **ومن هنا نلاحظ فشل بعض الثورات في الاستمرار ، وذلك لأنها تحاول تغيير المفاهيم أو المثل الاجتماعية دون أن تجعل لهذا التغيير سنداً ينبثق من واقع المجتمع (أي من القاعدة)** .

خلاصة القول : لاشك أن التخلف الحضاري قد يكون نتيجة طبيعية لبعض الظروف الثقافية ، ولكن لا يجوز أن نقف عندهذا القول ، لأن في وقوفنا بتراً للمسألة ، بل لا بد من

استكمال البحث لمعرفة أسباب وجود مثل هذه الثقافة المتخلفة (أو الجامدة) . وسنجد أن السبب الأول في وجودها هو الظروف البيئية للمجتمع (خصوصاً البيئة الطبيعية والجغرافية) .

وهذا السبب ـ كما أسلفنا ـ تنتج عنه المفاهيم الثقافية المتخلفة السطحية ، وفي النهاية يتكون المجتمع المتخلف ، وربما المغلق .

ولكن ليس يعفينا من البحث (عن الأسباب الأولى للثقافة والمؤثرات التي توجهها) أن نقول عنها بأنها ثقافة متخلفة أو متقدمة ، وبأنها السبب في تخلف المجتمع ، فنحن نكون في هذه الحال كمن يدرس أثر الشيء ولكنه ينسى أن يدرس طبيعة هذا الشيء أو سبب وجوده . ومن الواضح أننا إذا عرفنا سبب الثقافة المتخلفة استطعنا أن نبحث عن العلاج الناجع بسهولة ويقين .

2. الفقر :ـ

نظرة تاريخية : يعتبر التاريخ سجلاً حافلاً لصراع الإنسان من أجل المحافظة على وجوده ، ونأخذ التاريخ بمعناه الواسع كسجل للمسيرة البشرية منذ أقدم العصور :حيث كان على الإنسان أن يتغلب على عوادي الطبيعة التي يمكن أن تحد من نشاطه أو تقضي على وجوده ، وتتراوح هذه العوادي بين المناخ القاسي وعداء الأحياء الآخرين له كالحيوانات المفترسة وبني الإنسان أنفسهم .

وقد حاولت بعض المؤلفات أن تلقي الضوء على مسيرة الإنسان منذ أن كان يسكن الكهوف ويعتمد على الجمع والتقاط الأثمار من النباتات التي كانت تنبت بشكل طبيعي تلقائي في بيئته [1] ، وكانت ثقافة الإنسان في هذه المرحلة ثقافة بسيطة وبعيدة عن التعقيد بسبب عدم تنوع أساليب الإنسان في معالجة بيئته والاستفادة من موجوداتها ، ويقيس لسلي هوايت (Lesli White) التطور الثقافي بمعدل ما يستهلكه الفرد من الطاقة (per.capita) وقد لخص هوايت تاريخ العالم في أربعة أنماط ثقافية تسير في خط تطوري متصل : النمط الأول مكون من الأنظمة الاجتماعية المعتمدة على الطاقة البشرية (كجماعات الصيادين والملتقطين) ، ثم تعلم الناس الاعتماد على طاقة الحيوانات فظهرت الثقافات الرعوية

See: Bronowski ,J., The Ascent   of man. Little Brown & co . Boston Toronto 10 th . printing 1973 1
esp . chapter 1 and 2

والزراعية ، وبعد ذلك ظهر عصر الوقود ،وهو العصر الذي بدأ فيه الإنسان باستعمال الفحم والزيت والغاز الطبيعي .

ويبدو استعمال الطاقة النووية في عصرنا الحاضر ـ كمؤشر على بداية أعلى مرحلة من هذا التطور ذي الاتجاه الأحادي الخط [1].

وقد كان للبيئة الجغرافية والطبيعة ـ مبدئياً ـ الأثر الحاسم والأساسي في فرض أنماط الحياة التي يحياها الإنسان : فسكان الصحراء بقوا على مدى زمن طويل جداً رعاة ، وسكان السهول الخصبة وأحواض الأنهار كانوا من المزارعين ، وسكان السواحل صيادين وعاملين في الأسفار البحرية ، على أن الإنسان الذي يملك القدرة على التفكير وتكييف نفسه وتكييف الأشياء المحيطة به ـ لم يقف مكتوف اليدين أمام ما يحيط به ،بل كان إيجابياً ومستجيباً لهذا التحدي الذي تمثله صعوبة حصوله على متطلبات الحياة .

ولكن تبقى حقيقة لابد من الاعتراف بها وهي أن قدرة الإنسان المحصور في مكان معين تظل محدودة ومقيدة إلى حد بعيد بما في بيئته ، ولا يمكن أن تتبدل أوضاعه إلا عن طريق الاتصال بغيره من البشر والاستفادة من خبراتهم واستخدامها في محاولة تكييف ما يحيط به من البيئة الجغرافية والطبيعية ، وهذا يتم عن طريق ما يسمى (الانتشار الثقافي أو الاتصال الثقافي cultural contact) . ونضرب مثالاً على ذلك كما يلي : في الدول المنتجة للبترول كان الفقر هو المسيطر بسبب عدم توفر الإمكانيات الزراعية المتقدمة والكافية لسكان هذه البلاد (أي بسبب فقر البيئة الطبيعية) .

وبقي هذا الوضع آلاف السنين حتى حدث الاتصال الثقافي الذي تم من خلاله استخدام منجزات التكنولوجيا الغربية الحديثة في استخراج البترول من أرض تلك المجتمعات . ونلاحظ هنا أنه لا يمكن القول بأن هذه العملية (عملية اكتشاف البترول واستخـراجه) كانت كنتيجة مباشرة للتطور الثقافي لتلك البلاد ، وذلك لأن هذا التطور لم يحدث إلا بعد اكتشاف البترول واستخراجه ، وواضح أيضاً أن هذا التطور مرتبط من ناحية أخرى بما في البيئة من إمكانيات كامنة (أو ثروات طبيعية)تساعد على التطور .

وبهذا فلسنا مع القول الذي يذهب إلى أن هذا التطور يعد دليلاً على تهافت ما يسمى الحتمية الجغرافية[2]، كما لا يبدو أنه يمكن القول بصحة الحتمية الجغرافية بصورة مطلقة

---

[1] Amderson, Robert T, Anthropology ,Aperspective on man,wadsworth publishing com . Inc . ... Belmont , california 1972 page . 86. .,

[2] ....محمد عبده محجوب ـ البترول والسكان والتغير الاجتماعي ـ مرجع سابق ت(ص74ـ 75)

، ولكن لايمكن إغفال أثر البيئة الجغرافية والطبيعية في كافة مجالات النشاط البشري في المجتمعات المختلفة . ولا يعني ذلك أن سكان تلك البلاد (المنتجة للبترول) لم يحاولوا فعل شيء في سبيل التكيف مع البيئة أو تكييفها مع متطلبات حياتهم ، فقد حاول سكان البادية بصورة مستمرة تكييف حياتهم مع ظروف الصحراء القاسية :فهم يسعون إلى توفير الغذاء (مثلاً) عن طريق تربية الأغنام والجمال التي تحتاج العشب وبالتالي الانتقال من مكان إلى مكان آخر ،وهم أيضاً يمارسون نشاطهم في الليل بدل النهار بسبب شدة الحرارة نهاراً ،إلى غير ذلك من الأمثلة التي تدل على أن الإنسان يحاول بصورة مستمرة أن يوجد الظروف المناسبة لممارسة حياته بشكل من الأشكال " وليس البدوي غجرياً دأبه الطواف والتجول على غير هدى ، بل إنه يمثل أفضل ما استطاعه الإنسان من التكيف بموجب مقتضيات حياة البادية ، ولذلك فهو أبداً ساع إلى المرابع الخضر انتجاعاً لما فيها من ماء وكلأ ، فالبداوة إذن شكل منسق من أشكال الحياة يلائم مقتضيات البيئة في النفوذ مثلاً كما تلائم الحياة الصناعية مقتضيات البيئة في ديترويت أو مانشيستر "[1] .

ومن الواضح أن المناطق الجافة في العالم هي المناطق التي يسودها الفقر وبالتالي التخلف الحضاري والاجتماعي والسبب في ذلك أن هذه البلاد لا توفر لسكانها حاجتهم الكافية من الغذاء مما يضطرهم إلى محاولة الحصول عليه بشتى الوسائل ، **الأمر الذي يشغل عليهم كل وقتهم ولا يسمح لهم بالتفكير فيما هو أبعد من القوت الضروري .**

وقد كان الفقر في العصر الجاهلي هو السبب في انتشار عادات وظواهر اجتماعية مختلفة مثل الغزو وظهور الصعاليك وإغارتهم المشهورة على الأغنياء [2]، وظاهرة قتل الأولاد خوفاً من الفقر ، كما يخبرنا بذلك القرآن الكريم في قوله تعالى : " ولا تقتلوا أولادكم من إملاق نحن نرزقكم وإياهم "الأنعام : 151.

وكذلك كان الفقر والجفاف **هو السبب في ظاهرة الكرم** التي لا نعتقد بأنها تستحق هذا الاسم لأنه ليس كرماً نابعاً من صفة اختيارية ، بل هو عرف اجتماعي كان ملزماً للبدوي ألا يتأخر عن إطعام من يلجأ إليه في ظروف الصحراء المهلكة ، وهو ما يمكن أن يتعرض إليه كل ساكن للصحراء إذا لم يقدم له أحد الماء أو الطعام .

---

[1] ....فيليب حتي وادوارد جورجي وجبرائيل جبور ـ تاريخ العرب ،مرجع سابق ـ(ص51)

[2] ....من أشهرهم عروة بن الورد المشهور بعروة الصعاليك وهو القائل يصف كرمه :

أقسم جسمي في جسوم كثيرة وأحسو قراح الماء والماء بارد

ومنهم السليك بن السلكة والشنفرى الأزدي وغيرهم .

وظاهرة الفقر في عصرنا الحاضر شيء ملموس على مستوى المجتمعات العالمية ، وقد جرت العادة على تقسيم العالم إلى قسمين هما :الدول المتقدمة (أو الصناعية)والدول النامية أو بمعنى آخر (المتخلفة). وهذا التقسيم ـ كما يبدو ـ غير دقيق إذا قصد منه أن الدول المتقدمة تعني (الدول الغنية) بينما (النامية) تعني الفقيرة ، لأنه من المعروف أن بعض الدول النامية أغنى اقتصادياً من كثير من الدول المتقدمة ، بمعنى أن دخل الفرد السنوي فيها مرتفع بما يوازي دخل الفرد في الدول المتقدمة أو يفوقه ، كما بدأ حديثاً استعمال اصطلاح (دول الشمال ودول الجنوب) ليعني الدول الصناعية المتقدمة والدول النامية (أو المتخلفة عنها) .

وقد وصل الفقر والتخلف ببعض الدول والمجتمعات إلى حد المجاعة وموت الآلاف من السكان بسبب الجفاف الذي قضى على الزراعة ، وهي المصدر الرئيسي للغذاء في البلاد المذكورة ، بينما نجد مجتمعات أخرى لديها فائض كبير من الإنتاج الزراعي و الصناعي ، وبهذا فسوء توزيع الثروة كان من أهم عوامل الفقر والتخلف المقترنة به ، وقد ضاعف من سوء هذا التوزيع أمران ، الأول : هو التقدم التكنولوجي الهائل الذي مكن الدول المتقدمة من استغلال المصادر الطبيعية استغلالاً عظيماً : سواء الثروات المعدنية أو الزراعية أو الحيوانية و الثاني : حركة الاستعمار العالمي المصاحب للتقدم التكنولوجي ، تلك الحركة التي ساعدت الدول المتقدمة على استنزاف ثروات الدول الواقعة تحت الاستعمار وحرمان شعوب تلك البلاد منها،مما ضاعف من معاناتها.

الآثار الاجتماعية للفقر :ـ

من أهم مظاهر الفقر قلة الدخل السنوي ، وسوء التوزيع العالمي للدخول القومية ، حيث تبين أن 12 دولة يعيش فيها ثلث سكان العالم ولكن دخلهم لا يزيد عن 4% من الدخل العالمي ، ويقل دخل الفرد فيها عن 50 دولاراً سنوياً [1] **ومن آثار الفقر الاجتماعية عدم مقدرة المجتمع على تنفيذ المشاريع الاقتصادية ذات التأثير الاجتماعي** : كالمدارس والمستشفيات والطرق والمرافق العامة ، وهذا أمر يجعل المجتمع غير قادر على استيعاب الجديد من العلم والثقافة ، وكذلك يجعله بمعزل عن التيارات الثقافية العالمية سواءً المادية أو المعنوية . وعدم توفر الإمكانيات الاقتصادية لإنشاء المدارس والجامعات يؤدي إلى

1......مصطفى الخشاب : علم الاجتماع ومدارسه ـ الكتاب الثاني ـ مكتبة الأنجلو مصرية ـ دون تاريخ ـص 410.

وجود أعداد متزايدة من الأميين أو أنصاف الأميين ، فتزايد السكان المطرد الذي لا يرافقه نمو في استيعاب المدارس للتلاميذ يؤدي بصورة محتومة إلى عجز المجتمع عن مجاراة حركة التقدم العلمي العالمي ، وهذا يشكل وضعاً خطيراً من التخلف . وكذلك يؤدي عدم توفر الإمكانيات الاقتصادية إلى عجز الدولة عن تقديم الخدمات الصحية المناسبة بسبب عدم القدرة على بناء المستشفيات المتخصصة وتخريج الأطباء الأكفاء وتوفير الأدوية والعقاقير والأجهزة الطبية المتقدمة ، ويصدق هذا القول على كافة الخدمات العامة ، وكذلك يضيق مجال العمل مما يخلق البطالة كمؤشر على معاناة قطاعات كبيرة من السكان ، **كما أن الفقر عامل مهم في جعل المجتمع غير قادر على التفاعل** ، بل يتحول المجتمع الكبير (مجتمع الدولة مثلاً) إلى مجموعة من المجتمعات المحلية المنعزلة عن بعضها ، وأحياناً تكون متعاونة مع بعضها .

وتكون العلاقات المحلية الاجتماعية في هذه الحالة ذات ارتباطات داخلية محدودة في نطاق الأسرة أو البدنة lineage أو العشيرة clan أو المجتمع المحلي community (على أحسن تقدير) خصوصاً في الريف ، فتصبح الأسرة أو البدنات أو العشائر كجزر متجاورة منعزلة لا تتصل ببعضها إلا كاتصال هذه الجزر المنعزلة ببعض القوارب وبسبب وجود بعض المصالح وقد يحدث أن يتعاون المجتمع المحلي (إذا قامت هناك مصالح متبادلة) أو إذا كان هذا المجتمع في وضع يحتم عليه الاتحاد ضد قوة خارجية : كالاتحاد ضد قبيلة أخرى أو قرية أخرى . ومثل هذه الصورة من التعاون أمر معروف وملموس في كثير من القرى العربية قبل التغير الذي حصل نتيجة للنمو الاقتصادي والاتصال الثقافي .

والأمثلة كثيرة بين القبائل العربية في شبه جزيرة العرب ، حيث كانت القبيلة تمنع الرعي في مساحة معينة من الأرض هي (الحمى) : أو ما يسميه الأهالي (المحجر).

وكثيراً ما كان التنازع يحدث على حدود هذا المحجر مع قبيلة أخرى ، فيتحد أفراد كل قبيلة في مواجهة الأخرى ، وقد تحدث الاشتباكات بين الطرفين وتؤدي إلى القتل في بعض الأحيان .

ومثل هذه الأحداث كانت موجودة في كثير من القرى ، ولكن ليس معنى ذلك خلو القرية الواحدة من الخلافات أو المشاكل ، بل كان مثل هذه المشاكل شيئاً واقعياً بين أسر من نفس القرية ، ولكن هذه الخلافات نادراً ما كانت تخرج خارج نطاق القرية أو القبيلة الواحدة حيث يتولى حلها الشيخ أو عمدة القرية أو شيخ القبيلة كلها في الحالات الصعبة . وبذلك

فكأني بهذه القرى وأوضاعها يصدق عليها المثل الشعبي المشهور : (أنا وأخي على ابن عمي وأنا وابن عمي على الغريب).

ومن آثار الفقر الاجتماعية الخطيرة أيضاً كونه سبباً رئيساً في انتشار كثير من القيم الاجتماعية السلبية : كظاهرة السرقة وظاهرة جنوح الأحداث [ ] والانحراف الخلقي " وتدل نتائج العمل في مؤسسات خدمة الفرد على أن غالبية العملاء يتقدمون لهـــذه المؤسسات بمشاكل ناشئة من وجهــــة نظرهم عن الفقــر "[1].

ورغم أن أحمد السنهوري حاول التقليل من أهمية هذا العامل إلا أنه يرجع إلى القول " ونحن لا ننكر أهمية هذا العامل في مجتمعنا "[2] ، ثم ذكر انطلاقاً من هذه الأهمية .أهم الآثار السلبية للفقر في مجالات الصحة والمسكن المناسب والترابط العائلي وانتشار كثير من العادات السيئة على مستوى الأفراد والجماعات [3].

وما دام الفقر سبباً في كثير من مظاهر التخلف فقد حاولت الدول المختلفة ولا تزال تحاول القضاء على هذه المشكلة الاجتماعية الخطيرة وما ينتج عنها ، وتتفاوت أساليب المعالجة التي مارستها وتمارسها تلك الدول بين الاعتماد على النفس وطلب المساعدة من الدول الأخرى أو المزج بين الأسلوبين والقيام بعمليات التنمية الاقتصادية زراعياً وصناعياً.

وتبرز في هذه الناحية مظاهر وملاحظات أهمها:

1. أن الدول النامية (أو المتخلفة) عندما تحاول الاعتماد على نفسها تجد صعوبات بالغة من نقص الأموال اللازمة للتنمية ونقص الخبرة في هذا المجال . وأسلوب التنمية الذاتية قد يكون هو أكثر الأساليب فائدة ونجوعاً في محاربة الفقر و القضاء على آثاره الاجتماعية السلبية ،ولكن من ناحية ثانية لا يمكن لبلد من العالم النامي الاستغناء عن المساعدات الخارجية : إما فنية أو مالية أو الاثنتين معاً. وهذا ما قد يشكل حرجاً وصعوبة بالغة له، ولهذا فلا بد للبلد النامي الذي يتخذ هذا الأسلوب في التنمية من تحمل التقشف

....تستعمل بعض مؤلفات علم الاجتماع كلمة(جناح) بدل (جنوح) هذا خطأ لغوي ، وقد جاءت كلمة (جناح) في مواضيع متعددة في القرآن الكريم ، نذكر منها على سبيل المثال قوله تعالى :" ليس عليكم جناح أن تبتغوا فضلاً من ربكم :(البقرة 198:) ومعناها: إثم وحرج (حسنين محمد مخلوف :كلمات القرآن تفسير وبيان ـ مطبعة مصطفى البابي الحلبي ط6 ص198] ووردت بنفس المعنى (الإثم) في مختار الصحاح ص 113ـ أما الجنوح فهو الميل عن الطريق السوي وهي مأخوذة من (جنح إذا مال) ،راجع مختار الصحاح (ص113) ومنه قولنا : جنحت السفينة جنوحاً إذا خرجت عن خط سيرها السوي .

[1]...أحمد عبد الكريم السنهوري ـ أصول خدمة الفرد ـ المكتب المصري الحديث ـ الإسكندرية (ط4) 1970ص(150).

[2]....نفس المرجع: والمكان .

[3]....المرجع: السابق ص 151.

والاستغناء عن الكماليات. وهذه تضحيات لابد من دفعها كضريبة لازمة للحفاظ على الشخصية القومية للمجتمع وللوصول بالتنمية إلى مراحل متقدمة منتجة .[١]

2. أما الأسلوب المقابل للسابق ـ في عملية التنمية ـ فهو الاعتماد على المساعدات الأجنبية وهذه المساعدات غالباً ما تحمل وراءها بعداً سياسياً، ولهذا نجد أن المساعدات التي تقدمها الدول الكبرى تتركز في دول معينة من العالم بشكل ملفت للنظر .فدول الكتلة الرأسمالية تقدم المساعدات للدول الموالية والحليفة ،ودول الكتلة الشرقية تقدم المساعدات (بشكل أقل وضوحاً) للدول التي تدخل في دائرة نفوذها أو على الأقل تتعاطف معها. وهذه المساعدات بشكل إجمالي لا تحل مشكلة التنمية والقضاء على الفقر إذا كان الهدف من تقديمها هو توفير السلع الاستهلاكية (مهما كان نوعها أو حجمها). وكذلك لا تقدم هذه الدول المساعدات إلا بعد أن تتأكد أن ما ستجنيه مقابلها ثمن باهظ [٢] بالإضافة إلى البعد النفسي الذي يكون فيه أبناء المجتمع المتلقي للمساعدات . والمعروف أن هذه الدول تقدم المساعدات للمحافظة على الدورة الاقتصادية بين الدول الفقيرة (التي تشتري المنتجات الصناعية والزراعية) والدول الغنية المنتجة : إذ بدون وجود قدرة شرائية عند الدول النامية (الفقيرة) يتوقف تصريف الإنتاج وبيعه ، ولهذا فلا غرابة أن تقدم الدول الصناعية المساعدات التي يمكن أن تحسن القدرة الشرائية عند الدول النامية ، فهي تقدم باليد اليمنى وتسترد باليد اليسرى أضعاف ما قدمت : تسترده مادياً وسيطرةً وتحكماً .

3. أما الأسلوب الثالث فهو التوفيق بين الأسلوبين الأول والثاني ، وذلك بأن تلجأ الدول النامية إلى المساعدات الأجنبية ولكن لاستخدامها في شراء التكنولوجيا وبناء المصانع وتشغيلها , وهذا الأسلوب لم ينجح إلا في بعض الدول التي كانت لها ظروف خاصة كاليابان التي تشكل حالة مبكرة وفريدة ومثالاً جيداً على هذا الأسلوب ،وكذلك بعض دول جنوب شرق آسيا ،فقد استعانت هذه الدول بغيرها ـوفي نفس الوقت بنت اقتصادها واستطاعت أن توظف المساعدات (مالية أو تكنولوجية) في بناء هذا الاقتصاد ومؤسساته :كالمصانع وغيرها.

---

[١] ......لمزيد من الإيضاح انظر : نادية رمسيس :النظرية الغربية والتنمية العربية . فصل في كتاب " التنمية العربية- الواقع الراهن والمستقبل ـ عادل حسين وزملاؤه " مركز دراسات الوحدة العربية (ط1 1984)ـ الفصل السادس ص 67.

[٢] ....لمزيد من الايضاح انظر : بوتومور : علم الاجتماع والنقد الاجتماعي ـترجمة وتعليق محمد الجوهري وزملائه دار المعارف (ط1) 1988 الفصل الرابع ص 63 وما بعدها .كذلك : السيد الحسيني ـ التنمية والتخلف ـ دار المعارف (ط2) 1984ـ الفصل الرابع ـالعلاقات الدولية وظاهرة التخلف .195

ونلاحظ في الزمن الحاضر أن هذا أمر متعذر حصوله بسبب حرص الدول الصناعية على عدم تصدير التكنولوجيا إلا بشروط معينة وضمن دائرة من المبادئ والأيديولوجيات[1] ولعلها نادمة على تصديرها لليابان خصوصاً بعد أن مال الميزان التجاري لصالح اليابان مقابل الدول الغربية .

وواضح أن للتنمية ومحاربة الفقر ثمناً لا بد من دفعه ، وربما كانت أفضل طرق التنمية وأكثرها مردوداً وآكدها نتيجةً و أكثرها دواماً هي عملية التنمية الذاتية التي تعتمد على شقين :

1- الشق الأول هو الإنسان حيث يجب أن تدرب البلاد أبناءها ليكونوا على مستوى مسئولية الفهم والاستيعاب لتكنولوجيا العصر ،بل ليكونوا أيضاً قادرين على الابتكار .

2- الشق الثاني : استغلال المصادر الذاتية في البيئة وتوظيفها في دعم التنمية وتقليل الاعتماد على الاستيراد خصوصاً في مجال الكماليات .

بالإضافة لذلك توفير الثقافة الاجتماعية الأسرية وتنظيم عملية النسل (ولا أقول تحديدها) وذلك بإطالة فترات الراحة بين كل حملين عند المرأة .

ولا نستطيع أن نجني ثمار التنمية إلا بعد فترة (قد تطول وقد تقصر) بعد أن نبدأ في العملية التنموية . ويجب أن تكون هذه الفترة مفهومة لدى أبناء المجتمع كفترة انتقالية ، وهذا يتطلب ثقافة عالية ورقياً فكرياً ، ويمكن أن تساعد الأجهزة المسئولة في المجتمع على بث مثل هذه المفاهيم الثقافية التي تهيئ أذهان الناس للتضحية والتقشف في سبيل بناء مجتمع مكتفٍ بذاته ومالك لإرادته .

3ـــ مقاومة أصحاب السلطات والامتيازات في المجتمع المحلي :

تتميز المجتمعات البدائية بأنها ذات تنظيم مختلف عن المجتمع الحديث الذي تشرف عليه حكومة منظمة لها سلطات معروفة.ففي المجتمعات القبلية تكون السلطة عادة في أيدي أشخاص لهم مراكز اجتماعية أو دينية.وقد بين ايفانز بريتشارد أمثلة على ذلك من بعض المجتمعات النيلية البدائية كالنوير والدنكا.حيث أظهرت دراسته لتلك المجتمعات أن حل المشاكل يكون في أيدي شيوخ القبيلة الذين تكون لهم السلطة على أطراف النزاع إذ تقع الخلافات حول رعي المواشي أو المزروعات أو لأسباب أخرى[٢] ولا تعني كلمة

1....المرجع: السابق :التنمية و التخلف (ص62).

٢ Anderson ,Robert T. op . cit , pp . (56- 57)....

(مجتمعات بدائية) في هذا المقام أنها مجتمعات تعيش عيشة وحشية أو قريبة من الإنسان الأول، بل تعني أن لها أنماطاً من التنظيمات تختلف عن المعروف في المجتمعات الحديثة .

وقد يكون لهذه الشعوب تنظيمات دقيقة في النواحي الاجتماعية وفي العلاقات التي تربط أعضاء المجتمع ، ورغم ذلك توصف بالبدائية من حيث مضمونها الثقافي ورقيها الفكري مقارنة بما هو متعارف عليه في المجتمعات العصرية . وقد يكون من الجائز اعتبار التنظيمات المذكورة كصورة سابقة على التنظيم الحديث للمجتمع . حيث تكون القبيلة هي المجتمع الذي ينتمي إليه الفرد ويكون شيخ القبيلة هو صاحب السلطة ، وهذا الشكل من المجتمع لا يسمح بحال من الأحوال بدخول مفاهيم حديثة في الأحوال العادية .

والمجتمعات الحديثة المتحضرة فيها سلطات ثلاث هي السلطة التشريعية والسلطة التنفيذية والسلطة القضائية . حيث تضع السلطة التشريعية القوانين التي تحكم مجتمع الدولة ، وتقوم السلطة التنفيذية بممارسة الحكم طبقاً لهذه القوانين لتحافظ بذلك على كيان المجتمع ومؤسساته بينما تكون السلطة القضائية مستقلة ــ أو يفترض كونها مستقلة ــ وتفصل في المنازعات والخصومات وتشرف على تنفيذ القوانين بدون ظلم أو تعسف من قبل الجهاز التنفيذي (الحكومة) ، وذلك بأن تبدي رأيها فيما يعرض عليها من قوانين أو تشريعات أو خلافات حول هذه التشريعات وفي المجتمع البدائي نجد أنه قد استعيض عن كل من هذه السلطات الثلاث بسلطة موازية ولانقول شبيهة ، فالسلطة التشريعية في الدولة الحديثة يقابلها القانون العرفي المتوارث عند القبيلة .

والسلطة التنفيذية (الحكومة) تقابلها سلطة الشيخ التي تكون هي الفيصل في الأمور العامة وفي المشاكل التي قد تنشأ بين الأسر أو العائلات المنتمية للقبيلة .كما يكمل سلطة الشيخ سلطة كبار السن أو الوجهاء الذين يمكن أن يكونوا بمثابة منفذين ثانويين للقانون العرفي، وهم يعاونون الشيخ في حل المشكلات وذلك بإبداء الرأي والنصح في بعض المشكلات التي قد يرى الشيخ ضرورة الاستشارة فيها خصوصاً إذا كانت من النوع الذي يمس حياة سائر أفراد القبيلة في ناحية من النواحي .

أما السلطة القضائية فيمثلها أيضاً الشيخ الذي يحكم في الخلافات ويكون حكمه نافذاً وغير مردود لدى أفراد القبيلة .

ويعتبر الشيخ بذلك الحارس الأول للعادات والأعراف الاجتماعية وهو الزعيم الزمني والروحي للجماعة . كما أن سلطته تكون دائماً موضع الاحترام والهيبة من كل أفراد

المجتمع القبلي القروي. وقد كان معمولاً بهذا النظام في كثير من المجتمعات إلى وقت قريب، ولا يزال حتى الآن في ظل بعض الحكومات التي رأت أن من الحكمة الإبقاء على مثل هذا النظام مع إدخال التحديث على المجتمع وإحلال سلطة الحكومة بشكل تدريجي يتمشى مع منطق التطور والتحديث، وحتى لا يشكل هذا التغير طفرة غالباً ما تكون مرفوضة من المجتمع .

ويكون الشيخ أيضاً هو المحافظ الأول على الأمور الدينية وذلك ليتخذها وسيلة ضبط اجتماعي[1] تساعده على تدعيم مركزه في الجماعة وعلى اكتساب الهيبة والتقدير بين جماعته، كما تساعده على مقاومة أي تحدٍ لسلطته أو محاولة لإدخال أية مفاهيم جديدة يمكن أن تمس بالعادات والأعراف التي قد تصل إلى حد التقديس أو عدم القابلية للمناقشة .

ذلك لأن الأعراف الاجتماعية غالباً ما ترتبط بالدين بطريقة من الطرق، رغم أن بعض هذه الأعراف أو العادات قد لا يتفق بالضرورة مع الدين.ومن هنا **يكون الدين وسيلة ضبط اجتماعي** من ناحيتين :

الناحية الأولى:ـ مباشرة حيث يمكن أن يتخذ منه وسيلة ضغط على كل من يحاول الخروج على أولياء الأمور (الشيوخ) ويحتج على هؤلاء الخارجين بأنه يجب طاعة أولي الأمر كما يأمر بذلك الدين، فيكون هذا بمثابة أمر لا مجال لمناقشته خصوصاً في غياب الوعي الديني الصحيح لدى أبناء المجتمع .

والناحية الثانية :ـ بطريقة غير مباشرة : وذلك بالربط بين الأعراف والعادات الاجتماعية من جهة ، وبين الدين من جهة أخرى بحيث تتخذ القاعدة العرفية صفة القداسة الدينية ، فيعتبر كل مخالف لها مخالفاً للدين أو مارقاً أو شاذاً عن الجماعة. وفي غياب الوعي الديني الصحيح والفهم الواضح لتعاليم الدين يستطيع أصحاب السلطة المحلية والامتيازات الاجتماعية أن يتخذوا من الدين ومن العرف الاجتماعي سلاحاً ضد كل من يحاول الخروج على سلطاتهم أو إحداث أي تغيير في العادات والأعراف المتداولة ، وبالتالي تحدث ردة فعل ضد كل من يحاول ذلك ويستنكر فعله،وينظر إليه باقي أفراد المجتمع نظرة ازدراء وعدم تقدير لأنه خرج عن حدود المسموح به والمتعارف عليه في القبيلة. تقول روث بندكت Ruth Benedict" يولد الإنسان فيجد أنماطاً من الثقافة والعادات في مجتمعه

1....عبد الـلـه الخريجي :علم الاجتماع المعاصر ط2 (1397ـ 1977) دار الطباعة الحديثة ـ القاهرة (ص58ـ 59) .

فيكون محكوماً بها منذ الولادة ، فهو مولودها منذ أن يولد، وعندما ينمو فهي عاداته ومعتقداته و ثقافته ... وتاريخ حياته كلها عبارة عن تكيف وانسجام معها".[١]

وبذلك فالأعراف الاجتماعية والعادات والتقاليد في أي مجتمع تشكل معياراً عاماً له سلطة فوق الأفراد بحيث يكون من الضروري أن يؤقلم الفرد نفسه بما فيها من رغبات ونزعات، ويقبل بهذا المعيار[٢] خصوصاً في المجتمع القبلي أو الريفي حيث يكون هذا المعيار من القوة والقداسة على درجة عالية لأنه يرتبط (في الغالب) بالعقيدة الدينية التي لا يجوز لأحد من العامة مناقشة ما هو مرتبط بها؛ ولو كان في مجال التعامل العملي على المستوى الاجتماعي ، وقد امتاز الشيوخ بأنهم كانوا يحظون بمراكز اجتماعية رفيعة في جماعتهم : فلهم الاحترام والتقدير ، ولهم السمع والطاعة ، كما كان لهم سلطة تأديب الخارجين على التقاليد والأعراف الاجتماعية أوالمشاغبين،وكانت طرق التأديب تتنوع من الضرب (أحياناً قليلة) أو التنكيل والتوبيخ وغيرها، وكان للشيوخ (في بعض الجهات) حق سجن المذنب وتغريمه غرامة مالية أو إجباره على ذبح الذبائح ليكرم بها الشيخ ومعاونيه وأصحاب الحق من غرمائه ، وهذا ما يسمى باسم (النّـكال أو البرهة) كما هو معروف عند القبائل العربية في الجنوب الغربي من المملكة العربية السعودية. وكذلك كانت بعض القبائل تدفع لشيوخها إتاوات سنوية أو موسمية ، وقد اتخذ هذا في بعض المجتمعات صورة العرف الملزم الذي لا يستطيع أي فرد التخلص من إلزامه[٣] ،كما تعود الأفراد على دفع مبالغ معينة للشيخ أو نائبة مقابل إجراء الصلح بين المتخاصمين أو مقابل حكم الشيخ في مشكلة من المشاكل .

ولا نستطيع القول بأن هناك طبقة متميزة من الشيوخ على مستوى كل مجتمع قروي محلي،وذلك لأن هذا المجتمع يكون محدوداً فلا يمكن القول بأن هناك طبقات اجتماعية بالمعنى المفهوم من كلمة(طبقة).يقول محمد عاطف غيث بأنه ربما تبلورت طبقات في المستقبل في المجتمع القروي بحيث يصبح من الممكن للدارس أن يتناول بالبحث مثل هذه الطبقات[٤]،ولكن

١..... patterns of culture op . cit p. 2

٢....حامد عبد السلام زهران : علم النفس الاجتماعي ـ عالم الكتب ط4(1977) ص (214).

٣....يمكن الرجوع إلى هاشم سعيد النعمي ـ تاريخ عسير في الماضي والحاضر ـمؤسسة الطباعة والصحافة والنشر ـ دون تاريخ (ص 60) حيث يشير المؤلف إلى استيلاء الشيوخ على أحسن ما يتركه الميت من أرض ومواشٍ وعلى بعض الإنتاج الزراعي من كل قرية ، تحت عنوان " الإقطاع القبلي أو الأرستقراطية "

٤....محمد عاطف غيث ـ التغير الاجتماعي والتخطيط ـ دار المعرفة الجامعية 1985(ص 114) .

هذا التنبؤ لا يصدق على كل مجتمع وبالتالي لا يمكن تعميمه[١]، لأن اتجاهات التطور الاجتماعي في مجتمعات كثيرة لا تدل على هذا المنحنى أو تبشر بهذا التبلور ، بل لعله من الصحيح أن نقول بأن المجتمع الذي بدأ طريق التحضر بشكل سريع ومخطط يتجه إلى إذابة الطبقات أو على الأقل التقريب بينها من حيث المرتبة الاجتماعية بشكل يكاد يلغي الفروق الحادة التي كنا نشاهدها من قبل ، والسبب في ذلك هو الاتجاه الاستقلالي لأبناء هذه الطبقات وتوفر مصادر المال والعلم لها بحيث يخرج من بين أبنائها أفراد متميزون يرفعون من شأن طبقاتهم التي قد تكون لها مراكز اجتماعية منخفضة ، الأمر الذي يعني نشاط عملية الحراك الاجتماعي social mobility وكذلك هناك عوامل أخرى تؤثر على الترتيب الطبقي وتؤدي إلى تخلخل النظام الذي يقوم عليه ، وأهم هذه العوامل هو عامل الهجرة الذي أصبح في العصر الحاضر شديد الفعالية في صياغة مجتمعات كثيرة وصياغة مفاهيمها ونظرتها إلى المسائل الطبقية والمراكز الاجتماعية للأفراد [٢]

ومن ناحية ثانية إذا نظرنا إلى مجتمع القرية كجزء من المجتمع الكلي (المجتمع العام للدولة مثلاً) فقد يكون هناك ما يبرر القول بأن أصحاب السلطات التقليدية (كالشيوخ) كانوا يشكلون طبقة واضحة المعالم من حيث كونهم أصحاب مصلحة واحدة ولهم نفس المفاهيم ونفس الأهداف ويتبعون نفس الأساليب في تصرفهم وسلوكهم الاجتماعي سواءً في سعيهم للحفاظ على أوضاعهم أو في سعيهم الدائب لاحتواء كل ما يمكن أن يؤثر على مصالحهم المشتركة (كأصحاب امتيازات معينة) وإذا كان مفهوم الطبقة الاجتماعية يشمل جماعة من أصحاب الاختصاص الواحد والمفاهيم الواحدة والذين يشعرون بالترابط في ضوء تلك المصلحة وتلك المفاهيم [٣] فإن الشيوخ - ومن هو في حكمهم من أصحاب الامتيازات الاجتماعية - يشكلون طبقة واحدة بهذا المقياس ، ومما يؤكد هذا القول هو اتجاه هؤلاء الشيوخ إلى التعاون في مجالات كثيرة رغم ماقد يكون بين قبائلهم من خلافات : فهم يصهرون إلى بعضهم ويعتزون بذلك.

---

[١].. نفس المرجع: ص 108- حيث يشير المؤلف إلى عدم إمكانية تطبيق نتائج دراسة مجتمع ماعلى مجتمع آخر في مجال التغير الاجتماعي .

[٢].. محمد عبده محجوب -البترول والسكان والتغير الاجتماعي -مرجع سابق - ص 52- الهجرة والتغير في المجتمعات التقليدية .

[٣].... لمزيد من الإيضاح حول مفهوم الطبقة وحدودها انظر : محمد عاطف غيث - دراسات في علم الاجتماع -مرجع سابق ص 160 -161.

وهم كذلك يزورون بعضهم ويتفاهمون في شؤون كثيرة حول المشاكل وكيفية مواجهتها ، وهم يحرصون كل الحرص على أن تبقى المشيخة لأولادهم من بعدهم ، ولهذا فهم يربون الأبناء على مفاهيم معينة ليست لباقي أفراد القبيلة ، ثم هم يظهرون كرمهم لضيوفهم وبيوتهم مفتوحة للزائرين والضيوف ليكون ذلك وسيلة من وسائل الشهرة وذيوع الصيت بين أفراد القبيلة والقبائل الأخرى .

وقد يقوم تنافس بين عائلتين من قبيلة واحدة على منصب الشيخ فيحاول كل جانب منهما استمالة أفراد القبيلة وإغراءهم بالاعتراف به وبسلطته ، ويعمل كل طرف أقصى ما يمكنه عمله من إغراء ويقدم في سبيل ذلك تضحيات عظيمة من المال والجهد ، ويقابله الطرف الثاني بنفس الأسلوب ، وغالباً ما يفوز في هذا الصراع الجانب الأكثر مالاً ورجالاً ، وبعد فوز أحد الجانبين ينصاع له الآخر على مضض ، ولكنه يظل يترقب الفرص المناسبة للنيل من خصمه عندما يشعر أن الظروف مواتية له ، وقد ينشأ عن هذه المنافسة خلاف وانشقاق في القبيلة يؤدي بالتالي (على المدى البعيد) إلى الانقسام وظهور فخذين أو عشيرتين تضمها القبيلة .

وهذه المسألة كثيراً ما تكون سبباً لإحداث تغييرات في العادات والأعراف القبلية حيث يقوم الجانب المغلوب من (الشيوخ) بتبصير الناس ولفت نظرهم إلى الأمور التي يجب ألا يطيعوا فيها شيخهم صاحب السلطة ، على اعتبار أنها أمور خارجة عن نطاق العدل الذي يأمر به الدين ، وفي مثل هذه الحالة يعتبر الشيخ أن خصمه إنسان خارج على سلطته وعلى أعراف القبيلة ، وقد يحاول تأديبه بشتى الوسائل وإعادته إلى حظيرة التقاليد المعروفة حتى لا يتيح بذلك مجالاً لغيره للإقتداء به .

ويمكن اعتبار هذه الظاهرة إحدى ظواهر الصراع الداخلي الذي قد يؤدي إلى نوع من التغيير في العادات والأعراف ، ويخفف إلى حد ما من تسلط الشيوخ أو نفوذهم على أفراد القبيلة ، ولكن من ناحية ثانية نادراً ما يؤدي مثل هذا الصراع إلى تغيير شامل في التركيب البنائي لمجتمع القبيلة أو إلى إحداث نظام آخر خصوصاً إذا كان المجتمع منعزلاً عن الاتصال بثقافات أخرى غير ثقافته ، الأمر الذي لا يتيح لأفراده مجالاً للتأثر بغير ثقافتهم المتوارثة أو عمل مقارنات بين ما في مجتمعهم وما في المجتمعات الأخرى ، إذ " كلما

كان المجتمع أكثر عزلة عن غيره كان أكثر بدائية ، وكلما كان المجتمع أكثر استعارة واقتباساً لثقافة غيره كان أكثر تقدماً " [1].

ولكن مجرد وجود الصراع على الشكل المذكور يوجه أذهان أبناء المجتمع إلى ناحية لم يكونوا يفكرون فيها وهي أن الأعراف المتوارثة ليست مقدسة وبالتالي يمكن تجاوزها أو تعديلها ، وهذه وظيفة مهمة من الوظائف الإيجابية للصراع .

ويعتمد أصحاب السلطة والامتيازات الاجتماعية في المجتمع القبلي على عاملين مهمين لترسيخ سلطتهم وهما :ـ

1ـ المفاهيم والتقاليد والأعراف المتوارثة على اعتبار أنها أمر يمس حياة كل فرد من أبناء القبيلة ، حيث تفسر هذه المفاهيم والأعراف وتربط (كما أسلفنا) بالدين وذلك لتكتسب القوة وعدم القابلية للمناقشة أو الشك في عدالتها وسموها . وغالباً ما يحاول (الشيخ أو غيره من أصحاب الامتيازات) إظهار هذه الأفكار المتوارثة على أنها تحقق الخير كله للمجتمع ، وعلى أن مجتمع القبيلة هو خير المجتمعات الموجودة في العالم بفضل هذه القيم والأعراف والأفكار .....الخ.

2ـ خوف الناس من الجديد ونفورهم من كل شيء غير مألوف لهم . وهذا الخوف والنفور أمر طبيعي في كل مجتمع سواءً كان مجتمعاً قبلياً أو مجتمعاً حديثاً متحضراً ، مع ملاحظة أن الخوف والنفور من الجديد يزداد حدة في المجتمع البدائي عنه في المجتمع الحديث ، حيث لا يكون هناك استعداد عند أفراد المجتمع البدائي لتقبل الجديد بأي حال .

تذكر روث بندكت Ruth Benedict عن زعيم جماعة من الهنود الحمر تسمى Digger Indians وَصْفَه للناس كيف كانوا يعيشون في الصحراء ويأكلون من نباتاتها فيكتسبون بذلك الصحة الجيدة ، ولم يكونوا يعرفون ما بداخل المعلبات ولا دكان الجزار ، وقوله بأن هذه التجديدات (الحديثة) قد جعلتهم يفسدون في الأيام الحاضرة [٢] .

وهذا يشبه إلى حد بعيد ما يذكره بعض المسنين في المجتمعات القروية عن أصناف الطعام الجديدة عليهم ، حيث يقول بعضهم بأن هذا الطعام غير مناسب وغريب وأن الطعام الجيد هو المصنوع من (العصيد أو المرق) أو من (البرّ والسمن) وكان بعض هؤلاء المسنين يرفض تناول أنواع من الأطعمة المذكورة التي لا يدخل في تكوينها السمن أو اللبن أو

1..... S tewart , E.w & Glynn, J . A . I ntroduction to sociology . 3rd . Edition . Tata Mcgraw Hill publishing co . 1981 page 62 ..

٢...... patterns of culture . op . cit , page 19

العصيد ، وقد ذكرنا (الطعام) كمثال على ما يمكن أن يحدث من مقاومة لأي جديد نتيجة لعدم القناعة به أو الخوف منه وذلك لعدم وجود الوعي الفكري والثقافي الذي يمكن أن يتيح مجالاً للمقارنة التي توصل بدورها إلى الاقتناع أو الرفض المبني على أساس فكري سليم .

يذكر محمد البوهري أن " القائمين على مشروعات تطوير أدوات العمل الزراعي في كثير من أنحاء إفريقية وآسيا يواجهون صعوبات شتى لاقناع الفلاحين بإدخال تجديدات بسيطة ولكنها كبيرة الفائدة عظيمة العائد ـ على أدواتهم الزراعية التقليدية "[1] ومن المسلم به أن محاولة تغيير الأعراف والأفكار أكثر عسراً وصعوبة من تغيير أو تجديد الأدوات الزراعية ، وذلك بسبب ما لهذه الأعراف من حرمة وسلطة على الجماعة ولأنها متأصلة في النفوس وتشكل موجهاً للسلوك الاجتماعي .

ويستغل أصحاب السلطة (الشيوخ) هذه الناحية بذكاء وينذرون الأفراد بأن الله سيغضب عليهم إذا بدلوا عادة بعادة ، وذلك في أسلوب يخلط عن عمد بين الأمور الدينية والعادات السائدة في المجتمع ، وقد يستغلون حوادث الزلازل أو النكبات أو الحروب في بلد خارجي ليشيروا إليها كمثال على صدق ما يقولون ، وبأن هذه الزلازل أو الحروب كانت انتقاماً من الله لأن ذلك المجتمع قد خرج عن العادات الحميدة إلى العادات الفاسدة .

وهناك نوع آخر من العادات التي تمارس في المجتمع بشكل فردي : " كالنذور والاعتقادات الخرافية حول إصابة الجن للناس أو إمكانية استخدام الجن في شفاء الناس .....الخ"

وهذه من ممارسات الطب الشعبي الذي يربط بينها وبين الدين ، حيث يستعمل الطبيب الشعبي الكتابة القرآنية (التعويذة) والعزل والحمية وغيرها . ويدعي الأطباء الشعبيون أن هذه الممارسات بوحي من الدين أو ببركته وبأنها تؤدي إلى الشفاء ، وبالتالي فلا داعي للعلاج في المستشفيات أو عند الأطباء الذين فيها، وبهذا الأسلوب يحاول الأطباء الشعبيون إقناع الناس بعدم جدوى الطب الحديث ، وأن الخير كله في (التعويذة) أو الكتابة التي تطرد الجن من المريض ، وهم بذلك يقاومون محاولة التحديث في مجال الطب والممارسات الحديثة المتعلقة بالعلاج .

ويسمى القرويون هؤلاء الأطباء الشعبيين في المنطقة الجنوبية الغربية باسم (متفتفين) ومفردها (متفتف) . وحاولنا التعرف على سبب هذه التسمية فلم نجد ما يقنع أو يعطي

---

[1] ....علم الاجتماع وقضايا التنمية في العالم الثالث ـمرجع سابق ـص 133.

التعليل المنطقي ، ولكن ربما كان لهذا الاسم علاقة غامضة بالسحر وممارسته وبالجن أيضاً . فكان الربط اللغوي بين التطبيب والعلاج وبين ما يقوم به الطبيب من كتابة سحرية على شكل تعويذة ومن ممارسة عملية . وتتضح هذه العلاقة في ضوء معرفتنا لما يقوم به هذا الطبيب أثناء العلاج العملي للمريض : فهو يضع يده على مكان الألم ويأخذ في قراءة أدعية معينة ويتمتم بكلمات غير مفهومة ثم (يتف أي يتفل أو يبصق) بريقه على مكان الألم أو في مكان معين ليطرد الجن ، ولعل كلمة (متفتف) قد جاءت من هذه الممارسة .

ويتقاضى الطبيب الشعبي عادة أجرة على شكل هدية إذا قام بالعلاج أو بكتابة التعويذة . وإذا شفي المريض فإنه يسوق هدية ثمينة إلى الطبيب تتناسب مع حجم المرض والعلاج . وقد تشمل الهدية النقود والأغنام أو الأغراض الاستهلاكية المختلفة خصوصاً القهوة والهال والأرز والسكر , وتقوم صداقة حميمة بين المريض وطبيبه اعترافاً من المريض بالجميل . وتوفر هذه المهنة للطبيب المال الوافر والمنزلة الرفيعة بين أفراد المجتمع ، ويصبح الطبيب الشعبي ذائع الصيت إذا صادف أن شفي أحد المرضى على يديه .

على أن الأمر لا يقتصر على استعمال التعاويذ ، بل قد يستعمل الطبيب أنواعاً من الأدوية المعترف بها في الطب الشعبي ، ويذكر بعض هؤلاء الأطباء نباتات غريبة الأسماء مثل : الخرخمان والسنامكي ومشط الذيب والذفاء (الرشاد) والشيح وغيرها.

ولا شك أن لبعض هذه النباتات استعمالات طبية معروفة من قديم الزمان مثل (السنا مكي والشيح والرشاد) .

وإزاء هذا الوضع فمن الطبيعي أن يقف هؤلاء موقف المحذر للناس من التعامل مع وسائل الطب الحديث من مستشفيات وأدوية وأطباء . وذلك حفاظاً على امتيازاتهم التي يحصلون عليها من هذه المهنة , ولا عجب أن نجد لهم تأثيراً محدوداً إلى هذه الأيام ،حيث يعتقد بعض الناس أن هؤلاء الأطباء لهم مقدرة على علاج أنواع معينة من الأمراض خاصة ما يتصل منها بالأعصاب أو الحالات التي تأتي على شكل نوبات كحالات الاكتئاب والصرع وغيرها ، وذلك لاعتقاد العامة من الناس بأن هذه الأمور ناتجة عن مس الجن الذين يمكن طردهم بالكتابة (أي كتابة التعاويذ) . بل إن بعض هؤلاء الأطباء كان يدعى أنه يكلم الجن المسببين للمرض ويأمرهم بالخروج من جسم المريض ويقوم بسقي المريض أنواعاً معينة من الشراب الذي يتولى تحضيره من مجموعة مختارة من الأعشاب أو الأخلاط الحيوانية

الأصل . ويقوم بعضهم بضرب المريض بالعصا أو بالسوط ليطرد الجن منه ، ويقول مؤكداً بأن الضرب يقع على الجن وليس على المريض .

جـ . ومن بدأئه الأمور أن يقف الآباء مع التيار المحافظ الذي يرى أن الخير كله في المتوارث والعريق ، وذلك لأنهم عاشوا ظروفاً اجتماعية تختلف عما يعيشه أبناؤهم ،كما كانوا يعتنقون مفاهيم مختلفة عن مفاهيم الزمن الحالي ، فهم بحكم نشأتهم يتجهون إلى الماضي الذي يعيش في داخلهم ، بينما يتجه الأبناء إلى المستقبل وإلى المفاهيم الجديدة التي يتعلمونها في المدارس ويرونها عند غير أبناء مجتمعهم كمدرسيهم أو الوافدين الآخرين من خارج المجتمع . ويتقبلون الاختلافات في العادات والمفاهيم بعقول أكثر وعياً وتسامحاً من جيل الآباء السابق عليهم .

ولهذا فلا عجب أن نسمع بعض الآباء يوجه أبناءه إلى وجوب التمسك بالتقاليد والأعراف التي في القبيلة وأن يحافظوا عليها . وكثيراً ما تحصل الخلافات بين الطرفين بسبب تغير المفاهيم واختلاف النظرة إلى العلاقات الاجتماعية وإلى الأمور بشكل عام .

ومع هذا فهناك بعض الآباء يتقبلون هذه التغيرات بشكل طبيعي ، وهم بصفة خاصة من الذين سافروا وعملوا لفترات معينة في المدن أو مع الشركات فيها، وبذلك فقد اكتسبوا المرونة الفكرية الكافية التي تؤهلهم لتقبل الجديد في إطار من التوافق مع قيم المجتمع ومعتقداته الدينية السليمة المتفتحة الفكر.

وتمثل هذه النقطة (المتمثلة في الصراع بين جيلين) مرحلة من مراحل التغير والانتقال من الوضع الاجتماعي القبلي إلى المجتمع الحديث الذي تكون أهم صفاته الانفتاح الثقافي والفكري وشعور الفرد بأهميته وبإمكانياته الفكرية التي يمكن أن تبرز كوسيلة للترجيح بين الأمور وانتقاء المناسب [1].

د. بالإضافة إلى ذلك يمكن أن نحدد بعض الفئات التي كانت تتشدد وتقف موقف العداء من كل جديد على اعتبار أنه مجهول لها ومخالف للمعتقدات وللعادات المعروفة .

ومسألة التشدد شيء طبيعي وموجود في كل المجتمعات سواء منها المجتمع القبلي أو المجتمع الحضري الحديث ،وذلك لأن التشدد ينتج عن عدة عوامل منها : الاقتناع بالوضع السائد في المجتمع ، واعتبار أي تغيير نوعاً من المجازفة التي تؤدي إلى عواقب

1.....التغير الاجتماعي ـ مرجع سابق ـ (ص 170ـ171) كذلك علي أحمد علي ـ مجلة العربي الكويتية ـ مقابل بعنوان (نحو سلا م دائم بين الشباب والشيوخ) العدد 229 ديسمبر 1977م (ص87)

وخيمة ، كما أن الربط بين التقاليد الموروثة والعقائد الدينية بطريقة من الطرق يكون عاملاً من عوامل التشدد مع أنه قد لا تكون هناك علاقة بالضرورة بين الطرفين ، وهناك أيضاً عدم تقبل الجديد وصعوبة تغيير ما اعتاده الإنسان من عادات وما اعتقده من معتقدات حتى ولو كانت خاطئة ، خاصة إذا كان المجتمع بعيداً عن وسائل الاتصال الثقافي الذي يتيح للإنسان المرونة العقلية والقدرة على المقارنة بين أنماط من الثقافات المتعددة في جو من حرية الفكر .

وقد كان التشدد يصل ببعض الناس إلى اعتبار كل إنتاج تكنولوجي من الآلات أو الأدوات الحديثة شيئاً معادياً للدين أو خارجاً عنه ، مع أنه يمكن استخدامه في تعزيز الـدين ونـشر مــبادئه السمحة بشكل ميسر (كالراديو والتلفزيون) مثلاً.

خلاصة القول أنه يمكن أن نحدد الذين كانوا يقفون في وجه التغير الاجتماعي والتحديث في فئات منها :

1. فئة الشيوخ .

2.فئات ذات اختصاصات مهنية معينة أو ذا ت صفات معينة : كالأطباء الشعبيين .

3. بعض الآباء وكبار السن .

4. فئات ذات امتيازات معينة أو صفات اجتماعية معينة ، كالذين كانوا يخافون من أي شيء جديد ويعتبرون أنفسهم حماة للعادات والتقاليد الموروثة ـ وللمعتقدات بشكل عام .

الفصل الرابع

العلاقات الاجتماعية في الريف " قبل التطورات الحديثة"

" دراسة تاريخية " بنائية وظيفية "

أولاً : العلاقات الاجتماعية داخل الأسرة .

ثانياً : العلاقات الاجتماعية على مستوى المجتمع الريفي

"الوظائف المتبادلة "

ثالثاً : علاقات المجتمع الريفي بمجتمع المدينة .

تمهيد :

يتكون المجتمع القروي من مجموعة من الأسر المتجاورة والمترابطة بعلاقات متينة تقوم على أسس عرقية واقتصادية وثقافية . : ـ

أ- فمن الناحية العرقية ترتبط هذه الأسر في غالبها بأصول عرقية واحدة ، أي أن كل مجموعة من الأسر تنحدر من جد أعلى واحد ، كما أن هذه المجموعات تتقارب أكثر بالإصهار إلى بعضها البعض مما يبقي على قوة العلاقات فيما بينها .

ب- ومن الناحية الاقتصادية : يعتمد المجتمع القروي على الزراعة التي تحتاج إلى كل يد عاملة فيه ، وبالتالي يتعاون أفراد المجتمع على فلاحة الأرض وجني المحاصيل ومساعدة المحتاج أو إقراضه ما يحتاج من المال لإصلاح أرضه بعد أن يدمرها سيل أو تصيب زروعها آفة .

ت- ومن الناحية الثقافية : توجد نفس المفاهيم في كل أسرة ، بل عند كل فرد من أفراد المجتمع ، ورغم أن هذه الناحية (الثقافية) تبدو أكثر تعقيداً من النواحي الأخرى ، إلا أن الملاحظ هو وجود وحدة توجه ثقافي لدى كل أبناء المجتمع ـ فهم يتصرفون بنفس الأسلوب (تقريباً) في المواقف الاجتماعية العامة ، وذلك طبقاً لما يقضي به العرف الاجتماعي . وما هذا التصرف إلا انعكاس لما يحملون من ثقافة اجتماعية وقيم واحدة لا يستطيع أحد التمرد عليها أو مخالفتها ، ويمتد هذا الالتزام الثقافي الاجتماعي إلى كل مظاهر الحياة الاجتماعية المادية وغير المادية :

1. فالناحية المادية : ـ كطراز الثياب وتقسيم المباني من الداخل على نظام معين " كغرفة استقبال الضيوف التي تسمى المجلس ، وغرفة الطعام التي لا يخلو أي بيت من وجودها ، وذلك طبقاً لما تقضي به العادات الاجتماعية " ، وكعادات الزواج .

2. والناحية غير المادية : ـ كاللهجة والمفاهيم والمعتقدات الشائعة والأساطير الشعبية المختلفة . والمجتمع بناء متكامل : كل لبنة فيه لها مكانها الذي تشغله ، ولها وظيفتها التي تؤديها ابتداءً من الوحدات الاجتماعية الأساسية وانتهاء بالمجتمع العام للمنطقة أو للدولة كلها ، لذلك فقد رأت الدراسة أن تتناول العلاقات الاجتماعية على ثلاثة مستويات هي :ـ

1. العلاقات الاجتماعية داخل الأسرة .

2. العلاقات الاجتماعية على مستوى المجتمع المحلي القروي .

3. علاقات المجتمع القروي بمجتمع المدينة ، على اعتبار أن المدينة تمثل المجتمع الكبير .

ومن خلا ل ذلك نتعرف على طبيعة تلك العلاقات وعلى الوظائف التي كانت هذه العلاقات تؤديها لكي يظل البناء الاجتماعي بأنساقه وتنظيماته المختلفة مترابطاً بما يحقق المصلحة المتبادلة لأفراد المجتمع ، لأنه لا وظيفة بدون تحقيق مصلحة معينة , ولهذا يمكن اعتبار الوظائف التي تؤديها العلاقات الاجتماعية هي السبب في المحافظة على هذه العلاقات والتمسك بها في الفترة التي تتناولها الدراسة وهي التي تمتد في الماضي إلى زمن غير محدد تماماً وبدأت نهايتها من الطرف الآخر (الحاضر) بظهور الطفرة الاقتصادية الحالية الناتجة عن اكتشاف البترول بشكل تجاري في الأربعينات من القرن العشرين .

وسنعرض ـ بإذن الـلـه ـ صورة للعلاقات الاجتماعية في السنين الحاضرة بعد أن نقوم بإكمال إجراءات الدراسة الميدانية وإجراء المقارنة بين العلاقات سابقاً ووضعها الحالي ، لنخرج بصورة واضحة عن أثر التحضر على العلاقات الاجتماعية في هذا المجتمع .

أولاً : العلاقات الاجتماعية داخل الأسرة :

تمثل الأسرة منذ أقدم العصور التاريخية الوحدة الاجتماعية الأساسية لقيام المجتمع ، وهي تنتج عادة عن علاقة الزواج ، حيث يشكل الزوجان الأساس الأول للبناء الأسري، ثم تأتي مرحلة إنجاب الأطفال الذين بهم يكتمل البناء [1] . وقد وضعت نظريات مختلفة تحاول تفسير الزواج وعملية الاختيار فيه :

كنظرية المعيار Norm theory التي وضعها كاتز Katz وهيل Hill ومؤدى هذه النظرية أن المعايير السائدة تؤثر على عملية الاختيار في الزواج [2] ، ونظرية الحاجة المكملة complementary need theory التي قال بها وينش winch [3] ، ومهما يكن من أمــر هذه النظريات فالذي يبدو ـ مبدئياً ـ في غاية الوضوح أن هناك حاجة بيولوجية وسيكولوجية لدى كل جنس لايجد إشباعاً لها إلا عند الجنس الآخر ، وبذلك فالزواج عملية طبيعية تتم في كل المجتمعات تجاوباً مع هذه الحاجة البشرية وقد عبر القرآن الكريم عن بعض هذه الوظائف في قوله تعالى :" ومن آياته أن خلق لكم من أنفسكم أزواجاً لتسكنوا إليها وجعل بينكم مودة ورحمة " [الروم 21:] .

وليست الأسرة مجرد مجموعة من الأشخاص بل هي كيان واحد له وظائف واضحة في المجتمع [4] . وهذا الكيان يرتبط أفراده بروابط قوية هي الزواج والقرابة ، ويعيشون مع بعضهم ، ويقوم كل منهم بدور محدد ويحافظون على النمط الثقافي في المجتمع متجدداً ومستمراً كما بين ذلك برجس ولوك [5] .

والمعروف أن المجتمع القروي بشكل عام ذو تضامن داخلي قوي ، حيث نجد التعارف وجهاً لوجه بين أفراد ذلك المجتمع بالإضافة إلى تعاونهم على إنجاز الأعمال الزراعية التي يشتهرون بها ، ومن الصفات التي ترتبط بذلك التضامن صفة احترام الآخرين خصوصاً كبار السن ، وصفة أخرى هي الاهتمام بالوالدين وعدم عصيان أمرهما ، الأمر الذي ينتج عنه البقاء مع الوالدين في بيت واحد ، والعيش معهما حياة مشتركة ، وهذا ما

1....لأخذ فكرة عن الأدوار التي تمر بها الأسرة انظر : مصطفى الخشاب ـ دراسات في علم الاجتماع ـ دار النهضة العربية بيروت 1981 ـ الفصل الخامس (ص 79) .

2..و3ـ سامية الخشاب النظرية الاجتماعية ودراسة الأسرة ـدار المعارف (ط1) سنة 82م (ص 83ـ84) .

4..لمعرفة هذه الوظائف انظر 1. علياء شكري ـ الاتجاهات المعاصرة في دراسة الأسرة ـ دار المعارف ط2 (82م) ص 79.
Stewart, E.W. &Glynn, J.A.Introduc .to socio . op. cit,p .259 ff..2

5....عبد الباسط محمد حسن ـ علم الاجتماع ـ الكتاب الأول المدخل ـمكتبة غريب (77م) ط1(ص409).

120

ينتج عنه قيام الأسرة الممتدة أو الشاملة ،حيث يعيش الأولاد بعد الزواج مع والديهم ، وإجمالا فهناك ثلاثة أنواع من الأسر في المجتمع القروي ،وهي الموجودة في كل مجتمع عربي بصورة متفاوتة :

1. الأسرة النووية Nuclear family :وهي التي تتكون من الأب والأم والأولاد المولودين من أم واحدة .
2. الأُسرة القرابية consanguineal family : وهي التي تقوم على قرابة الدم ، وتتألف هذه الأسرةُ من الأب والأم والأبناء وأبناء الأبناء ، وهذه الأسرة يمكن تسميتها الأسرة الممتدة Extended family.
3. النوع الثالث : الأسرة المركبة compound family : وهي الأسرة التي يكون فيها زوج واحد وأكثر من زوجة polygnous family [1] .

وتنقسم هذه الأسرة إلى أقسام بعدد الزوجات ، إما في نفس المسكن أو في مساكن منفصلة : لكل زوجة وأولادها مسكن ، " وذلك وفقاً لما يبيحه الدين الإسلامي الحنيف ".

وللدين الإسلامي دور كبير في مسألة تكوين الأسر وتقوية العلاقات التي تربطها وتربط أفرادها : فمن مبادئ الإسلام احترام الوالدين والإحسان إليهما وطاعتهما ،ومن مبادئه أيضاً إباحة تعدد الزوجات ، ومسألة العيش مع الوالدين بعد الزواج (بالنسبة للأبناء) كانت تشكل عرفاً اجتماعياً لا يجرؤ أحد على مخالفته ، وكثيراً ما كانت تقع حوادث الطلاق بسبب الخلاف بين زوجة الابن وأم الزوج فيقوم الابن بطلاق زوجته إرضاء لأمه حتى لا يتسبب في غضبها عليه فيما لو انحاز إلى جانب زوجته .

وكان الطلاق هو الحل الوحيد لمثل تلك المشكلات ، ولم يكن أحد يفكر في حل آخر كالانفصال عن الوالدين ، وتكوين أسرة جديدة مستقلة عنهما في المسكن .

وذلك لسببين : ـ

الأول : ـ أن هذا من الواجبات التي أمر الـلـه بها (وهي واجبات طاعة الوالدين .

الثاني :ـ أن الانفصال عن الوالدين مخالف للعادات والتقاليد ، ولا يستطيع عمله أحد دون تعريض نفسه للاحتقار من الجماعة بل ربما أدى ذلك إلى نبذه أو اعتباره عاقاً لوالديه .

ومن ذلك نستنتج :

---

[1] see; Stewart &Glynn, Introduction to sociology . op cit p 256 ff ... كذلك عبد الباسط محمد حسن ـ المرجع: السابق ص 410 وما بعدها .ونلاحظ أن هذا المرجع: لم يفرق بين الأسرتين الممتدة والمركبة .

1. أن الأسرة الممتدة كانت هي المنتشرة وهي تضم الأب والأم والأولاد الذكور المتزوجين وغير المتزوجين والبنات غير المتزوجات ، ولكن ذلك لا يعني أنه لا توجد أنواع أخرى من الأسر النووية أو المركبة (أي التي فيها زوج وأكثر من زوجة) ولكن نسبة هذه الأسر كانت قليلة بالقياس إلى الأسر الممتدة .

2. أن الطاعة والخضوع المطلق مطلوبة من الأبناء وزوجاتهم للوالدين ، وأن أي خروج على ذلك يعتبر أمراً مستهجناً وغير مقبول ـ وهذا ما يوضح وظيفة العرف الاجتماعي في تدعيم العلاقات الاجتماعية و دوره في إبقائها ثابتة بصورة من الصور ،حيث يؤدي العرف بذلك وظيفة العائق الذي يحول دون تفكك هذه العلاقات أو ضعفها ، وتلتقي وظيفة الدين بوظيفة العرف في هذه النقطة ، بل ربما استند العرف إلى الدين واستمد منه قوة أخرى .

كما أن المرحلة الحضارية التي يمر بها المجتمع تفرض عليه نوعاً معيناً من التقاليد تجعل مخالفها يبدو شاذاً أو غير ملتزم بالقواعد الخلقية أو الدينية التي تواضع عليها الناس .

وهذه الحقيقة تشكل مصدر ضغط على الفرد لا يمكن مقاومته أو التخلص منه تحت أي عذر أو ظرف من الظروف ، فالبدوي الذي يخالف عادة معينة في مجتمعه يقع تحت هذا الضغط تماماً كما يحدث للقروي الذي يخالف عادة من عادات مجتمعة ،ويلاحظ أن قوة ضغط العادات والأعراف الاجتماعية ترتبط بناحيتين هما :ـ

أ- مدى انفتاح المجتمع أو كونه مغلقاً أو معزولاً حيث تتناسب قوة الضغط طردياًَ مع درجة الانغلاق أو الانعزال .

ب- المرحلة الحضارية التي وصلها المجتمع : فالمجتمع الواسع الذي لا تسوده النظم القبلية لا يملك عادات وتقاليد ضاغطة على الأفراد كما في المجتمع البدوي أو الريفي .

وهكذا نجد أن الضغط المذكور يتناسب عكسياً مع درجة التطور الحضاري والاتصال الثقافي .

3. أن بعض المفاهيم كالطاعة والبر مرتبطة عند القرويين بممارسة السلطة على الأبناء حسب مفهوم الآباء ، وأنهم يربطون بين ما يعتبرونه حقاً مطلقاً لهم في فرض ما يريدون ، وبين آيات من القرآن الكريم ، والطاعة لاتعتبر ذات معنى فعلي (في رأي الوالدين) إلا إذا عاش الوالدان وأبناؤهما جميعاً حياة مشتركة في نفس المسكن ، وهذا يعني أن ممارسة السلطة من قبل الوالدين لا تتم إلا بوجود الأبناء وأسرهم في نفس البيت .

4. أن الأسرة الممتدة هي النظام الأسري السائد في المجتمع القروي ، ولذلك سببان :

أ. السبب الأول ـ أن ظروف المجتمع القروي (الزراعي) تقتضي من أبناء المجتمع التعاون على زراعة الأرض ، ولا يتأتى ذلك التعاون لكل أسرة إلا إذا وزعت العمل بين أفرادها وشاركوا فيه جميعاً كأعضاء عاملين في جسد واحد ،وكل فرد منهم له وظيفته التي يؤديها لصالح هذا الجسد وليستمر هذا الكائن في حياته والقيام بواجباته تجاه هؤلاء الأعضاء أنفسهم ، وعملية الإنتاج الزراعي تقتضي أيضاً المحافظة على ملكية الأرض وعدم تجزئتها إلى ملكيات صغيرة بين الأبناء، لأن هذه التجزئة معناها عدم التعاون وقلة الإنتاج ، بينما بقاء الأرض واحدة غير مجزأة والتعاون على زراعتها وجني محصولها يوفر لكل أفراد الأسرة ما يحتاجونه من غـذاء ونفقا ت أخرى .

ب- السبب الثاني . وهو ينسجم تماما مع الأول ويقوّيه, وهو دعوة الدين الإسلامي إلى طاعة الوالدين وعدم عصيانهما وكذلك دعوته إلى تقدير كبار السن واحترامهم وتتردد على أفواه المسلمين جميعاً آيات كريمة وأحاديث شريفة كثيرة ، كقوله تعالى : " وقضى ربك ألاّ تعبدوا إلا إياه وبالوالدين إحساناً , إما يبلغن عندك الكبر أحدهما أو كلاهما فلاتقل لهما أف ولاتنهرهما,وقل لهما قولاً كريما, واخفض لهما جناح الذل من الرحمة وقل رب ارحمهما كما ربياني صغيراً " [الإسراء : 23] وكقول النبي عليه الصـلاة والسلام : " الجنة تحت أقدام الأمهات " .

ولهذه الآيات الكريمة والأحاديث الشريفة أثر عظيم في النفوس , ولها وظيفة في التوجيه الاجتماعي الناجع الداعي إلى الرحمة والتآلف. ويمكن أن نبحث العلاقات الاجتماعية داخل الأسرة الواحدة متخذين إلى ذلك مدخلاً يبدأ من تقسيم الأسرة إلى قسمين حسب النوع (الذكور والإناث) معتبرين في ذلك عامل السن الذي قد يحدد مركز أي فرد من أفراد الأسرة ويجعل له مكانة خاصة بين الآخرين من أعضاء الأسرة .

1) مركز الأب في الأسرة ، ووظائفه:

كان الأب هو السيد المطاع الذي لا يستطيع أحد من أعضاء الأسرة أن يخالف له أمراً، فهو الذي يوزع العمل بين أفراد أسرته ويتولى الإشراف على التنفيذ في الحقل ، وهو الذي يقرر ما يصلح لهم ، وعلى ضوء علاقاته بالآخرين يحدد لهم المجال الذي يمكنهم أن يتعاملوا في حدوده مع الآخرين ، وهو الذي كان يختار الزوجة لابنه (في غالب الأحيان) ويختار الزوج لابنته (أي يوافق عليه أو لا يوافق)، وهو الذي يقرر ما يزرع من

المحاصيل ويتولى مسئولية تخزينها والتصرف فيها ويتولى الإنفاق على البيت وشراء ما يحتاجه أفراد الأسرة، فهو باختصار الحاكم المطلق والسيد الذي لا ينازعه أحد سلطته، وتبقى هذه السلطة ممتدة على أولاده بعد زواجهم حيث يسكن الأبناء (الذكور) في نفس المسكن مشكلين ما يسمى (الأسرة الممتدة Extended family) وتتجاوز سلطة الأب أبناءه إلى زوجاتهم اللاتي يصبحن بمثابة البنات للأب الذي يكون في هذه المرحلة قد دخل مرحلة الكهولة أو الشيخوخة . أما بناته فيصبحن خارج سلطته بعد الزواج حيث يقعن تحت سلطة آباء أزواجهن .

ولكن ليس معنى هذا أن البنات بعد الزواج يقطعن كل صلة لهن بأسرتهن الأولى (أسرة الأب والأم) ، بل تبقى هناك روابط قوية بينهن وبين أهلهن ، حيث يقمن بزيارتهم كما يقومون هم بذلك ،مع تقديم الهدايا وإبداء أنواع الكرم والتقدير لهن ولأسر الأزواج بتقديم الذبائح والاحتفاء بالأصهار بكثير من التودد والترحيب .

ويقوم الآباء كذلك بدور تعريف الأبناء بعادات المجتمع (العادات التي يشارك فيها الرجال) حيث يصطحب الأب أبناءه في المناسبات العامة كالزواج واستقبال الضيوف و العزاء) . ويتعرف الأبناء عن طريق آبائهم على المشاكل التي تواجه المجتمع وكيفية حلولها ، الأمر الذي يجعل الابن ملتزماً بكل ما في مجتمعه من العادات والأعراف والقيم التي تحكم العلاقات الاجتماعية . وعلى هذا فنستطيع القول بأن الآباء يتولون ما يسمى بعملية التنشئة الاجتماعية لأبنائهم (socialization). ولكن هذا النوع من التنشئة يمكن أن يسمى **تنشئة خارجية** (أي تنشئة الأبناء وتعليمهم العلاقات الاجتماعية التي هي خارج نطاق الأسرة) في مقابل **التنشئة الداخلية** (أي تنشئة الأبناء وتعليمهم العلاقات التي تحدد وضعهم ووضع الآخرين في داخل حدود الأسرة حيث تقوم الأم بدور مهم في هذا المجال).

وعملية التنشئة :" تهدف إلى اكتساب الفرد سلوكاً ومعايير واتجاهات مناسبة لأدوار اجتماعية معينة تمكنه من مسايرة جماعتة والتوافق الاجتماعي معها ، وتكسبه الطابع الاجتماعي وتيسر له الاندماج في الحياة الاجتماعية "[(1)].

ولاشك أن هناك مؤثرات أخرى في عملية التنشئة الاجتماعية غير الأب (الذي يعرف الطفل بالمجتمع خارج نطاق الأسرة) والأم (التي تعرفه بعلاقاته بالآخرين داخل الأسرة)

1...حامد عبد السلام زهران ـ علم النفس الاجتماعي ـ عالم الكتب ط4(1977م) ص 213.

ومن هذه المؤثرات :جماعة الرفاق الذين يمكن أن يقتدي بهم الطفل ، وكذلك المدرسة ومافيها من زملاء ومعلمين [1] . ولكن أثر هذين العاملين لم يكن واضحاً في المجتمع وقد كان العمل الزراعي هو المصدر الوحيد للرزق في ظروف ما قبل البترول ، وكان هذا العمل ـ على صعوبته ـ يشكل عاملاً من عوامل توحيد الأسرة وترابط أفرادها جميعاً تحت لواء الأب الذي يصبح فيما بعد الجد أيضاً . وكان الفرد من الأسرة لا يتحمل شيئاً من المسئولية ما دام الأب حياً ، ولهذا فقد كانت روح المبادرة الفردية ضعيفة إن لم تكن معدومة خصوصاً في ظروف عدم انتشار التعليم أو الاتصال بالآخرين .

فكأن الفرد عبارة عن آلة تعمل في المزرعة من الصباح إلى المساء ثم تستريح في المساء لتعيد الكرة في اليوم التالي ، وهكذا . وكان أقصى طموح للأب هو أن يوفر المحصول الكافي لأفراد أسرته خلال السنة بحيث لا يحتاج إلى الاستدانة أو البحث عما يسد حاجتهم من المحصول الزراعي (خصوصاً الحبوب وهي القمح والذرة والشعير) ،وما يسد حاجة حيواناتهم من الأعلاف كالبرسيم وعيدان الذرة الجافة (وهي التي كان الأهالي يسمونها الحشو) .

وبذلك نستطيع أن نخرج بنتيجة هي أن الأب كان المظلة التي يستظل بها كل أعضاء الأسرة ، وهو الرئيس والموجّه وصاحب الكلمة الفاصلة في كل ما يتعلق بمصير أي فرد منهم . أما علاقة الأبناء الذكور ببعضهم ومع والدهم بالمقابل ،فقد كانت علاقة مبنية على الطاعة التامة والامتثال للأمر الذي يصدر عن الوالد وقبوله دون مناقشة احتراماً له ، وقد يسمح للأبناء بإبداء الرأي في بعض الأمور ، ولكن الكلمة الأخيرة كانت دائماً للوالد لا للأبناء أو لغيرهم .

ويمكن تلخيص الوظائف التي كان الأب يقوم بها في الأسرة والمزرعة في النقاط التالية :

1). توزيع الأعمال على أفراد الأسرة وتحديد وظيفة كل منهم وواجباته في المزرعة وفي البيت .

2) توجيه أفراد الأسرة وتحديد علاقاتهم الاجتماعية بغيرهم من خلال علاقاته هو بالآخرين .

---

[1] ...يمكن الرجوع إلى المرجع: السابق لمزيد من الإيضاح أو إلى : أحمد عبد العزيز سلامة وعبد السلام عبد الغفار ـ علم النفس الاجتماعي ـ دار النهضة العربية القاهرة ـ دون تاريخ ـ الفصل الخامس (التنشئة الاجتماعية) ص 77 .

3) القيام بعملية التنشئة الاجتماعية وتعليم الأبناء العادات والتقاليد الموجودة في المجتمع " وقد سمت الدراسة ذلك باسم التنشئة الخارجية أي التي تتم خارج بيت الأسرة".

4) تحديد وشراء اللوازم المنزلية والفردية لكل فرد من الأسرة وتأمينها بشكل جماعي في المواسم والمناسبات الاجتماعية والدينية .

2) **مركز الأبناء في الأسرة ووظائفهم** :ـ يحتل الأخ الأكبر مكانة تقرب من مكانة الأب في حال غيابه أو وفاته أو إذا كان طاعناً في السن ، ويقوم بنفس وظائفه في الأسرة وفي الحقل ، ولكن ذلك ليس قاعدة مطردة ،إذ قد يحدث خلاف بين الأخوة خصوصاً بعد أن يتزوجوا ،فيصعب عليهم السكن في منزل واحد ، مما قد يضطرهم إلى تقسيم الإرث من أرض وبيوت وحيوانات ،أو قد ينفصلون عن بعضهم دون تقسيم ، وتبقى والدتهم عند أحدهم أو في بيت الأسرة مع أبنائها الصغار وبناتها غير المتزوجات . وتقوم علاقات الإخوة في الغالب على القاعدة التي كانت بين الأب والأبناء : إذ يقوم الأخ الأكبر بتربية إخوته الصغار والإشراف عليهم فيتعلمون طاعته وتبقى بذلك الأسرة متماسكة (وهي في هذه المرحلة لاتزال أسرة نووية لم يتزوج أحد من أفرادها) فإذا وصلوا إلى سن الزواج وتزوجوا فغالباً ما يتم انفصالهم في السكن كما أسلفنا . ويقوم الأبناء عادة بأعمال كثيرة في المزرعة :فهم يعملون مع والدهم يداً بيد ويتعلمون منه عاداته كرجل (سيد البيت) ليقوموا بنفس الدور في المستقبل ، ومن هنا (أي من عملهم في الأرض الزراعية ، ولأنهم صورة لوالدهم الذي يحملون اسمه) تأتي أهمية الأبناء الذكور في نظر القروي .

ويمكن تحديد وظائف الأبناء الذكور في النقاط التالية :ـ

1) . مساعدة والدهم في البستان حيث يقومون بالأعمال الزراعية من الحراثة والزراعة بمراحلها المختلفة (هذا إذا كانوا من كبار السن لدرجة تجعلهم قادرين على هذه الأعمال) ، أما صغار السن منهم فيقومون بتنظيف الأرض من الحصى وبجلب ما يحتاجه الأب من المنزل ، ويقومون بجمع الحطب من البستان وبجمع الأعلاف للحيوانات وسقي المزروعات التي تكون في الغالب على شكل أحواض كبيرة تروى بشكل دوري (أسبوعي) من مياه الآبار .

2). رعي الأغنام : ويقوم به الأبناء والبنات ، حيث كانت البنات الكبيرات يتولين رعي القطعان الكبيرة في الجبال والوديان البعيدة عن القرية أما الأولاد (الصغار من 8ـ 12 سنة) فيقومون برعي صغار الأغنام (التي تسمى البـَهْم) في الوديان والجبال القريبة من القرية .

3) مرافقة والدهم إلى الاجتماعات القروية وإلى الأسواق الأسبوعية حيث يقوم الابن بمساعدة الوالد في بيع الإنتاج الزراعي والحيواني ويشارك في ذلك مشاركة فعلية إذا كان في سن تسمح له بفهم عمليات البيع والشراء .

4).المشاركة في حماية المزروعات (خاصه الحبوب) من الطيور الكثيرة التي تهاجم المزروعات حيث توجد آلاف العصافير المتنوعة الأشكال تتغذى بحبوب الذرة البيضاء والقمح ، ولذلك فهي تشكل خطراً عظيماً على المزروعات مما يضطر المزارع إلى طردها طوال النهار وبصورة مستمرة باستعمال وسائل بدائية كالضرب على تنكه فارغة أو قذفها بالحجارة أو ما أشبه ذلك ، هذا إذا كان المزارع لا يريد أن يفقد محصوله فقداً شبه تام بسبب هذه الطيور ، مما يضطر كل الأسرة إلى هذا العمل .

3) مركز المرأة في الأسرة ووظائفها :ـ

تعتبر الأم الركن الثاني المهم في أركان البناء الأسري ، ولها مكانتها التي تكون في غالب الأحيان امتداداً لمركز الأب بين أفراد الأسرة الآخرين ، تقوم الأم بالأعمال المنزلية كاملة لا يساعدها في ذلك الرجل . فهي تتولى تربية الأبناء واعداد الطعام وتنظيف البيت والإشراف على الحيوانات المنزلية كالأغنام والأبقار . كما تقوم بأعمال خارج المنزل كان أهمها المشاركة في الأعمال الزراعية :

فهي تشارك الرجل في عملية حرث الأرض والحصاد و جني الثمار ، وتقوم بإحضار الحطب اللازم لإعداد الطعام من الجبال أو من المزرعة ، وكانت تحضر الماء بواسطة القربة المصنوعة من جلد الماعز حيث تنزعه من الآبار المجاورة وتحمله على ظهرها . وتقوم برعي الأغنام (في حال عدم وجود أبناء أو بنات ينوبون عنها) . وتقوم علاقة المرأة بأفراد أسرتها على احترامها كأم . كما أن وضعها قبل الزواج يختلف عن وضعها وهي زوجة ، كما يختلف عن وضعها كأم .

فعلاقتها بأهلها وهي بنت لم تتزوج بعد تكون علاقة عدم اهتمام كبير بها أو بتثقيفها أو بإعطائها المنزلة التي لإخوانها الذكور .

أما عندما تصبح أماً ـ بعد الزواج ـ فإنها تجد الاحترام الكبير والتقدير وتشعر بكيانها ويصبح هذا التقدير مرتبطاً بمدى ما أنجبت من الأبناء ـ الذكور خاصة .

وأما وضعها كزوجة فهو أمر متناقض فيه ما يمكن اعتباره احتراماً لها واعترافاً بها كإنسان عزيز المكانة ، وفيه في نفس الوقت ما يمكن اعتباره إهمالا وازد راءً لها .

فمن الأمثلة على الناحية الأولى ـ الدالة على الاحترام والتقدير ـ أن للمرأة ذمة مالية معترفاً بها تماماً ، ولها حرية التصرف في ممتلكاتها وأموالها ، ولا يحق للزوج أخذ شيء منها دون رضاها ـ وهذه النقطة ـ كما هو معروف ـ دعا إليها الإسلام .

ومن أمثلة الإهمال والازدراء : أن الرجل يعاملها معاملة جافية ويعتبرها كالنجس، ومما يدل على ذلك أن الرجل إذا أراد التحدث عن زوجته أمام رجل آخر كان يقول :

زوجتي .." أجلّك اللـه ". وكان لا يقيم لها وزناً وإذا غضب منها طلقها أو تزوج بأخرى غيرها كيداً لها . وكانت علاقة المرأة بزوجها تمتاز بعدم الاستقرار وذلك لثلاثة أسباب :ـ

1ـ عدم احترام المرأة وإشعارها بقيمتها بشكل كاف مما ينتج عنه عدم الثقة من قبل المرأة في زوجها ، وبالعكس .

2ـ ترتب على النقطة السابقة وعوامل اجتماعية أخرى [-] أن انتشرت عادة تعدد الزوجات ، وهو أمر كان يؤدي إلى المشاكل بين الأزواج وزوجاتهم بالإضافة إلى إضعاف ثقة الزوجة في زوجها وعدم اطمئنانها إلى نواياه ، وهذا له أثر سيئ في تصرفاتها تجاهه وتجاه أمواله و أملاكه.

3ـ وجود ذمة مالية للمرأة منفصلة تماماً عن الرجل والاعتراف بحق الملكية الكاملة للمرأة أدى بها كزوجة إلى محاولة الانفصال عن الزوج في كثير من الأمور والتصرفات بسبب عدم الثقة المذكورة في النقطتين السابقتين .

وليس معنى هذا أن المرأة كانت سلبية ، بل لقد كانت عضواً فعالاً ونشيطاً في بناء المجتمع القروي يشهد لها بذلك ما كانت تقوم به من أعباء جسيمة في ذلك المجتمع .

ويمكن تلخيص وظائف المرأة في الأسرة بما يلي:ـ

1.   الأعمال المنزلية الكاملة : كإعداد الطعام ونظافة المنزل وتدبير شؤونه .

2.   الإشراف على الحيوانات (الأغنام والأبقار وغيرها) وتولي العناية بها :كتنظيف أماكنها وحلبها وتقديم العلف لها.

3.   القيام بأعمال خارج المنزل كجلب الحطب لاستعماله في التدفئة وإعداد الطعام و إحضار الماء من الآبار بواسطة القربة ، وإحضار العلف الأخضر (كالبرسيم وغيره) من المزرعة إلى البيت للحيوانات .

ٍ ...ومن هذه العوامل قول كثير من الرجال بأن الأعمال الزراعية تحتاج إلى وجود أكثر من زوجة لتساعد فيه ولتنجب المزيد من الأبناء ـالرجال ـ القادرين على العمل .

4. المشاركة في الأعمال الزراعية مع الرجل كجمع المحصول (الحبوب والفاكهة) وتتولى كذلك ـ مع بقية أفراد الأسرة ـ حماية الأرض المزروعة بالحبوب من العصافير ـ كما سبق توضيح ذلك .

5. تنشئة الأبناء وتربيتهم ، ودور الرجل والمرأة متكاملان في هذه النقطة حيث يقوم الرجل كما أسلفنا ـ بتربية الأبناء وتعليمهم العادات التي تسود مجتمع القرية من خلال المشاركه في المناسبات الاجتماعية والاحتكاك بالآخرين ، وتقوم الأم بتربية الأبناء وتعليمهم ، فلها دور رائد في هذا المجال ، ولاشك أن الأب يشارك في هذا الأمر أيضاً وله فيه دور ، ولكن دور الأم يكون في العادة أبرز من غيره في هذه التنشئة .

6. للأم دور خاص بها وحدها تجاه بناتها ، بالإضافة إلى ما سبق في الفقرة الخامسة السابقة ، فهي (بحكم طبيعتها) تعلم بناتها ما يجب عليهن عند الزواج وكيف يتصرفن مع الزوج وأهله . وعند زواج البنت تذهب إلى بيت العريس بصحبة أمها التي يكون دورها تعريف ابنتها بزوجها وبأهله في هذه الفترة حيث تقيم الأم مع ابنتها في بيتها الجديد مدة تتراوح من أسبوع إلى ثلاثة أسابيع بهدف مساعدة ابنتها على التأقلم مع ظروفها الجديدة مع العريس وأهله الذين كانوا في الغالب يقيمون في المنزل نفسه مكونين الأسرة الممتدة.

4. مركز البنات في الأسرة ،ووظائفهن فيها :ـ

تعتبر البنت في أسرة والديها بمثابة الضيف الذي سيرحل في يوم ما ، ولهذا نجد الاهتمام الأول ينصب على الأبناء الذكور في كل النواحي ، وكأني بالمجتمع القروي يطبق قول الشاعر العربي القديم :ـ

بنونا بنو أبنائنا وبناتنا   بنوهن أبناء الرجال الأباعد

فما دام الابن سيحمل اسم أبيه وسينجب أبناء يحافظون على اسم العائلة ، ويزرعون الأرض ويرثونها ، فالاهتمام الأول والأكبر سيكون من نصيب الأبناء الذكور ,

وكان القروي يعتز بشيئين لهما القيمة العظمى في حياته هما : الأرض الزراعية والأبناء الذكور [1] بالإضافة إلى شيء ثالث هومقدارما عنده من الأغنام والأبقار..

وعندما فتح باب التعليم أمام الفتيات في المجتمع القروي انقسم الناس إلى ثلاثة أقسام :ـ

1- قسم يمثله كثيرون من كبار السن ،ويمكن تلخيص هذا الرأي بأنه الرفض لتعليم الفتاة ، وذلك لأن البنت سوف تتزوج وتبقى داخل البيت ، فلا فرق ـ في رأيهم ـ بين أن تكون

1.. محمد عاطف غيث ـ علم الاجتماع القروي (مرجع سابق)ص 51 وما بعدها .

متعلمة أو غير متعلمة : كما أن البنت المتعلمة لاتعود فائدة وظيفتها (أي راتبها) إلى والدها ، ولذلك فهو لا يريد أن يعلم ابنته ويخسر عليها ثم لا ينتفع منها بشيء ، وإنما يذهب خيرها إلى زوجها وأهله، وكانت هذه النظرية هي السائدة إجمالاً ، وفي وضع مشابه لذلك كان بعض الناس يمنع بناته من الزواج من أجل الانتفاع بهن في رعي الأغنام وفي الأعمال الزراعية ، فلا تتزوج الواحدة منهن إلا إذا أصبحت عانساً تتجاوز الثلاثين أو الأربعين أحياناً .

2- القسم الثاني : وهو الذي يمثل القسم المحافظ والواقف موقف الوسط من هذه المسألة ، وفي الوقت ذاته يتخوف من تعليم الفتاة ، ويرى هؤلاء أن تعليمهم الفتاة يجب ألا يتعدى المرحلة الابتدائية ، وأن لا يتعدى تعريف البنت بالصلاة وأمور دينها وقراءة القرآن . وهذا في الغالب رأي متوسطي السن وبعض قليل من كبار السن .

3- القسم الثالث : يمثله المثقفون أو الذين سبق لهم العمل خارج نطاق المجتمع القروي (في المدن الكبرى ومع الشركات في الغالب) وهؤلاء كانوا يؤيدون تعليم الفتاة ، ويرون أن الفتاة المتعلمة أقدر على فهم الحياة ومعاملة الزوج والأبناء بالطريقة المناسبة ثم هناك الإغراءات المادية المتمثلة في الوظيفة الجاهزة لمن تحصل على شهادة دراسية.

أما الوظائف والأعمال التي كانت تؤديها البنات للأسرة لكي يسهمن في بنائها (كنسق اجتماعي) ينتسبن إليه ، فهي كما يلي :-

1. مساعدة الأم في المنزل وتقديم ما تطلبه من العون في شؤونه المختلفة ، كالمشاركة في إعداد الطعام والاعتناء بالحيوانات والأطفال الصغار.
2. مشاركة الأم ومساعدتها في الأعمال التي تتم خارج المنزل كجلب الحطب والماء والعلف للحيوانات ، والمشاركة في الأعمال الزراعية وإحضار الطعام أو أي مطلوب آخر من المنزل للحقل .
3. القيام برعي الأغنام : حيث تتجمع بنات القرية في الصباح ويخرجن بالأغنام على شكل قطيع كبير واحد أوأكثر يتّجهن به إلى الجبال المحيطة بالقرى . وتبقى الأغنام حتى مغيب الشمس ثم تبدأ رحلة العودة إلى القرية . ومن ممارسة هذا العمل كان الرجل يقول للآخر (عندما يرزقه الله بنت) " مبروك الراعية يا فلان ".

خلاصة القول أن الوظائف التي تؤديها البنت في بيت والديها تعتبر صورة من وظائف أمها حيث تقتدي بها ، وتزيد البنت على ذلك بقيامها بوظيفة (راعية الغنم) في الأسرة .

ثانياً : العلاقات على مستوى المجتمع الرّيفي

"الوظائف المتبادلة ":

يتكون المجتمع المحلي في العادة من مجموعة من الأسر تسكن قرية واحدة أو مجموعة من القرى المتجاورة .

وتشكل هذه القرى نطاقاً متصلاً لافرق فيه بين قرية وأخرى من حيث القيم الثقافية والعادات الاجتماعية خصوصاً عندما تكون هذه القرى مسكناً لقبيلة واحدة موزعة على شكل بطون (أي أقسام) أو فخوذ) كما يسمي ذلك بعض أهالي القرى العربية ،وهم يقصدون الفروع المنتسبة إلى قبيلة واحدة ، وتقوم العلاقات الاجتماعية بين أفراد هذا المجتمع على التعاون التام والتضامن الاجتماعي الذي قلما نجد له مثيلاً في المجتمعات الأخرى (كالمجتمعات المحلية في المدن) . ونقصد بالتعاون الاجتماعي تعاون أبناء المجتمع على إنجاز كل عمل يتصورون أنه سيحقق لهم إشباعاً جماعياً أو فردياً لحاجة من الحاجات المادية أو المعنوية ، أوما يسمونه هم (التعاون على الخير) . ولإعطاء صورة عن هذا التضامن الاجتماعي نتناول فيما يلي الأسباب التي أدت إليه وجعلته ميزة هامة في هذا المجتمع :ـ

1- ولعل السبب الأول في هذا الموضوع **هو طبيعة العمل الزراعي** الذي كان هذا المجتمع يعتمد عليه اعتماداً تاماً . والعمل الزراعي ليس مجرد زراعة الأرض وجني المحصول ، بل كان عملاً شاقاً بكل معنى الكلمة ، حيث الاعتماد الأول فيه على الجهد البشري والحيواني فقط . ومعنى هذا أن كل أسرة (كما أشرنا سابقاً) كانت بحاجة إلى جهد كل فرد من أبنائها لتأمين حاجياتها من الغذاء . ولكن لا تكون الأسرة دائماً قادرة على القيام بأعباء الزراعة بل قد تمر مواسم معينة تكون فيها الأسرة بحاجة إلى مساعدة غيرها من الأسر المجاورة ، الأمر الذي يوجد نوعاً من " التجمعات الأسرية المشتركة (المتحدة أو المتضامنة) corporate families التي تنشأ أحياناً في المجتمعات الزراعية التي تكون الأرض مصدر رزقها الأساسي , وهي تنشأ في المجتمعات التي تكون فيها وسائل الاتصال والنقل ذات نظم قليلة التطور " [1] وقد كان في المجتمع القروي العربي ما يشبه هذه الأسر المتضامنة حيث كان يتم تضامنهم عن طريق المصاهرة أولاً وبسبب الجيرة القريبة ثانياً

1.... Goodman , Marry Ellen . The indvidual and culture , The Dorsey press,Homewood, Illinois 1967 p. 122.

فتشكل أسرتان أو ثلاث أو أكثر مجموعة واحدة تتعاون في مختلف الأمور الزراعية ، وتقف صفاً واحداً في علاقاتها بالآخرين ومعاملاتها معهم .

وقد أوجدت حاجة الأسر إلى مساعدة غيرها **أن أصبح التعاون عرفاً اجتماعياً عاماً إلزامياً** لامناص لأحد من الالتزام به ، وأكثر ما تكون الأسرة بحاجة إلى مساعدة غيرها في الأحوال التالية :

أ.. عند حراثة الأرض ـ خصوصاً في مواسم زراعة الحبوب وغيرها حيث يتحتم على كل مزارع أن يزرع أرضه خلال فترة محدودة هي فترة الأمطار القصيرة حتى لا يفوته الموسم ، وهذا يستدعي الاستنجاد بالآخرين للمساعدة في ذلك الأمر ، خصوصاً وأن العمليات الزراعية بطيئة وشاقة وطويلة .

ب.. بعد أن تأتي السيول : إذ غالباً ما تأتي السيول في سنوات متتالية ، فتهدم جدران الأراضي الزراعية وتدمرها ، خصوصاً وأن أكثر الأراضي المذكورة تقع على شواطئ الوديان السريعة الانحدار بين الجبال ،، وبعد فترة السيول يجتمع الأهالي ويقومون ببناء الجدران التي تحفظ تربة الأرض الزراعية (وهي على شكل مدرجات زراعية) ، وإذا كانت الأرض المحتاجة للإصلاح تخص أشخاصاً كثيرين رتبوا لكل منهم أياماً معينة يتم فيها العمل في أرضه ، وتبرز هنا المنفعة أو المصلحة المتبادلة بينهم . ويقوم صاحب الأرض بتقديم الطعام لهؤلاء المساعدين الذين أصلحوا له ما أفسدته السيول وعادة ما يكون الطعام المذكور ذبيحة كبيرة هي عبارة عن خروف أو عجل (حسب عدد الذين سيتناولون الطعام) .

2.. **الفقـر:ـ** وهذا العامل عامل إيجابي من حيث أنه يجعل الاستجابة للتحدي على مستوى جيد من التنظيم والحساب . والفقر سبب يمكن أن يؤدي إلى نتائج في اتجاهين :ـ

أـ في اتجاه سلبي مباشر على المجتمع حيث يقاسي الأفراد الحاجة والجوع والمرض (بسبب نقص الإمكانيات لسد الحاجة) .

ب ـ في اتجاه إيجابي هو توظيف الإمكانيات المتاحة لأبناء المجتمع وتوجيهها للقضاء على الحاجة ، وبالتالي تقوية العلاقات الاجتماعية والتضامن بين أفراد المجتمع و مؤسساته .

وهو في الحالين يعتبر من أسباب التخلف ، إلا أن آثاره السيئة في الحالة الإيجابية (الثانية) تكون أقل وطأة بسبب التعاون ووقوف المجتمع صفاً واحداً للتقليل من تلك الآثار . ولكن ضعف الإمكانيات وكونها محدودة لا يسمح للمجتمع بأن يتطلع إلى أكثر من سد الحاجات

الضرورية للناس . وتنحصر الناحية الإيجابية للفقر في أنه يقوي العلاقات بين الناس ، ولمقاومة هذا المرض الاجتماعي نظم أهل القرية لأنفسهم نوعاً من الحماية كما يلي :ـ

أ ـ أنشأوا صندوقاً عاماً يساهم فيه كل فرد بنصب معين ، حيث كان يفرض على كل عائلة أن تساهم بمبلغ من المال يتناسب مع عدد الرجال العاملين فيها، ولهذا الصندوق وظائف يؤديها كما يلي :ـ

1. تقديم المساعدات للأسر المحتاجة (كالأيتام والفقراء والعجزة) .
2. تجهيز الموتى من الفقراء ومن لاعائل لهم .
3. الصرف على المرافق العامة كبناء المساجد أو كحفر بئر عامة أو إنشاء طريق .
4. مساعدة عابري السبيل والضيوف الغرباء وما أشبه ذلك .

ولم تكن النقود فقط هي التي تدفع لهذا الصندوق ، بل هناك ما يسمى نظام (العشور) حيث كانت كل أسرة تدفع كمية من إنتاجها من الحبوب (القمح والذرة والشعير) هي العشر ، وكذلك يؤخذ عدد من الأغنام من الجماعة وتحفظ كلها للحاجة أو لصرفها في أي وجه من الوجوه السابقة الذكر .

ب ـ أنشأوا جمعية تعاونية استهلاكية فيها معظم الأغراض والمواد الاستهلاكية التي يحتاجها أبناء المجتمع : كالسكر والشاي والأرز والمعلبات ....الخ .

وكان وجود هذه الجمعية يوفر عليهم كثيراً من الجهد والوقت خاصة في فترة لم تكن فيها المواصلات سهلة بسبب وعورة الطريق وبسبب قلة وسائل المواصلات إلى المدينة (كالسيارات) . كما أن الجمعية كانت توفر بعض الأرباح للمساهمين . فكان وجودها يعدّ نشاطاً اقتصادياً واجتماعياً في وقت كان المجتمع القروي فيه محتاجاً إلى مواكبة مايجري خارجه من تطورات في تلك المجالات وكانت الأرباح توزع على المساهمين سنوياً ، ولهم في توزيعها فكرة طريفة كما يلي :ـ

50% من الأرباح تسمى عائد التعامل على المشترين وتفسير ذلك أن من يشتري من الجمعية باستمرار تسجل له الجمعية مجموع ما اشترى به من النقود ، ثم يعطي أكثر الناس شراء مكافأة سخية من أرباح الجمعية ، وقد كانت هذه المكافأة تتناسب مع مقدار المبلغ الذي اشترى به كل شخص من المستحقين للمكافأة , والباقي وهو 50% يوزع كما يلي :ـ

20% من الربح يوضع كمبلغ احتياطي لدعم رأس المال عند الضرورة أو عند توسع أعمال الجمعية , و20% توزع على الأعضاء المساهمين .و10% تخصص للخدمات

الاجتماعية (كترميم المساجد في القرى وحفر القبور للفقراء المتوفين وتسوير المقبرة ومساعدة الفقراء وإصلاح السبل ......الخ) .

ورغم ما كان لهذه الجمعية من آثار مادية طيبة في توفير الحاجيات لأبناء المجتمع وبالتالي توفير جهودهم ووقتهم ؛إلا أن أهم من ذلك كله المدلول الاجتماعي الطيب الذي يعنيه وجود هذه الجمعية، وهو مدلول التماسك الاجتماعي والتضامن والشعور بضرورة التعاون في سبيل توفيرالجهد والوقت بأن تكون الحاجات الاستهلاكية قريبة التناول عندما يحتاجها أي فرد منهم ، خاصة في ظروف غياب الرجال عن أسرهم لأي سبب ، حيث تستطيع النساء أو الأولاد القيام بالشراء من الجمعية .

ولا مناص لنا من الربط بين الظروف الطبيعية والجغرافية والحاجة إلى التعاون للتغلب على تلك الظروف التي تولد عنها الفقر ، وعدم قدرة أبناء المجتمع على الوصول إلى المدينة بسهولة .

وعلى هذا فقد كان لعامل المصلحة المشتركة الجماعية (والمتمثلة في التعاون) أثر كبير في توجيه المجتمع القروي [1] في مجال تأسيس الجمعية التعاونية أو في أي مجال أخر يشتركون فيه ويتعاونون للتغلب على مصاعب الحياة .

3. وظيفة المسجد في تدعيم التضامن الاجتماعي :

كان المسجد يقوم بوظائف مهمة في حياة المسلمين الأولين ، فقد كان مسجد النبي عليه الصلاة والسلام أول مدرسة في الإسلام يتعلم فيها الصحابة على يديه القرآن الكريم والتفقه في الدين ، ومنه يسمعون الأحاديث الشريفة ، فكان المسجد بذلك مكاناً للعبادة والعلم معاً .

واستمرت وظيفته في العصور اللاحقة حيث كان العلماء يعقدون حلقات التدريس في المساجد ، فيتحلق حولهم طلبة العلم يأخذون عنهم علوم الدين واللغة العربية ، وفي العصور المظلمة وفي أزمنة الانحطاط والغزو الأجنبي الذي عاشته البلاد العربية والإسلامية كانت المساجد هي القلاع الحصينة التي تحصنت فيها اللغة العربية والعلوم الإسلامية المختلفة . كما كانت أمور المسلمين تبحث في المسجد وتتخذ فيه القرارات الحاسمة والمصيرية في العصور الإسلامية الأولى .

1....ر.م ما كييفير ـ الجماعة ـ دراسة في علم الاجتماع ـ ترجمة محمد علي أبو درة ولويس اسكندر ـمراجعة حسن الساعاتي ـ دار الفكر العربي ،دون تاريخ (ص61).

وفي المجتمع القروي كان للمسجد دور عظيم في تدعيم الروابط . وكان دوره يقوي من فعل السببين السابقين (طبيعة العمل الزراعي والفقر) . بمعنى أنه بما له من أثر عميق في النفوس ومكانة سامية فيها فهو يزيد من التعاطف بين أبناء المجتمع بما يلقى فيه من خطب يوم الجمعة ، وتكون الخطب عادة داعية إلى التعاون والتضامن والإخاء ومراعاة حقوق الجار ومد يد المساعدة إلى الضعفاء والفقراء والمحتاجين ، وتتلى في ذلك الآيات الكريمة والأحاديث الشريفة بالإضافة للدعوة إلى برالوالدين والإحسان إليهما وصلة الرحم .

وتفعل هذه الخطب فعلها في النفوس ، حتى إنه من المألوف أن تشاهد بعض الناس يبكون تأثراً من هذا الكلام ، وتجدهم يحرصون كل الحرص على الاستماع إليه والعمل به , ومن هنا نجد أن للدين (الذي يمثله المسجد بشكل ملموس) دوراً عظيماً في بناء علاقات إنسانية فيها مساواة حقيقية وشعور بالآخرين ، وهذا من الأمور التي تجعل الأبناء ينشأون في جو خالٍ من المشاحنات والنفاق الاجتماعي ، وتحمي الفقير والضعيف من الشعور بالمهانة والنقص أمام الغني ، لأن المسجد يجمع كل فئات المجتمع خمس مرات كل يوم لأداء الصلاة سوية، بالإضافة إلى الاجتماع الأسبوعي الكبير كل يوم جمعة .

ومن هنا نجد سلامة النشأة الاجتماعية والشعور بقيمة الفرد بين الجماعة ، مما يجعله جريئاً وملتزماً بقيم اجتماعية سامية ، وهذا بالتالي يوفر الصحة النفسية على مستوى المجتمع.

ومن العادات المتبعة بالنسبة للمسجد أنه كان مكاناً للمشورة والرأي : فبعد انتهاء الصلاة يجتمع المصلون في ساحته ويبحثون المشكلة التي حدثت (بحضور الخصمين) ولكونهم في المسجد فهم يطلبون من الطرفين المتخاصمين التحلي بالصدق والتأني في عرض المشكلة بدون غضب أو كلام غير لائق .

وفعلاً يخرج المجتمعون (في أغلب الأحيان) بقرار يؤدي إلى حل المشكلة المعروضة والتغلب عليها ، وللمسجد دور كبير في الحياة الاجتماعية بصورة عامة حيث يكون مكاناً للتعاطف والمشاركة الوجدانية والمادية في هموم الآخرين ، إذ كثيراً ما يأتي غريب فقير فيصلي الجمعة ثم يقف بعد الصلاة فيشرح ظروفه الصعبة (مستعيناً بالله ثم بإخوانه المسلمين) فيقدم المصلون المساعدة النقدية الفورية ، أو يقف أحد أبناء المجتمع داعياً إلى مساعدته في بناء بيت أو رفع جدار أو قطع شجرة أو حفر بئر ....الخ فيهب الجماعة كلهم للمساعدة في يوم يتفقون عليه ،والطريف أنه ما من أسرة تتخلف عن إرسال أحد أفرادها إلى هذه المساعدة ، بالإضافة لذلك فقد كانت تلحق بالمسجد غرفة مستقلة تبنى إلى

135

جانبه يسمونها دار الضيافة (أي مأوى الغرباء) . فإذا جاء غريب منقطع أو فقير أو عابر سبيل نام في هذه الحجرة ، حيث يقدم له الجماعة الطعام من بيت أحدهم ، وإذا احتاج إلى المساعدة قدموها له من مخصصات صندوق القرية .

4ـ وظيفة المناسبات الدينية في تدعيم علاقات التضامن الاجتماعي :ـ

تتضمن المناسبات الدينية عيدي الفطر والأضحى ، وكذلك صلاة الاستسقاء . وتشكل مناسبة العيدين فرصة طيبة لأهل القرى يجتمعون فيها ويزورون بيوت القرية (كمجموعة) بيتاً بيتاً بعد صلاة العيد مباشرة . وتكون فرصة لتصفية أية خلافات بين الخصوم بواسطة بقية الجماعة الذين يتدخلون في الأمر ويعيدون العلاقة بين المتخاصمين إلى الوضع السابق من التعاون والصفاء .

وفي صلاة الاستسقاء يجتمع الرجال من أهل القرى في مكان خارج القرية ويصلون جماعة ويدعون أدعية واحدة وتكون فرصة أيضاً لأن يلتقي الجميع ويحيوا بعضهم بشكل جماعي .

5..وهناك سبب خارجي له أثر كبير في تدعيم التضامن الاجتماعي في المجتمع المحلي ، وذلك هو التنازع مع المجتمعات القروية الأخرى حول أماكن الرعي . وهذا سبب في تدعيم التضامن ولكن كان له (دور) أو (وظيفة) مهمة في هذا التدعيم ، من حيث أن المجتمع القروي اتخــذه سلاحاً (وظّفه) في ناحيتين هما:

أـ ضد خصومه من المجتمعات المجاورة .

ب ـ من أجل زيادة التضامن المحلي فيه ، وذلك بتوحيده ضد خصومه فكل مجتمع محلي يسكن مجموعة من القرى وينتمي إلى قبيلة واحدة ، حيث تشكل القرى وحدة اقتصادية واجتماعية واحدة وتجاور مجتمعاً محلياً آخر له نفس الصفات .

وتعتمد كل هذه المجتمعات على الزراعة كعمل أساسي والرعي كعمل متمم للزراعة ، وهذا أمر يحتاج إلى المراعي في البر (أي في الجبال والوديان المحيطة بالقرى).

وكثيراً ما كان يحدث الاحتكاك بين هذه المجتمعات وبالتالي بين القبائل ، وقد يؤدي الأمر إلى القتال والقتل . وكانت القبيلة تتفاهم فيما بينها على حماية قسم من الجبال والوديان يحدد بعلاقات واضحة حيث يمنع الرعي فيه ولا يسمح به إلا في فترة محددة ومعروفة من السنة (غالباً ما تكون فترة الجفاف الشديد) . " والأحمية جمع حمى ، تنظيم قديم لصيانة وحسن استغلال المراعي ، يتناسب والبيئة المحلية في شبه الجزيرة العربية ، وقد استحدث قبل الإسلام والأحمية مناطق تختارها القبائل أو أهل القرى أو الأفراد ويحظرون الرعي فيها إلا

بشروط ووفق أنظمة خاصة "[1] ثم يذكر نفس المرجع أسماء بعض الأحمية القديمة مثل حمى كليب في العصر الجاهلي (الذي كان دخول ناقة البسوس إليه سبباً في حرب البسوس المشهورة) وحمى النقيع الذي حماه الرسول عليه الصلاة والسلام ، أو حمى ضرية أكبر حمى حماه الخلفاء الراشدون ،وغيرها ـ وحديثاً حمى بني سار في منطقة الباحة على طريق الطائف ووادي حريملاء والغضا قرب عنيزة [2] .

ويسمي سكان منطقة عسير هذه الأحمية باسم (المحاجر) ومفردها(محجر) وهو (كما يبدو من اشتقاقه اللغوي) المكان الممنوع، أو المحجور عليه فلا يدخله أحد . ومن كان يخالف رأي الجماعة ويرعى في المحجر خلال فترة المنع يعرض نفسه للوم والجزاء .وكان يغرم عادة بذبح ذبيحة أو اثنتين من أغنامه ودعوة أفراد القبيلة إلى بيته لتناول الطعام ، وهذا العمل يتم رغماً عنه لا باختياره ويسمى عندهم (البرهة).

وإذا تكرر منه دخول المحجر فإنه يشدد عليه العقاب حيث يذبح مرة ثانية للجماعة ويغرم غرامة مالية تتناسب مع المخالفة التي ارتكبها ، وتسمى الغرامة المالية باسم (النكال).

والذي يقرر المبلغ الواجب على هذا المعتدي هم أفراد القبيلة ،حيث يعقدون مجلساً لذلك الأمر يخرجون منه بإدانة (المعتدي على المحجر) ووجوب تغريمة مبلغاً معيناً يدفعه للنائب (الشيخ أوالعمدة) , وكذلك وجوب أن يذبح للجماعة ويدعوهم إلى بيته تأديباً له . ويقولون في التعبير عن هذا الموقف :" الجماعة بَـرهوا فلان بَـرهة ونكّـلوه "

ذكرنا في الصفحات السابقة أسباب قـوة العـلاقات الاجـتماعية (علاقات التضامن)، وهي الأسباب التي جعلت هذه العلاقات تتميز عن العلاقات في مجتمع المدينة بالقوة .

ومع ذكر هذه الأسباب ذكرنا بعض المظاهر التي تتجلى فيها قوة هذه العلاقات ، ولكن هناك مظاهر محددة نستطيع من خلالها أن نلمس هذه القوة ، ويمكن أن نقسمها إلى ثلاثة أنواع من المظاهر هي : ـ

أـ **المناسبات السعيدة** : كالزواج والمواليد واستقبال الضيوف .

ب ـ **المناسبات الحزينة**: كالموت والقتل والخلافات الكبيرة ، وفي الكوارث .

1...عمر عبد المجيد دراز ـحماية المراعي في الجزيرة العربية وأثرها في تحسين المراعي وصيانة التربة ،بحث في كتاب (الإنسان البيئة ـ التنمية) المنظمة العربية للتربية والثقافة والعلوم ـأعمال الحلقة المنعقدة في الخرطوم من 5 ـ 12 فبراير 72م (ص 202) .

2...ص 201 ـ 207.

ج ـ مظاهر الألفة والتعاون في الأمور العامة : كتوزيع الطعام ، وأخذ اللبن من الجيران ، كذلك مساعدة الآخرين في أعمالهم .

أ ـ المناسبات السعيدة : ـ تكون المناسبات السعيدة فرصة لكل أبناء المجتمع ليشاركوا صاحب المناسبة ويقدموا له المساعدة بأنفسهم وبمالهم (إذا كان محتاجاً) ونختار عملية استقبال الضيوف والمشاركة فيها لنوضح من خلالها مدى ما كان يوجد من ترابط في هذا المجتمع .

فإذا كان أي فرد من المجتمع على موعد مع ضيوف من قبيلة أخرى ، فإن هذا المضيف يعلم الجماعة في المسجد بأن ضيوفه سيصلون في الساعة المتفق عليها (لأخذ ابنته كعروس إلى أحد أفراد تلك القبيلة الأخرى) فيعتبر كل فرد من أفراد القبيلة أن هذا الإعلام بمثابة دعوة شخصية له ليكون في استقبال الضيوف . فيذهب كلّ منهم إلى بيته ويلبس ثياباً نظيفة مناسبة ويحتزم بسلاحه ـ وهو عادة البندقية المصنوعة في بلجيكا أو بريطانيا وربما يكون رشاشاً أو مسدساً ـ ويصطف المستقبلون على مشارف القرية في مكان فسيح ، ثم يأتي الضيوف بسياراتهم فيقفون بها على بعد يتراوح من (100 ـ 200) ثم يجتمعون ويمشون مع بعضهم كل إلى جانب الآخر في صف واحد ، ويتقدمون رافعين سلاحهم ويطلقون الأعيرة النارية ويرددون القصائد الشعبية على قرع الطبول حتى يصيروا على بعد (50) متراً من المستقبلين ، وعند ذلك تتردد عبارات الترحيب بين الجانبين حيث يبدأ المستقبلون بالترحيب ،ينوب عنهم في ذلك أكبرهم سناً إذ يصيح مرحباً بصوت عالٍ ويعيد جماعته عباراته الترحيبية التي يقولها للضيوف . ويردّ عليهم الضيوف التحية ، ثم يتقدم أكبر الضيوف سناً ويذكر ما جاءوا من أجله وما حملوه من هدايا ونقود وغيرها ، وهم مازالوا (مستقبلين وضيوفاً) كل في صفه ، ثم يقبلون على بعضهم ويتعانقون ، ويرحب أهل القرية بضيوفهم بحرارة . ثم يقوم كبير القرية بتوزيع الضيوف على بيوت القرية ، وإذا كان عدد الضيوف كبيراً وزعوا على القرية المجاورة أيضاً ، لأن القرى في مثل هذه المناسبات تعد قرية واحدة لا فرق بين واحدة وأخرى ، ويقوم أهل كل بيت بإعداد الطعام لتقديمه للقسم الذي يخصهم من الضيوف .

ثم يقوم المضيف (والد العروس) بإعداد الذبائح ويدعو إليها الضيوف وكل أهل القرية أو القرى .

وهذه العادة تكون ـ كما أسلفنا ـ إذا كان هناك زواج لإحدى بنات المجتمع القروي عندما يحين موعد انتقالها إلى بيت العريس (في قرية بعيدة) ،حيث يأتي موكب الضيوف المذكور لاصطحابها , ويجدر بالذكر أن عدد الضيوف في مثل هذه المناسبات قد يصل إلى مائة من الرجال ـ ولكنه نادراً ما يقل عن 40 أو 30 رجلاً .

أما إذا جاء الضيوف لمجرد السلام على شخص معين أو زيارته ، فإن أهل القرية يجتمعون(على الصورة التي أسلفناها) ولكن الضيوف في هذه الحال لايتم توزيعهم على بيوت القرية ،بل يذهبون رأساً إلى منزل مضيفهم ، ثم تكون الذبائح والولائم التي يحضرها أهل القرية عند المضيف ،وبعد ذلك يتنافس هؤلاء في دعوة الضيوف وإكرامهم حيث يريد كل شخص من القرية أن يكرمهم ويدعوهم مع باقي أهل القرية إلى بيته ، ليقوم بواجبه الذي يحرص عليه .

ب ـ المناسبات الحزينة :ـ كالموت والقتل والخلافات الكبيرة ، والكوارث

1- ففي مناسبة موت أحد من الأفراد يقف جميع أهل القرية مع أهل المتوفى ويقدمون لهم العزاء . ويستقبلون المعزين من القرى الأخرى ويقومون بواجب الضيافة لهم . وكذلك يقدم الناس المساعدات لكل من يكون في حاجة إليها من ورثة المتوفى .

2- وفي حالة القتل أي إذا قتل أحد من القبيلة شخصاً غريباً ،فإن دية القتيل كانت توزع على أفراد المجتمع القادرين على الدفع ، ولا يدفع القاتل زيادة عن المبلغ الذي كان يدفعه أي شخص آخر ، هذا إذا كان القاتل قد قام بفعلته دفاعاً عن مصلحة القبيلة : كأن يكون القتيل معتدياً على أرض القبيلة (حدودالرعي) أو أن يكون القتيل قد سب قبيلة القاتل أو تعرض لأي شأن من شؤون القبيلة ، أما إذا كان القاتل معتدياً فإن القبيلة تساعده على دفع الدية مساعدة غير إلزامية (أي غير محددة بشكل ملزم لهم) وأما إذا كان القتل خطأ (كحادث الدهس بالسيارة) فالقبيلة تقدم نسبة عالية من المساعدة قد تصل إلى 80% أو 90% من الدية . وقد حدث أن دهس أحد الأفراد شخصاً غير سعودي ، وألزمت الحكومة القاتل بدفع الدية ، فتقاسمها أفراد القبيلة ودفعوا نسبة 85% من المبلغ (وهو مئة ألف ريال سعودي).

أما إذا كان القاتل والقتيل من نفس القبيلة فإن القبيلة تحل المشكلة بما يضمن الحقوق ، وبما ترى أنه الحق آخذين بعين الاعتبار تأمين الحقوق (خصوصاً حقوق الأطفال القصر ـ

والنساء) ولكن إذا استعصى أي أمر من الأمور فإنه يحال إلى الحكومة حيث تتولى المحاكم الشرعية البت في الأمر وفقاً لتعاليم الدين الإسلامي الحنيف .

3. أما في الخلافات التي تحدث داخل المجتمع القروي فيتجلى التضامن والحرص على بقاء العلاقات قوية بأن يقوم أفراد القبيلة الآخرين بإصلاح ذات البين بين المتخاصمين ويكونوا لجنة أو جماعة تتولى بحث الأمور موضوع الخلاف والحكم فيها بما تراه مناسباً .

ونادراً ما يرد حكم الجماعة (ومنهم الشيخ كرئيس للّجنة) . أما إذا كان الخلاف بين طرف من المجتمع القروي وطرف آخر من خارجه فإن أبناء المجتمع يقدمون الدعم والمساندة لموقف الطرف الذي هو منهم ، وفي بعض الأحوال كانوا يتعصبون له تعصباً شديداً خصوصاً إذا شعروا أنه على حق أو كان يدافع عن شأن من الشؤون العامة للقبيلة .

4. وفي الكوارث العامة الطارئة : كان أفراد المجتمع وأسره يتنادون إلى مساعدة من تقع به هذه الكوارث : كحريق منزل أو موت بقرة أو جرف السيل للأرض الزراعية أو محصولها . ويتم تقديم المساعدة عن طريقين : الأول طريق صندوق القرية ـ كما سبق توضيح ذلك ـ والثاني المساعدات المباشرة من الأهالي حيث يقدمون ذلك بشكل فردي أو أسري ـ وتكون المساعدات مادية وعينية ، وفيها التعويض الكامل عن الخسارة التي تحل بالقروي مما لا يجعله يصاب بالفقر .

ج ـ والمظهر الثالث من مظاهر التضامن الاجتماعي يتجلى في حالات عديدة من الأحوال الدالة على الألفة والتعاون خصوصاً في الأمور العامة أو العادية في المجتمع . ومن هذه المظاهر نذكر :ـ

1ـ اقتسام أنواع معينة من الطعام خصوصاً (اللبن) حيث كان من المألوف أن يذهب أهل أي منزل إلى منزل جيرانهم ويطلبوا تزويدهم باللبن ، وهذه عادة غير مستنكرة أو يتحرج منها أي شخص من أبناء القرى ، ويعتبرها السكان عملاً عادياً جداً ، فهي بمثابة العادة الاجتماعية المنتشرة . ولعل المثل العربي المشهور (قضى فلان لبانته) أي حاجته مأخوذ من مثل هذه العادة.

وكذلك كانت هناك عادة توزيع الطعام (المتبقي بعد الضيوف) على بيوت القرية . حيث يقسم الطعام في صحون كبيرة تدور على بيوت القرية ، ومثل ذلك كان يحدث عندما يذبح أحد الناس (خاصة الأغنياء) ذبيحة كبيرة ، حيث يوزع أكثرها على كل بيوت القرية .

2. تقديم المساعدة للآخرين في أعمالهم : وقد تكلمنا عن ذلك عندما عرضنا لأسباب قوة العلاقات الاجتماعية في الفقرة الثانية من هذا الفصل ، وتشمل المساعدة للآخرين مساعدتهم في الأعمال الزراعية وفي بناء بيوتهم (التي كانت في الغالب من الطين أو الطين والحجارة) ،وفي إصلاح الأرض الزراعية بعد السيول وفي جني المحاصيل وفي الوقوف معهم في كل طارئ .

وخلاصة القول :إن تقديم هذه المساعدات ينبع من استعداد نشأ عليه أفراد المجتمع ،وكان الابن يرث هذه العادة من آبائه وأجداده مع ما يرث من إرث مادي وفكري ، ويحرص الأب أن يكون الابن مطيعاً له ومنسجم العمل مع الجماعة .

وقد كانت هذه الروح الجماعية هي الطابع المميز لهذا المجتمع ، وهي ناحية إيجابية من جهة حيث تتيح لكل فرد أن يشعر بالقوة والطمأنينة داخل مجتمعه فتحقق له السعادة النفسية بهذا المعنى ، ولكنها سلبية من ناحية أخرى لأنها تكاد تقضيـ علـى شخصية الفرد بصورة تامة ولا تتيح له المجال للإبداع أو التفكير إلا في دائرة المجتمع المحلي الضيقة .

طبقات المجتمع المحلي وعلاقاتها الاجتماعية:

كان المجتمع القروي ولا يزال جزءاً مـن المجتمـع الكبيـر في المنطقـة كلهـا (منطقـة عسير) وسكان هذه المنطقة من العرب الخلّص . ولكن كانت هناك طبقات اجتماعية متفاوتة في المنطقة تنفصل عن بعضها في كثير من شؤون الحياة وتربطها علاقات تميز كل جماعـة مـن الأخرى .

ويمتاز مجتمع هذه القرى بأنه لا تظهر فيه الفروق الطبقية بشكل حاد ، ولكن ذلك لا يعني أنها غير موجودة : فالطبقة الأولى تتكون من أبناء القبيلة ، والطبقـة الثانيـة هـي طبقـة مـن ليسوا من القبيلة . ويمتاز ابن القبيلة بأنه لا يعمل إلا في الزراعة ، أما أبناء الطبقـة الأخرى فهم (في غالب أمرهم) يعملون في حرف ومهن أخرى يدوية كالحدادة والنجارة البسيطة وصناعة البسط والصناعات الجلدية كالقرب والحبال المصنوعة مـن جلـود الحيوانـات ، وبعضهم يمتهن مهنة الضرب على الطبول في الأعراس ....الخ .

وأبناء هذه الطبقة (الثانية) ينقسمون إلى عدة طبقات وأقسام لا داعي لذكرها [1] .

1.....للمزيد من الإطلاع في هذه النقطة يمكن الرجوع إلى : محمود شاكر : شبه جزيرة العرب ـ عسير ـ المكتب الإسلامي ط3(1401هـ ـ 1981م) ص 59 ـ 60 .

ولكن المعروف أن ابن القبيلة يقولون عنه (فلان أصل) ويقصدون بذلك بأن (أصله معروف) وهذا مصدر اعتزاز كبير عند العربي الذي يعتز دائماً بنسبه ، وهو أمر معروف منذ الجاهلية . وأما الذي ليس من القبيلة فيقولون عنه (فلان طرف) والمقصود أنه (من طرف الناس) وذلك مقارنة بطرف الشيء لا بوسطه أو أصله وقد يكون هناك ابن قبيلة أخرى ساكناً في القرية (كما يوجد ذلك فعلاً في قرى هذه الدراسة) وعندئذ يعامله أهل القرية على أنه (أصل لا طرف) ، وهو تماما كابن القبيلة الأصيل منهم لأن أصله معروف ..

وتقوم العلاقة بين كل أبناء المجتمع على أساس من المساواة التامة في الحقوق والواجبات والالتزامات ، فلا فرق بين (الأصل والطرف) . ولكن تبقى مسألة المصاهرة خارج نطاق المساواة ، إذ يستنكف ابن القبيلة عن مصاهرة أي شخص من (الأطراف) وذلك لأنه ينظر إليه على أنه غير كفء لصاهرته ، فلا يمكن أن يزوجه أو أن يتزوج منه مهما بلغ شأن هذا الأخير من الغنى أو المركز الوظيفي . وهو أمر كان ولا يزال قائماً . ولا يبدو أنه في طريقه إلى الزوال أو إلى الضعف في سنوات قليلة .

ثالثاً : علاقات المجتمع القروي بمجتمع المدينة :ـ

تعتبر المدينة عادة المركز الذي تلتقي فيه الجماعات السكانية المختلفة في أي منطقة ، وقد تتخذ المدينة في بعض البلاد اسماً آخر مثل (البندر) كما في بعض أنحاء المملكة العربية السعودية . وكلمة بندر تعني (عند سكان منطقة عسير) ما تعنيه بالضبط كلمة مدينة وفي المعجم الوسيط :ـ " البلد الكبير يتبعه بعض القرى) [1] . وكان التقاء السكان عادة في المدينة بهدف البيع والشراء . حيث يبيعون منتوجاتهم الزراعية ويشترون ما يحتاجونه من أشياء أخرى مصنوعة كالأقمشة وبعض المواد الغذائية التي لا ينتجونها كالسكر والشاي والأرز وغيرها . ولهذا السبب فقد أخذت كثير من المدن أسماءها من اليوم الذي كانت السوق تقام فيه : فأبها مثلاً كانت سوق الثلاثاء . وفيها قسم كان يسمى سوق الرّبوع أي (الأربعاء) وخميس مشيط أخذت اسمها من سوقها (يوم الخميس) وغيرها كثير في أنحاء المنطقة كسوق السبت (أو الثبت كما يلفظها كبار السن) وسوق خميس مطير وسوق الاثنين في تهامة، وغيرها كثير . وربما جاز اعتبار هذه الأسواق دليلاً على أن هذه المنطقة

---

[1] ...ص71.

(2.) عبد الرحمن صادق الشريف . جغرافية المملكة العربية السعودية (ط1) (ط7) دار المريخ 82م ص 20.

تشكل مجتمعاً واحداً كبيراً له نظمه وعاداته واتصالاته ببعض وكانت المدينة ولا تزال المكان الذي تنفذ فيه الأحكام الشرعية [الصادرة من الجهات القضائية]، وذلك ليكون المجرم أو المذنب عبرة يعتبر بها غيره فلا يقوم بما قام به من أعمال خارجة على الشرع .

والناظر إلى المدن في المنطقة إجمالاً يجد أنها لم تبلغ في تعداد سكانها درجة الازدحام حيث كان سكان المدينة الأولى (أبها) يعادل 17500 نسمة سنة 1970م وبلغ عدد سكانها 30150 نسمة سنة 1974م وعدد سكان خميس مشيط 49581 نسمة في نفس التاريخ .

وهاتان أكبر مدينتين في المنطقة . ولا يخفى أن الزيادة الكبيرة (غير الطبيعية) في السكان ناتجة عن الهجرات من المناطق الريفية المحيطة .

رغم أن هاتين المدينتين تعتبران من المدن الصغيرة ، إلا أنه كان من الصعب اعتبارهما مدينتين بالمعنى الحديث لتعريف المدينة وذلك في فترة ما قبل الطفرة الاقتصادية (أي قبل ثلاثين سنة تقريباً أو في خمسينات القرن العشرين) . فالمجتمع السكاني قد يعتبر مدينة [أو تجمعاً حضرياً كما يسميه بعض الباحثين] إذا كان عدد السكان قد بلغ حداً معيناً ، أو كان هناك أنواع من المهن والحرف التي تختلف عن القرية .[1] وقد تكون مركزاً إدارياً فيه الحاكم الإداري ودوائر الحكومة الأخرى .[□] .

وربما سميت المنطقة الحضرية (مدينة) بسبب كثافة السكان الموجودين فيها وبتميزهم بصفات (حضرية) أكثر من سكان الريف[٢] . رغم أن مسألة (الصفات الحضرية) تبقى مسألة نسبية ولا يمكن تحديد الصفات التي تجعل السكان حضريين تحديداً متفقاً عليه ، بسبب عدم وجود فواصل دقيقة تميز الصفات الحضرية من غيرها، كما أنه يستحيل وجود مجتمع بصفات حضرية تماماً ومجتمع آخر خالٍ من هذه الصفات تماماً . وقد كانت المدينة في منطقة عسير تمتاز عن القرية بثلاث صفات محددة ، هي :ـ

1. أن المدينة أكبر من أية قرية حولها من حيث عدد السكان والمساحة التي تشغلها .

1.....يمكن الرجوع إلى محمد عاطف غيث ـ دراسات في علم الاجتماع ـ دارا لنهضة العربية بيروت ط 85م (ص 128ـ 129) أو : عبد الحميد محمود سعد ـ المدخل المورفولوجي لدراسة المجتمع الريفي ـ دار الثقافة للطباعة والنشر 1980م ـ ص 69ـ 82. الفروق الريفية الحضربة .

□......ولعل هذا السبب هو الذي جعل التشابه قائماً بين كلمة بندر وكلمة مدينة في هذه المنطقة . رغم إدراكنا التام لوجود فرق واضح بين ما تعنيه كلمة (المدينة) كمركز حضري متقدم ، وبين ما تعنيه كلمة (بندر) من حيث كونه مركزًا لمجموعة من القرى

٢...مصطفى الخشاب ـ الاجتماع الحضري ـمكتبة الانجلو مصرية 1976 (ص66).

2. أن المدينة تتمتع بوسائل مواصلات لا توجد في القرية : ففي حين كنا نجد في القرية سيارة واحدة أو اثنتين ، كنا نجد في المدينة كثيراً من السيارات بسبب اتساع المدينة أولاً ، ولأنها ملتقى أهل القرى بسياراتهم ثانياً .كما أن المدينة مركز الاتصالات البريدية والبرقية(حيث لم تكن هناك تليفونات).

3. أن المدينة هي المركز التجاري الذي يمكن أن يجد فيه القروي حاجياته المختلفة . أما النواحي الأخرى التي تميز المدينة عن القرية فلم يكن لها أثر ظاهر ، وذلك لأن أكثر سكان المدينة كانوا يعملون في المزارع المحيطة بها ، وتسود بينهم عادات اجتماعية وعلاقات لا تختلف في شيء عما كان في بقية قرى المنطقة ، ولا عجب في هذا إذا عرفنا أن أبها كانت مجموعة من القرى المتجاورة التي يضمها واد واحد هو (وادي أبها) . ولشدة قربها من بعضها وتجاورها فقد كانت تشكل نطاقاً واحداً متصلاً من الحياة الاجتماعية والاقتصادية والثقافية ـ الأمر الذي سهل عليها التحول فيما بعد إلى مدينة واحدة لا تزال تحمل أسماء تلك القرى كأحياء(أو أقسام) واقعة ضمن المدينة [□]وبالإمكان سماع أسمائها من أهل أبها أنفسهم .

وظيفة المدينة ونوعية العلاقات التي تربطها بالمجتمع القروي : ـ

تعتبر المدينة مركزاً أو محوراً تدور حوله المجتمعات المحلية الموجودة في كل مجموعة من القرى وإذا كانت المدن تمتاز بوظائف معينة تميز كلاً منها عن الأخرى : كالمدن التجارية أو الاستراتيجية أو الثقافية أو العسكرية أو الترفيهية [1]فإن المدينة في منطقة عسير كانت تقوم بعدة وظائف وتؤدي خدمات ينتفع بها سكان الأرياف الكثيرة التي تكاد تكون الطابع الغالب على المنطقة .

ويمكن أن نجمل هذه الوظائف في النقاط التالية : ـ

1. المدينة سوق لتصريف الإنتاج الزراعي الذي اشتهرت به الأرياف ، ويتضمن هذا الإنتاج الحبوب من قمح وشعير وذرة وفاكهة كالدراق (ويسميه أهل المنطقة الفركس) والعنب والتفاح السكري الصغير الحجم ، والخضار كالبندورة والخس وغيرها . وكذلك أعلاف الحيوانات كالتبن وعيدان الذرة الجافة والبرسيم والشعير الأخضر ، ومن

□.....هي ـ مناظر = المفتاحة ـ القرى (بفتح القاف) / النعمان ، الرَّبوع ، شذا ، البديّع ، الخشع ، النصب ، القابل ، راجع محمود شاكر (شبه جزيرة العرب ـ عسير) مرجع سابق ص 74ـ75

1...انظر : مصطفى الخشاب .الاجتماع الحضري ـمرجع سابق ـ ص 73وما بعدها [التقسيم الوظيفي]

الحيوانات الأغنام بنوعيها والأبقار وبعض الإبل والدجاج والأرانب وعسل النحل الذي كانت المنطقة تشتهر به (خصوصاً القرى بشكل بارز).

وكان من المعتاد أن يبكر القروي إلى المدينة (أبها) يوم الثلاثاء (حيث تقام السوق) وهو يحمل هذه المنتجات أو بعضها ، فيعرضها على الأرض ، ويكتظ السوق بالناس بين باحث عن حاجة يشتريها وعارض لبضاعته وقادم ليلتقي بآخربناء على موعد سابق.

وكان هذا الجمع يجعل المدينة تبدو كأنها في احتفال أسبوعي حيث يكثر رواد المحلات التجارية والمطاعم والمقاهي وتغص المنطقة التجارية في المدينة بالرواد.

وأما في باقي الأيام فكانت الشوارع تكاد تخلو من الناس تقريباً ـ إلا من بعض المارة أو أصحاب المحلات التجارية ـ وذلك بسبب قلة السكان وانصراف أكثرهم إلى أعمالهم التي كانت الزراعة تشكل أكثرها .

وكانت السوق تقسم إلى أقسام معينة : كسوق المواشي ، وسوق الفاكهة والخضار ، وسوق القهوة والهال والبهارات , وهذه المنتجات الأخيرة مستوردة وموجودة لدى تجار المدينة الذين كانوا يغتنمون فرصة يوم السوق فيقومون بعرض بضائعهم خارج محلاتهم التجارية وفي وسط القرويين وذلك ليتمكنوا من ترويج بضاعتهم وبيعها بسهولة . ولا يمكن اعتبار السوق مجرد يوم ينقضي أثره بانقضائه : فالقروي يستعد لذلك اليوم ويعمل طوال الأسبوع على تجهيز ما عنده ليتمكن من الكسب في يوم السوق.

وعملية الاستعداد كانت تأخذ جهداً من المزارعين وزوجاتهم وأفراد أسرهم جميعاً : فقسم يجمع الثمار من المزرعة وقسم يغسل الخضراوات وآخر يربطها على شكل حزم متساوية ، وآخر يعدها ....الخ . هذا إلى جانب العمل المعتاد(في الحقل والرعي) وبالمقابل فإن لهذا اليوم (يوم السوق) آثاره العميقة على المدينة من حيث النشاط الاقتصادي والاجتماعي .

ولاشك أن ليوم السوق بعداً نفسياً على القرويين يتمثل في عملية الاتصال بالآخرين من أبناء القرى الأخرى وبأبناء المدينة وتبادل الأحاديث معهم ، وبالتالي نشوء نوع من التمازج الفكري والثقافي والتعاون الذي يؤدي إلى تحسن في العلاقات الاجتماعية على مستوى المجتمع العام في المنطقة كنتيجة لوحدة القيم والعادات كما أن ذلك يؤدي إلى توسيع آفاق القروي وإخراجه (نسبياً) من العزلة التي تتميز بها أكثر المجتمعات القروية[1] وكذلك إخراج الأسر القروية من تلك العزلة ، إذ كثيراً ما يحدث التعارف في السوق بين

1....انظر : محمد عاطف غيث ـدراسات في علم الاجتماع ـ مرجع سابق (ص135).

أحد القرويين (من إحدى القرى) وآخر من المدينة أو من قرية أخرى ، وكان هذا التعارف (في أحيان) يؤدي إلى الزيارات المتبادلة أو إلى المصاهرة .

ولكن هذا الاتصال لم يكن باستمرار اتصالاً ودياً وسلمياً ، بل ربما كان اتصالاً عدائياً ،فقد كان يحدث أن يتخاصم اثنان أو جماعة (من مجتمعين محليين قبليين) فيغتنم أحدهما فرصة يوم السوق ليوقع بخصمه ، حيث يكمن له على طريقه إلى السوق، أو ربما فاجأه في وسط السوق واعتدى عليه [1] . ولهذا فقد كانت المدينة بسوقها توفر للقرويين نوعين من الاتصالات :

1. الاتصالات السلمية .
2. الاتصالات العدائية . (وهي أقل شأناً وحدوثاً من الاتصالات السلمية).

ومع هذا فإن مثل هذه الأسواق العامرة والمنتشرة في المدن والقرى كانت تشكل منافذ عظيمة الفائدة والأهمية للاتصالات والتمازج الفكري والثقافي بين أبناء المنطقة شأنها في ذلك شأن الأسواق العربية القديمة التي تحولت من أسواق للتجارة إلى أسواق للتجارة والفكر والأدب : كسوق عكاظ المشهورة ومجنة وذي المجاز .

2. المدينة هي النافذة التي منها يطل القروي إلى أنحاء أخرى من البلاد ومن العالم ، وهي وسيلة اتصاله بالآخرين خارج المنطقة .

ففي المدينة يستطيع القروي ـ كما أسلفنا ـ أن يلتقي بغيره من أبناء القرى والمدن الأخرى ، ويتناول معهم الحديث ويسمع الأخبار عما فعله ويفعله الشباب المغتربون إلى المدن الأخرى كالرياض وجدة والدمام ، ويسمع القروي أيضاً عن التقدم الذي شاهده محدثه عندما زار ابنه أو أخاه في تلك المدن ، وتجده يصغي باهتمام ويبدي دهشته وإعجابه عندما يسمع عن القطار أو عندما كان يقال له بأن هناك مبنى تبلغ أدواره عشرة أو خمسة عشر دوراً .... ويأخذ في التخيل والتفكير والتساؤل .

وهذه النقطة بالذات تشكل عامل إثارة فكرية وانفعالية له ، وتجعله يحاول تجاوز واقعه والتطلع إلى آفاق ومفاهيم جديدة .

والمدينة كذلك هي المكان الذي تبدأ منه رحلته فيما لو أراد السفر إلى أي مكان ، ومطارها يشكل نقطة اتصال مهمة مع الخارج . ولهذا فالقروي ينظر إلى المدينة على أنها مركز

---

[1] ....للمزيد من هذه المعلومات يمكن مراجعة : عبد الله بن محمد حسين أبو داهش ـ الحياة الفكرية والأدبية في جنوبي البلاد السعودية ـ نادي أبها الأدبي (ط 2) 1406هـ ـ86م (ص 33 وما بعدها)

النشاط والحركة والمكان الذي يمكن أن يلبي طلبه في تحسين أوضاعه عن طريق تقليد ما يشاهده فيها أو في غيرها انطلاقاً منها كوسيلة للاتصالات بغيرها .

والمدينة بالإضافة لذلك هي السبّاقة إلى فتح باب العلم والثقافة الفكرية : ففيها أسست المدارس قبل القرى . وكان الطلاب يتوافدون للدراسة فيها ، وكانت بعض الصحف والمجلات، تصل المدينة ولا يمكن شراؤها إلا منها . وفيها كانت تعقد اللقاءات الرياضية وتقام الاحتفالات .

كل هذا كان من العوامل التي جعلت المدينة نموذجاً للقرويين : بها يقتدون في النواحي المادية والنواحي المعنوية [.] .

وظائف المجتمع القروي بالنسبة للمدينة :ـ

كانت المدينةـ كما أسلفناـ ملتقى أبناء القرى ،لأنها سوق تصريف الإنتاج الزراعي والحيواني والصناعي (وهو على مستوى يدوي بسيط يتناول المصنوعات الجلدية كالقرب والحبال وبعض المصنوعات المعدنية) ، وكذلك كانت هي المنفذ الذي منه يطل القروي على أجزاء أخرى من العالم غير قريته ،وذلك من خلال ما يشاهد فيها من أشياء جديدة عليه ، ولأنه يتصل بالمدن الأخرى من خلال ما فيها من أجهزة (البرق والبريد) أو يسافر من مطارها ، كما يجد فيها العلم والعلاج وغيرها . وبذلك فقد كانت المدينة تؤدي وظائف مهمة وجليلة للمجتمع القروي . ولكن في المقابل كانت هناك خدمات تؤديها المجتمعات القروية للمدينة ، وهذه الخدمات من خلال ما يقوم به من وظائف في المجالات التالية :ـ

1. كان المجتمع القروي يقوم بوظيفة المصدر الأول إلى المدينة : فالحبوب والفاكهة والخضار والحيوانات (بكل أصنافها) تباع في المدينة ، وبذلك تعمر أسواق المدينة.

2. كانت القرى المتنفس الذي يقوم بدور المتنزّهات لأهالي المدينة فنجدهم يقضون الإجازات والعطل في الوديان التي تسيل فيها المياه ، وفي بساتين القرية ،وعند السكان كضيوف .

3. كانت القرى هي السوق الرائجة لما يستورده تجار المدينة ، فبالرغم من أن أبناء المجتمع القروي هم الذين يذهبون إلى المدينة ، إلا أن وجودهم في المدينة ينشط الحركة التجارية ويدرّ الأموال الطائلة على تجار المدينة حيث يشتري القرويون كل لوازمهم التي

[.]....سيجري بحث هذه النقطة بالتفصيل في الفصل السابع إن شاء الله .

147

لا ينتجونها كالأرز والسكر والقهوة والشاي والأقمشة والمعلبات والأجهـزة الكهربائيـة وغيرها .

من الاستعراض السابق لوظائف المدينة ووظائف القريـة نـرى أن هنـاك تبـادلاً وظيفياً حيث يقوم كل من المجتمعين بخدمة الآخر في مجال أو أكثر من المجالات ......
والإسهام الذي يقدمه كل من الطرفين يسـاعد في تقويـة البنـاء الاجتماعـي في المجتمـع العام   (أي مجتمع المنطقـة كلهـا عـلى اعتبـار أنـه مجتمـع واحد) ونلاحـظ أن هـذا التبادل الوظيفي يحقق المصلحة المشتركة للطرفين بما يكفل لهما سدّ الحاجة .

الـباب الـثاني

العلاقات الإنسانية في الريف وتوجهاتها الجديدة

(في ضوء الحضارة الحديثة)

الفصل الخامس

بعض المقدمات العلمية الضرورية

تمهيد

1ـ تحديد أبعاد الدراسة :

أـ البعد الجغرافي

ب ـ البعد التاريخي

ج ـ البعد السكاني

د ـ البعد الاقتصادي

2ـ تحديد مجالات الدراسة :

أ ـ المجال المكاني

ب ـ المجال البشري

ج ـ المجال الزمني

3ـ مناهج الدراسة :

أ ـ المنهج التاريخي

ب ـ المنهج الأمبير يقي " الحقلي أو الميداني "

ج ـ مركز المنهج المقارن في الدراسة

4ـ وسائل جمع المعلومات :

أ ـ الملاحظة بالمشاركة " أو المعايشة "

ب ـ المراجع المكتوبة

ج ـ بعض الإحصاءات الرسمية

د ـ وسائل إضافية " من القصص الشعبية وآراء بعض الريفيين "

تحديد أبعاد الدراسة ومجالاتها :ـ

تمهيد ـ المقصود بمجالات الدراسة هو الحدود التي تدور ضمنها الدراسة ، أما أبعادها فتعني ما تمسه الدراسة من معلومات تتعلق بالمجتمع من كافة النواحي ،بحيث تساعد هذه المعلومات على إعطاء صورة واضحة الجوانب ومتكاملة عن هذا المجتمع ، وبالتالي تساعد على فهم الموضوع الأساسي للدراسة ، وبقول آخر ، فالمجال : يعني الإطار الذي تتحرك فيه الدراسة ، أما الأبعاد فتعني ما يحيط بهذا الإطار من خلفية أو معلومات تساعد على رؤيته بشكل أفضل . والدراسة الحالية تتحرك ضمن **ثلاثة مجالات** آخذة في الاعتبار الأبعاد المتصلة بهذه المجالات ,والتي يمكن تحديدها في أربعة أبعاد تلقي الضوء على مجالات الدراسة وموضوعها بشكل عام .

والمجالات الثلاثة للدراسة هيـ: **المجال المكاني (الفيزيقي) , والمجال البشري , والمجال الزمني ، أما الأبعاد فهي : البعد** الجغرافي **والبعد** التاريخي **للمجتمع ، والبعد** السكاني **والبعد** الاقتصادي .

والعلاقة قائمة ووثيقة بين المجالات والأبعاد ، فكل واحد من المجالات يوضحه ويوسعه أحد الأبعاد المذكورة :ـ

فالمجال الفيزيقي أو المكاني يوضحه ويعطيه معناه البعد الجغرافي للدراسة ، لأنه يربط الوصف المكاني (أي الجغرافي) للرّيف بجغرافية المنطقة كلها والبلاد بأسرها .

والمجال البشري يوضحه البعد السكاني من ناحيتين :ـ

الناحية الأولى :ـ أن أية دراسة لا يمكنها أن تجعل كل فرد من المجتمع الريفي موضوعاً لها بشكل منفصل : بل لا بد من ربط هذا الفرد بمجتمعه ، خاصة إذا كان هذا الفرد يزود الدراسة بمعلومات اجتماعية معينة .

فالمجتمع إذن هو البعد أو العمق الذي يستمد منه الفرد معلوماته ، بل وممارساته الاجتماعية أيضاً ، وهنا تختلف الدراسة الاجتماعية أو الأنثروبولوجية في أنها لا تسعى إلى استقاء أخبارها من الأفراد على اعتبار أنهم مجرد أفراد بيولوجيين (كما في بعض المجالات العلمية الأخرى) بل بصفتهم عيّنة تمثل المجتمع ، أو أنهم يمثلون لسان المجتمع (لو اعتبرناه شخصية حية واحدة تتكلم) .

151

الناحية الثانية :ـ ربط المجتمع القروي بالمجتمع العام على اعتبار أن علاقتهما علاقة الجزء بالكل، وفي ضوء ذلك دراسة المجتمع الريفي داخلياً (أي طبقاته ومؤسساته المختلفة) واعتبار ذلك ممثلاً لبقية المجتمعات المحلية في بقية أنحاء المجتمع الكبير للبلاد .

أما البعد التاريخي فإنه يضفي على موضوع الدراسة نوعاً من التحديد والتوضيح ، وذلك لأنه يبين لنا ما إذا كان هذا المجتمع جديداً أو قديماً ، فتتضح لنا في ضوء ذلك علاقاته الاجتماعية وما إذا كانت هذه العلاقات علاقات عريقة متوارثة أم جديدة (بما فيها من مضامين تقوم عليها) . كما أن البعد الاقتصادي بماله من أثر يلقي الضوء على ناحيتين :

1. ما كان يقوم به المجتمع من مهن سابقاً وأثر ذلك على العلاقات الاجتماعية (التي اتخذتها الدراسة موضوعاً لها) .

2. الأثر الذي كان للتكنولوجيا سابقاً (إن كان لها أثر) ، ثم أثرها في فترة التقدم الاقتصادي على العلاقات الاجتماعية ، وسنبحث فيما يلي بشيء من التفصيل أبعاد الدراسة ومجالاتها ، مبتدئين بالأبعاد لأنها تلقي الضوء ـ كما قدمنا ـ على امتدادات الدراسة في المجالات المختلفة ،فهي بذلك تشكل عمقاً ضرورياً لها وفي نفس الوقت تعطي نوعاً من التمهيد والتوطئة للدخول في صلب الموضوع المتمثل في المجالات التي ذكرناها .

أولاً أبعاد الدراسة :ـ

1. البعد الجغرافي ـ هذا البعد يعطي فكرة عن المنطقة التي تعتبر قرى الدراسة جزءاً منها ، كذلك يلقي الضوء بصورة موجزة على جغرافية شبه جزيرة العرب ، وهذا يساعد على توضيح الناحية البيئية (Ecolgy) للمجتمع العام الذي يعتبر مجتمع الدراسة جزءاً منه . فالمنطقة التي تقع فيها هذه القرى هي المنطقة الجنوبية الغربية من السعودية (منطقة عسير) ،وهي منطقة جبلية بشكل إجمالي و تشكل جبالها جزءاً من جبال السروات التي تمتد من شمال جزيرة العرب إلى جنوبها (أي من أول الحجاز شمالاً إلى اليمن جنوباً) محاذية البحر الأحمر بارتفاع واتساع يزدادان بالتدريج كلما اتجهنا جنوباً . وتسمى هذه السلسلة من الجبال باسم (الدرع العربي) ويفصلها عن البحر الأحمر غرباً سهل تهامة الصحراوي الذي يتراوح عرضه بين 5 و 20 كلم . ويحد هذه السلسلة من الشرق هضبة نجد وصحراء الربع الخالي ، وهي تتدرج في الانحدار كلما سرنا شرقاً حتى تتلاشى في الربع الخالي ، بينما يشتد ارتفاعها كلما اتجهنا غرباً ، ثم تنحدر (من أقصى ـ ارتفاعها) انحداراً شديداً مفاجئاً نحو سهل تهامة بحيث يصعب على الإنسان أن يسير معها ، لأن أكثر

انحدارها يكون بشكل عمودي . وقد بنت الحكومة فيها بعض الطرق التي تعتبر بحق معجزة هندسية ذات تكاليف باهظة ، وتعتبر هذه الطرق منافذ حديثة ووحيدة بين منطقة تهامة وجبال السروات ومنها عقبة شعار وعقبة ضلع والصماء .

وأما التركيب الجيولوجي للمنطقة فهو تركيب صخري صعب المسالك والجبال في المنطقة شديدة الوعورة والانحدار ، صخورها نارية (بركانية) وتزدهر الزراعة في الوديان الضيقة التي تقوم على ضفافها القرى والمزارع . وتمتاز المنطقة باعتدال جوها حيث تهب عليها الرياح الجنوبية الغربية العكسية التي تسبب سقوط الأمطار في فصل الربيع وأوائل الصيف ،فهي منطقة شبه موسمية ، على أن هناك فترات أخرى لسقوط الأمطار خاصة في الشتاء ، لكن الأمطار إجمالاً قليلة ومعدلها السنوي يدور حول 385ملم سنوياً [1] ورغم ذلك تعتبر هذه الكمية من أعلى المعدلات في المملكة العربية السعودية نظراً لسيادة الجفاف في بقية المناطق .

وتمتاز المنطقة بوجود الآبار الجوفية في وديانها، ولكنها تنضب أو يقل ماؤها في حالات كثيرة نظراً لفترات الجفاف الطويلة ، مما جعل الحكومة تنشئ بعض السدود في المنطقة : كسد أبها ، وخميس مشيط وهناك عدد من السدود الترابية المحصنة بالإسمنت في بعض الأدوية التي تقوم عليها القرى[2].

ب ـ البعد التاريخي ـ ليس المقصود من هذا البعد أن نسرد تاريخ هذه المنطقة ، فإن كتب التاريخ التي تعني بهذه الناحية كثيرة ، ولكن الذي يهمنا هو أن نذكر (في حدود ما يهم البحث الاجتماعي) أن مجتمع هذه المنطقة مجتمع قديم ، وهي منطقة آهلة بالسكان من عصور قديمة .وقد دخلت في الإسلام في عهد النبي عليه الصلاة والسلام ، ومنها الصحابي الجليل الصرد بن عبد الله ، الذي أمّره النبي على المنطقة فكان أول أمير مسلم عليها . كما أنها كانت تتبع الدولة الإسلامية كجزء منها في زمن الأمويين والعباسين والفاطيمين والأيوبيين . وكانت المنطقة في فترات كثيرة تتبع مكة إدارياً ،وإن كان الحكام المباشرون فيها (أي الأمراء)من أهل البلاد ذاتها ، كما كان التنافس يقوم بينهم في كثير من الأحيان وفي العصور الحديثة خضعت المنطقة لحكم الأتراك هي وساحل جزيرة العرب الغربي كله .

1....جغرافية المملكة العربية السعودية ـ مرجع سابق ـ ص 80 .

2...يمكن الرجوع إلى المرجع السابق للمزيد من المعلومات عن جغرافية المملكة العربية السعودية .

وظلت إلى أن هزم الأتراك في الحرب العالمية الأولى وعمت المنطقة فترة من الفوضى حيث تنافست القبائل والأمراء المحليون الذين خضعوا في نهاية المطاف جميعاً للحكم السعودي ، وأصبحت المنطقة جزءاً من المملكة العربية السعودية . ودخلها التنظيم الحديث إدارياً وعمرانياً [1]. مما سبق نرى أن هذا المجتمع مجتمع عريق : وليس حديث التكوين . ومعنى هذا أن المضامين الثقافية للعلاقات الاجتماعية ليست وليدة زمن قريب ،بل هي ذات أسس قديمة واشترك في صياغتها كثير من العوامل من أهمها : العامل الإيكولوجي والعامل الديني والعامل التاريخي . وقد ارتبطت هذه العوامل ببعضها وتفاعلت بشكل يجعل من الصعب تحديد دور كل منها أو حدود تأثيره ، وإن كنا نستطيع أن نرى بعض المعالم لكل عامل على انفراد :

1. فالعامل الإيكولوجي يظهر في أسلوب الحياة (الزراعية ـالرعوية) .
2. والعامل الديني يظهر في أسلوب التعامل والمعتقدات الفكرية عامة .
3. و العامل التاريخي عامل معقد غاية التعقيد ، وليس من السهل تبين آثاره إلا بعد دراسة مفصلة تستقصي ما كان سابقاً من أحداث سياسية واجتماعية ،وهو أمر في غاية الصعوبة خاصة في منطقة تكاد تنعدم عنها المراجع المتخصصة في علم الاجتماع . ولهذا فيقتصر البعد التاريخي في هذه الدراسة على محاولة بيان ذلك في فترة منظورة لا تمتد لأكثر من ثلاثين أو أربعين عاماً ولا نطمع في التوغل في الزمن مسافة أبعد .

جـ ـ **البعد السكاني** ـ ويعتبر أهم أبعاد الدراسة لأنه يتناول السكان الذين يشكلون المادة الحية للدراسة ، وإذا كان المجتمع يعني وجود جماعة في منطقة محددة وتربطهم روابط من العلاقات الاجتماعية القائمة على مضمون ثقافي متميز :فإن الدراسة الاجتماعية تتعلق بهذه الجماعة (أو السكان) أساساً .وما عدا ذلك فهو لزيادة الإيضاح ولإلقاء مزيد من الضوء على طريقة حياتهم وثقافتهم وعلاقاتهم . ويتناول هذا البعد :ـ

1. دراسة التركيب البنائي للمجتمع:أي توضيح المؤسسات الاجتماعية و تكوينها ، ودراسة الطبقات الاجتماعية وتركيبها وتاريخها.

1....للمزيد من المعلومات التاريخية القديمة والحديثة . انظر أ ـ ابن كثير (البداية والنهاية) جـ مكتبة النصر ـ الرياض ب ـ قطب الدين محمد بن أحمد النهر واني المكي :غزوات الجراكسة والأتراك في جنوب الجزيرة (البرق اليماني في الفتح العثماني) منشورات دار اليمامة (الرياض 1387) جـ ـ محمد بن أحمد عيسى ـ العقيلي (تاريخ المخلاف السليماني) ج1 ـ الرياض 1387هـ 1958م ـ د ـ هاشم سعيد النعمي ـتاريخ عسير (المرجع المذكور سابقاً)
هـ ـ محمود شاكر ـشبه جزيرة العرب (عسير) المرجع المذكور سابقاً ـبالإضافة إلى غيرها .

2. دراسة النظم والقواعد الاجتماعية والعلاقات التي تربط هذه المؤسسات والطبقات وتحكم تعاملها مع بعضها وموقفها من بعضها .هذا بالإضافة إلى ما ذكرناه في الكلمة التمهيدية من أن البعد السكاني يمكن أن يتضمن شيئين آخرين هما :ربط الأفراد وأفكارهم بالبعد السكاني الاجتماعي لمجتمع الدراسة , وربط المجتمع الريفي بالمجتمع العام (مجتمع الدولة أو المنطقة) ، على اعتبار أنها (علاقة جزء من كل) وستراعي الدراسة النقاط المذكورة سابقاً ، وتتخذ منها مع سواها دليل عمل تستهدي به في مسيرتها .

الموقع السكاني لمجتمع الدراسة : ـ يبلغ عدد سكان منطقة عسير نسمة681361 حسب تعداد 1974م [١] وهم موزعون بين المدن والريف والبادية ، ويبلغ عدد البدو فيهم 246477نسمة بنسبة 36,17% حسب التعداد المذكور[٢]. ويبلغ عدد سكان المملكة في نفس التاريخ (6729642) نسمة [٣] ونسبة البدو الإجمالية 27,15% من سكان البلاد[٤].

وهذه المقارنة تعطينا فكرة عن طبيعة الحياة الاجتماعية التي يمارسها السكان، وهناك من المناطق ما تبلغ نسبة البد وفيها أعلى بكثير من منطقة عسير،فهي في المدينة 45,66% وفي حائل 54،91% وفي تبوك 45,61% وفي الحدود الشمالية 66,85% وفي الجوف 47,94% ،كما أن نسبتهم في بعض المناطق أقل من منطقة عسير،ففي منطقة الرياض نسبتهم 24,06% من السكان وفي مكة13,71% وفي المنطقة الشرقية 10,32%..الخ[٥].

وهذا يدل أن المنطقة تقع (بشكل إجمالي) في منتصف المسافة بين بقية مناطق المملكة بالنسبة للتطور من أسلوب الحياة البدوية إلى الحضرية الكاملة . ونلاحظ في هذا المقام أن البدو المقصودين في هذه النسب السابقة هم البدو الحقيقيون (أي الرحل) ، وهذا هو المعنى الحاسم للبداوة: أما الحضر ـ فتعني أهل الريف والمدن (أي المستقرين) .

أما من حيث البعد الطبقي فقد جرى بحثه في مكانه المناسب من الدراسة حيث نتناول بالتحليل التركيب البنائي الوظيفي للمجتمع ، وذلك يشمل دراسة مؤسسات المجتمع وعلاقاتها ببعضها . كما اهتمت الدراسة بموضوع الهجرة الداخلية وتأثيراتها على المجتمع عامة ومجتمع الدراسة بشكل خاص ، مما يساعد على فهم التغيرات المختلفة خاصة فيما يتعلق بمضمون الثقافة الاجتماعية وتأثيره على العلاقات الاجتماعية .

---

[١] ...عبد الرحمن صادق الشريف ـ المرجع السابق ـ جدول ص 123ـ

[٢] نفس المرجع جدول (ص 112).

[٣] ...نفس المرجع: ص123.

[٤] نفس المرجع ص 112.

[٥] نفس المرجع ص .112

د ـ **البعد الاقتصادي** ـ ويشمل ناحيتين : ـ

1. أنواع المهن التي يمارسها المجتمع والتي توفر له الدخل المادي . وهذا الدخل الاقتصادي يؤثر على الحياة الاجتماعية من خلال وفرته أو قلته ، لأن ذلك يسبب الغنى أو الفقر ، خصوصاً في فترة ما قبل التقدم الاقتصادي ،وتتناول الدراسة وظائف المجتمع وتأثرها بالظروف الاقتصادية .

2. الناحية الثانية ـ التكنولوجيا [1] ومدى استخدامها:وقد اعتبرها بعض العلماء دليلاً على مدى تحضر المجتمع. ولهذا فلا بد من أخذها في الاعتبار سواء في الفترة السابقة (فترة ما قبل التقدم الاقتصادي) ، أو المرحلة الحالية ، والتكنولوجيا في مجتمع الدراسة (مستوردة) ، واعتمد استيرادها على التقدم الاقتصادي ، فهي بهذه الصورة ناتج من نتائج هذا التقدم ، ولكنها في نفس الوقت ذات تأثير فعال في تعجيل التغير الاجتماعي . وستهتم الدراسة الحالية بإبراز وظيفة الأدوات التكنولوجية الحديثة في تغيير المجتمع من خلال التعرف على ما أحدثته من آثار في تسهيل الاتصالات والمواصلات ، وفي توفير الجهد وتوفير الإمكانيات الكبيرة التي يمكن استغلالها كطاقة رخيصة في الوصول إلى إشباع الحاجات الفردية والجماعية في كافة المجالات ، مع ربط ذلك كله بأثره على العلاقات الاجتماعية.

1...سعيد فالح الغامدي ـ التراث الشعبي في القرية والمدينة (ط1) دار العلم للطباعة والنشر جدة 1405هـ ـ 1985م (ص87) وقد ذكر المؤلف ثلاثة أبعاد يرى أنها أبعاد هامة في مسألة التفريق بين الريف والمدينة وهي البعد التاريخي والطبقي والتكنولوجي .

ثانياً : تحديد مجالات الدراسة :ـ

ويشمل ذلك ثلاثة مجالات :ـ

1. **المجال المكاني (الفيزيقي) أو الجغرافي .**
2. **المجال البشري .**
3. **المجال الزمني** [1].

1ـ المجال المكاني : تتناول هذه الدراسة الريف في منطقة عسير ،وهي المنطقة الجنوبية الغربية من المملكة العربية السعودية .

وتتصف قرى المنطقة إجمالاً بأنها تجمعات سكانية صغيرة تشكل قرى زراعية متناثرة على شواطئ الوديان الكثيرة الموجودة بين جبال سراة عسير التي تشكل جزءاً كبيراً من سلسلة جبال السرـ وات (أو الدرع العربي) الممتد بمحاذاة البحر الأحمر على الساحل الغربي لشبه جزيرة العرب .

وتمتاز هذه القرى بأنها قرى زراعية في الدرجة الأولى، فهي تهتم بزراعة الحبوب وبعض أنواع الفاكهة ، كما أنها تهتم بتربية الحيوانات لاسيما الأغنام والأبقار في معظم الأحيان أو الإبل والأغنام خصوصاً بالنسبة للقرى الواقعة في النواحي الشرقية من المنطقة ، وكانت هذه الاهتمامات الزراعية الرعوية هي السائدة في الفترة السابقة على مرحلة التحضر الحديث المصاحب للتقدم الاقتصادي .

ويبدو أن هذه القرى نشأت بشكل تدريجي كنتيجة لاستقرار القبائل البدوية حول الأماكن الخصبة الموجودة على ضفاف الأدوية، يدلنا على ذلك أن كثيراً منها تكون على شكل تجمعات من المساكن التي تحيط بها أرض زراعية، وتفصلها عن بعضها(أي كل قرية عن الأخرى التي تجاورها) أرض صخرية جبلية لا تصلح للزراعة . كما أن هناك شاهداً آخر ،وهو أن مثل هذه القرى لا تزال تنشأ بنفس الطريقة في كثير من أنحاء المنطقة .

وتتشابه ظروف القرى كلها في المنطقة،مما يجعل اختيار عيّنة أو نموذج منها يصلح لتمثيلها جميعاً تمثيلاً مناسباً ،مع الإقرار بأن بعضها قد يكون أكثر قرباً إلى الحضارة من بعضها الآخر الذي يكون أقرب إلى البادية .

1...زيدان عبد الباقي قواعد البحث الاجتماعي ـ مرجع سابق ـ ص 518. وكذلك حسن الساعاتي :تصميم البحوث الاجتماعية ـ دارا لنهضة العربية 1982/ص 132.

ولكن في مجال العادات الاجتماعية فلا يوجد فرق ملموس بين قرية وأخرى , ولا يحس الإنسان بأي فرق من ذلك فيما لو عاش في أية قرية منها .

وبناءً على ذلك فقد كانت المعلومات الميدانية (الامبريقية) مستقاة في معظمها من المعايشة الطويلة لقرى بلاد ربيعه ورفيدة، وهي مجموعة من القرى الواقعة إلى الشمال الغربي من مدينة أبها، كما أنها قريبة من منطقة السودة التي تدعى أيضاً(جبل تهلل)وهي منطقة اصطياف جميلة مكسوة بأشجار العرعر التي يبدو أنها نمت بشكل تلقائي منذ زمن بعيد في تلك المنطقة التي تعتبر أعلى جبال المملكة العربية السعودية حيث يبلغ ارتفاعها(3133)م[1]

3. **المجال البشري** ـ لا يوجد تعداد خاص بسكان الريف في المنطقة ، رغم أن هناك ذكراً لنسبة البدو فيها كما ذكرنا في فقرة (أبعاد الدراسة) , ولا يهمنا تعداد السكان بقدر ما يهمنا بحث الآثار الناتجة عن التحضر الحديث على العلاقات الإنسانية الاجتماعية داخل هذه القرى . ونلاحظ أن المجال البشري في حقيقة الأمر لا يتناول فقط سكان الريف مجردين عن روابطهم وعلاقاتهم مع سواهم ،بل إن الدراسة لابد أن تمتد إلى وضع الريفيين بالنسبة لمجتمع المدينة ، وبالنسبة للمجتمع العام للمنطقة أو الدولة كلها ، كما بينا ذلك سابقاً كما أن هناك نقطة أخرى مهمة وهي تتعلق بالهجرة من الريف إلى المدن المختلفة إما بحثاً عن العمل أو بسبب ظروف الوظائف الجديدة أو بسبب الرغبة في القرب من مرافق الخدمات العامة المتقدمة في المدن .

4. **المجال الزمني : ينقسم هذا المجال إلى قسمين :ـ**

أـ **المجال التاريخي** : والمقصود به الفترة الزمنية التي تمتد إليها الدراسة، وقد أوضحنا سابقاً أن هذه الفترة لا تمتد لأكثر من ثلاثين إلى أربعين سنة ـ أي هي الفترة السابقة مباشرة على فترة التقدم الاقتصادي الذي صاحب اكتشاف البترول ، أو بشكل أوضح هي الفترة الممتدة إلى أربعة عقود سابقة على تاريخ 1400هـ ـ 1980م .

ب ـ **أما القسم الثاني** من المجال الزمني فهو الخاص بفترة إنجاز الدراسة التي تمر عادة بثلاث مراحل هي :ـ

1. المرحلة النظرية التي يتم فيها بناء الموقف النظري والفكري للدراسة ،وذلك بالرجوع إلى علم الاجتماع ونظرياته وأبحاثه والاطلاع على ما يناسب المقام منها ، وذلك لإكساب الدراسة العمق الفكري والصبغة العلمية المناسبة .

---

[1].... عبد الرحمن صادق الشريف ـجغرافية المملكة العربية السعودية جـ 1 (مرجع سابق) ص (50) .

2. مرحلة الدراسة الميدانية (أو الإمبريقية) وهي المرحلة العملية التي يعتمد فيها البحث على الحقائق والوقائع الحية ، وهي التي تكسب النظريات الاجتماعية شرعية وجودها ، خصوصاً بعد أن يتم تحليل هذه الحقائق العلمية وتفسيرها .

3. مرحله كتابة التقرير النهائي : وهي مرحلة تسجيل النتائج التي تسفر عنها الدراسة ووضعها في شكلها النهائي .

ثالثاً : مناهج الدراسة

اعتمدت الدراسة منهجين بشكل رئيسي ـ هما: المنهج التاريخي والمنهج الحقلي (أو المنهج الميداني الواقعي Empirical).

ويقوم المنهج الأول على إعطاء فكرة عن العلاقات الاجتماعية في الفترة السابقة على التحولات الاجتماعية الحديثة (قبل الطفرة الاقتصادية) . ويقوم الثاني على بحث حالة العلاقات الاجتماعية في الوضع الجديد (مرحلة التغير).

أ ـ **المنهج التاريخي** :ـ اعتمدت الدراسة هذا المنهج لاعتقادها بأنه لا يمكن أن نفهم واقع أي مجتمع من ناحية معينة بدون محاولة التعرف على الماضي الذي عاشه في تلك الناحية المقصودة ، ولهذا فقد كان لابد من محاولة رسم صورة صادقة ـ قدر المستطاع ـ أو مطابقة للواقع الذي عاشه مجتمع الدراسة في مجال العلاقات الاجتماعية .

والدراسة الحالية ـ كما هو واضح ـ قسمان ، قسم نظري ، وقسم ميداني .

فالقسم النظري اتبعت فيه الدراسة المنهج التاريخي ، بينما القسم الميداني اتبعت فيه المنهج الامبريقي ، وبذلك كان المنهج التاريخي هو المتبع في الباب الأول الذي ضم الفصول الأربعة الأولى، وهو الباب الذي ألقينا فيه الضوء على عدة جوانب من المجتمع الريفي في الفترة السابقة للتحضر الحديث ، ولم يكن أمامنا وسيلة أخرى سوى أن نلجأ إلى هذا المنهج لأنه الأداة الوحيدة التي نستطيع بواسطتها التوغل في الزمن الماضي ودراسة ما يهمنا منه مستعينين في ذلك بما كتب عن تلك الفترة من مدونات ـ على قلتها الشديدة ـ وبما يمكن أن يقدمه كبار السن من معلومات .

ب ـ **المنهج الامبريقي** " Empirical " : ويعتمد هذا المنهج على تناول واقع المجتمع ومحاولة رصد أهم ظواهر هذا الواقع وتقديم الصورة الجديدة التي صار عليها المجتمع في مجال العلاقات الاجتماعية .وقد حرصت الدراسة ألا تغالي في إحصاء مالا يكون محسوساً

كقياس العلاقات الاجتماعية بالأرقام أو ما أشبه ذلك [1]، رغم أن هناك اتجاهات لمثل هذه البحوث ، إلا أن ذلك لا يكون في كل الحالات سليماً ، بل ربما كانت دلالة الأرقام مضللة أو مبهمة أو زائدة عن الحاجة إذا كانت بيانات البحث الميداني تشير إلى اتجاه معين ،فإذا كانت اتجاهات الأجوبة في استمارة بحث ما تشير (مثلاً) إلى تناقص قوة بعض العلاقات الاجتماعية فإن ذلك له ارتباط بعدة عوامل :فكيف سنقيس قوة هذه العلاقات رياضياً أو إحصائيا ؟ وكيف سنوفق بين ما يبدو من ضعف بعض العلاقات أو قوة علاقات أخرى من جهة ، وبين الأرقام من جهة أخرى ؟ إن الأمر ليس أمر حساب معادلات كيميائية دقيقة ،بل هو أمر علاقات إنسانية متشابكة ومعقدة ، ولا نرى في محاولة قياسها رياضياً أن الدقة ستكون متوفرة , ولهذا فسوف نحاول في هذا القسم من الدراسة (الميدانية) أن نعرض صورة فيها شيء من المرونة وليس فيها صرامة الأرقام وتحديدها القاطع .

جـ ـ مركز المنهج المقارن في هذه الدراسة : ـ

هناك ثلاثة مناهج يمكن أن تتم بواسطتها دراسة السلوك الاجتماعي أو الظواهر الاجتماعية بصفة عامة،وهي :ـ

1. المنهج التطوري : ويقوم هذا المنهج على دراسة التطور في ناحية معينة : كدراسة تطور النمو مثلاً ، حيث ندرس ذلك في أعمار و تواريخ مختلفة ونسير مع النمو متتبعين له في مراحله المختلفة [2]

2. منهج دراسة الحالة : ويقوم هذا المنهج على دراسة حالة معينة وتتبعها ويكون هذا المنهج مفيداً في تتبع دراسة الحالات الفردية بشكل خاص [3] سواء الحالات السلوكية أو المرضية أو غيرها .

3. المنهج المقارن : ويعتمد على مقارنة صفة واحدة موجودة في مجتمعات مختلفة والخروج بنتيجة من تلك المقارنة ، والمنهج المقارن يشترط أولاً : وجود مجتمعين فأكثر

1...راجع على سبيل المثال :ريدان عبد الباقي ،قواعد البحث الاجتماعي ـمرجع سابق ـ(ص 466وما بعدها) كذلك محمد علي محمد ـ علم الاجتماع والمنهج العلمي ـ مرجع سابق (ص 408) وما بعدها .

2....حامد زهران ـعلم النفس الاجتماعي ـمرجع سابق (ص 52ـ 53) .

3...زيدان عبد الباقي ،قواعد البحث الاجتماعي ـمرجع سابق ـ (ص 229 وما بعدها) وكذلك محمد علي محمد ـ علم الاجتماع العلمي ـمرجع سابق ـ(ص 392ومابعدها) .

(لكي يمكن المقارنة بينها) , وثانياً : وجود صفة مشتركة (أو أكثر) حتى يكون مجال المقارنة واحداً ، فلا يجوز مثلا المقارنة بين مجتمعين في صفة ليست مشتركة بينهما

وبالنسبة للدراسة الحالية فقد استسغنا القول بأن منهجهما(منهج مقارن) للسببين الآتيين :

1. لأن هناك حالتين لشخصية واحدة هي شخصيه المجتمع الواحد ، فالمقارنة هنا بين (حالتين) لشيء واحد ، حيث نقارن ما كان سابقاً بما هو كائن الآن لنرى الفرق بين حالتين وليس بين مجتمعين متقابلين .

2. لأن ما حدث في المجتمع قبل الازدهار الاقتصادي وما تبعه من تغير سريع ومذهل في كثير من الظواهر والمفاهيم الاجتماعية جعلت المجتمع مختلفاً عن السابق اختلافاً يصعب معه اعتباره امتداداً أو تطوراً طبيعياً لحالة واحدة، بل هو من السرعة والاختلاف بحيث يمكن اعتبار المجتمع قبل الازدهار الاقتصادي شيئاً مختلفاً اختلافاً يكاد يكون تاماً عنه بعده ،فكأن هناك مجتمعين مختلفين :

كان المجتمع الأول يتميز بملامح معينة ، بينما المجتمع الجديد له ملامح مختلفة ، ومن هنا تصح المقارنة ـ كأننا نقارن بين وجهين مختلفين ، أو بين ملامحها المختلفة بغض النظر عن الفارق الزمني بين الوجهين ، وهذا مما يقوي السبب الأول السابق . وقد بني المنهج المقارن في هذه الدراسة على منهجين هما بمثابة ركيزتين يقوم عليهما:

1.المنهج التاريخي الذي يقدم لنا صورة عن العلاقات الاجتماعية قبل التغير وقبل الازدهار الاقتصادي ـ كما أوضحنا ذلك فيما تقدم .

2.المنهج الامبريقي (الميداني) الذي يقدم لنا صورة واقعية حية عن العلاقات الاجتماعية الحاضرة . ويقوم المنهج المقارن على ربط نقاط معينة بحثت في المنهج التاريخي بصورتها المبحوثة في المنهج الامبريقي ،وبهذا الشكل تصبح المقارنة ماثلة أما م المطلع على هذا الموضوع ، وفي الدراسة الحالية تقوم المقارنة بين العلاقات الاجتماعية في الفترة السابقة للتحضر المادي وبين العلاقات في الفترة اللاحقة أو المواكبة لهذا التحضر .

والملاحظ بصورة عامة على المنهج المقارن أنه ليس منهجاً قائماً بذاته كما في المنهج التاريخي مثلاً أو في الأمبريقي ،بل لا بد أن يتقابل شيئان لإنتاج (المقارنة) ، وبالتالي لا نستطيع القول بأن هناك منهجاً مستقلاً بذاته يسمى المنهج المقارن مثلما نقول هذا منهج تاريخي أو أمبيريقي ،فعندما نريد أن نقارن بين شيئين فلا بدأن تتم دراسة كل منهما بشكل مستقل (في الصفة المشتركة بينهما) ، وهذه الدراسة إما أن تكون دراسة وصفية تاريخية

أو امبريقية ، ثم نوازن بعد ذلك بين نقاط الالتقاء أو الاختلاف والتفاوت ،وبهذا فالمنهج المقارن منهج (مركب) ،بمعنى أنه لا يقوم إلا على ركيزتين لا تشكل أي منهما إلا نصف المنهج ، ولايمكن اعتباره (مدخلاً مستقلا للدراسة) [1] كما هو شأن المناهج الأخرى.

رابعاً : وسائل جمع المعلومات ...

تم جمع المعلومات في هذه الدراسة بالوسائل التالية : ـ

أ ـ الملاحظة بالمشاركة (أو المعايشة).

ب ـ المراجع المكتوبة .

جـ ـ بعض الإحصاءات الرسمية .

د ـ وسائل إضافية من القصص الشعبية وآراء بعض الريفيين .

أ ـ الملاحظة بالمشاركة أو المعايشة ..

تعتبر هذه الطريقة من أنجع الوسائل للوصول إلى المعلومات اليقينية ، خصوصاً فيما يتعلق بالتطورات النفسية الاجتماعية المصاحبة لعمليات التحضر، لأن " كل حادثة نفسية لا بد لها من مجال اجتماعي أو إطار اجتماعي، وكل صلة اجتماعية لا بد فيها من عامل نفسي".[٢]

وقد يأتي باحث إلى مجتمع ما لدراسة ناحية معينة من نواحيه ، ولكن هذا الباحث يكون كمن أوفد للقيام بمهمة رسمية أو محددة بقيود وظروف لا يستطيع تخطيها مهما أوتي من نفاذ بصيرة أو قدرة على التحليل .

وغالباً ما تأتي مثل هذه الدراسة خاضعة لظروفها المذكورة وللإخباريين الذين قد تتضارب معلوماتهم أو تتناقض بسبب عدم وجود روابط وثيقة بينهم وبين الباحث بشكل طبيعي خال من التكلف . وقد يدفع هذا الموقف الكثيرين من الإخباريين إلى إعطاء معلومات غير واقعية أو إخفاء نوع معين من المعلومات خصوصاً ما قد يتصورون أنه معلومات تعطي صورة سيئة عن مجتمعهم أو عن بعض نواحي الحياة فيه , وهذا ما لمسناه في بعض الدراسات السابقة عندما قارناها بالواقع .

وقد يقف الباحث إزاء تلك المعلومات المتناقضة محتاراً أو مرجحاً لبعضها على البعض الآخر بناءً على قناعته هو :خصوصاً إذا كان البحث يعتمد على الكيف لا على الكم ، وكما هو الغالب في مجال الثقافات والعلاقات الاجتماعية .ومهما قيل من أن الدراسات الكمية في

1...محمد علي محمد : علم الاجتماع والمنهج العلمي ـ مرجع سابق ـ (ص 232) .

٢... محمد أمين المصري ـ المجتمع الإسلامي ـ دار الأرقم بالكويت ط 3 (1403هـ \ 1983م) ص 10 .

النواحي الاجتماعية مهمّة ؛ إلا أن الدراسات الكيفية والوصفية تظل ذات وزن أرجح فكثير من الأمور لا يمكن قياسها كمياً إلا بتعسف كبير : كالعلاقات الاجتماعية أو التأثيرات الثقافية (في مجال معين) .

وسبب ذلك واضح ، وهو أن هذه الأمور تظل خاصعة لعوامل عديدة و معقدة : كالإرادة والتأثر بعامل من العوامل أكثر من سواه وتقلب الأمزجة والانتشار الثقافي .....الخ .[1]

ولهذا تمتاز الملاحظة بالمشاركة (أو المعايشة) بأنها وسيلة مهمة تجعل الباحث يتحسس أموراً لا يمكن فهمها إلا إذاشارك الناس فيها ، ولا يمكن أن يعرف أسباب حدوثها على وجه معين إلاّ إذا فهم طبيعة أهلها وسبب قناعتهم بها أو الوظيفة التي تؤديها من خلال علاقتها بغيرها [2] .

وقد كانت هذه الدراسة كنتيجة لمشاركة صاحبها لأهل القرى حياتهم لمدة تزيد عن ربع قرن ، وتبين خلال هذه الفترة أن العادات الاجتماعية والأعراف والعلاقات الاجتماعية لا تختلف في شيء بين قرية وأخرى في كل منطقة عسير ، فهناك مجتمع قائم توحده عوامل عديدة متينة ويتواصل أهله بشكل مستمر في مختلف مجالات الحياة مما يجعل اختيار أية مجموعة من القرى للدراسة صالحاً لتمثيل كل القرى الأخرى .

ومهما قيل عن عيوب هذه الطريقة (الملاحظة بالمشاركة) : من أنها قد تحمل انطباعات الباحث واستنتاجاته أكثر من تقديمها حقائق الحياة الاجتماعية بشكل موضوعي ، أو غير ذلك من عيوب [3]،فإن هذه الطريقة ـ كما يبدو ـ هي الأكثر صدقاً من غيرها ، وذلك لأن أبناء المجتمع لا يحاولون إخفاء شيء أو التصرف بوجه يخالف الحقيقة " كما يمكن أن يفعلوا فيما لو كانت هناك مقابلة رسمية ستجرى معهم أو أن برنامجاً معيناً سيعدّ عنهم في فترة محددة " . وقد اعتمدت الدراسة على هذه الطريقة في تفهم مجتمعها متآزرة في ذلك مع الوسائل و المصادر الأخرى المتاحة للمعلومات الاجتماعية .

ب ـ المراجع المكتوبة ...

لا توجد مراجع في علم الاجتماع عن هذه المنطقة بسبب حداثة أبحاث هذا العلم خاصة في العالم العربي . ومع هذا فقد حاولت الدراسة الاستفادة من بعض الكتب التي وصفت جوانب من الحياة الاجتماعية بشكل ثانوي في معرض وصفها للحياة الفكرية أو الأدبية أو التاريخية

---

[1] ....لتفصيل أكثر انظر :زيدان عبد الباقي ـ المرجع السابق (ص 497ـ 500)

[2] ...نجيب اسكندر وزميلاه ـ الدراسة العلمية للسلوك الاجتماعي ـ دار النهضة العربية ط 3 ـ دون تاريخ ـ ص 415 .

[3] ...زيدان عبد الباقي ـالمرجع السابق (ص 189ـ 190)

،حيث سجل بعضها شيئاً عن العادات الاجتماعية وعن بعض الممارسات التي كانـت سـائدة فيمـا مضى ، وإن كانت في مجملها لا تقدم موضوعاً متكاملاً أو صورة شاملة في أي مجال مـن المجـالات الاجتماعية ، بل هي تصف من الحياة الاجتماعية جانباً معيناً بشكل مقتضب يخدم الغرض الأساسي للكتاب ،ومع هذا فهي كتب حديثة إجمالاً لا يزيد زمن تـأليف أقـدمها عـلى الثلاثـين عامـاً ، وقـد حاولت الدراسة سد هـذا النقص بالرجوع إلى بعض كبـار السـن الـذين يوفرون مصـدراً حيـاً للمعلومات الاجتماعية ، بل إن أصحاب الكتب المذكورة رجعوا في استقاء معلوماتهم إلى مثل هؤلاء الشيوخ ،وبالتالي فلم نجد فرقاً بين ما كان يرويه كبار السن وبين ما دوّن في هذه المؤلفات ،ومنها:-

1.   تاريخ عسير في المـاضي والحـاضر لمؤلفه (هاشـم بـن سـعيد النعمي) ـ مؤسسـة الطباعـة والصحافة والنشر " دون تاريخ " , وهذا الكتاب غير علمي في منهجه ،فهو أشبه بالكشكول المحتوى على التاريخ والشعر والمساجلات الشعرية ، ونتفاً من أوصاف الحياة الاجتماعية في المنطقة . ولكن الذي يهمنا فيه أنه سجل حقائق عن الحياة الاجتماعية كما وردت على ألسنة كثيرين مـن كبـار السن ، ولعل هذا الكتاب قد وضع سنة 1381هـ التي توافق 1961م ، وذلك لأنه يـذكر في الصفحة الثامنة هذه العبـارة :" يمكن حصر- المنشآت الحكومية بمدينة أبها مابين سنة 1242هـ لغايـة 1381هـ فيما يلي ..."

2.   الحياة الفكرية والأدبية في جنوبي البلاد السعودية من (1200ـ1351هـ) (1875م ـ 1932م) ـ تأليف د. عبد اللـه محمد حسين أبو داهش ـ(الطبعة الثانية) نادي أبها الأدبي   (1406هـ ـ 1986م) , وهو يركز على دراسة الأدب من شعر ونثر ، ويتناول في بعض فصول الكتاب أطرافاً مـن الحياة الاجتماعية للمنطقة بأسلوب البحث العلمي والميداني ،خاصة لأن الكتاب في الأصل رسالة ماجستير ، ويشكو الباحث في مقدمة الطبعتين الأولى والثانية من قلة المصادر أو المراجع المكتوبة حيث يقول في مقدمة الطبعة الثانية :" فالحق أن الباحث في تراث هذه المنطقة يدرك قلة المصادر وندرتها ، فقد قاست هذه الأجزاء من جزيرة العرب شيئاً من صدود الباحثين وإهمالهم ....."
وإذا كان هذا في مجال الأدب ـ على كثرة كتبه وقدمها ـ فما قولنا في مجال علم الاجتماع ؟!

3.   شبه جزيرة العرب (عسير) تأليف : محمود شاكر ـ المكتب الإسلامي ـ الطبعة الثالثة (1401هـ ـ 1981م) وهذا الكتاب تعريف عام بالمنطقة فهو يسـتعرض شيئاً مـن جغرافيـة المنطقـة وأصول سكانها وعاداتهم الاجتماعية في مجالات معينة ،وتاريخها ومن تعاقبوا

على حكمها إلى أن أصبحت جزءاً من المملكة العربية السعودية ، وكانت الطبعة الأولى من هذا الكتاب عام 1976م ، ولهذا فهو يقدم وصفاً للعادات الاجتماعية في الفترة السابقة على تأليفه والتي ألف فيها .

وهناك كتب أخرى تناولت المنطقه ، ولكن من الناحية التاريخية في الأغلب ، ولكن هذه الكتب لم تتطرق بشكل مفصل أو كاف إلى بحث الحياة الاجتماعية لأنها غير متخصصة ، فهي قد تشير إلى أسماء القبائل أو أمراء المنطقة ، وقد تصف بعض المشاهدات أو العادات ، ولكن ـ كما أسلفنا ـ ليس بشكل منهجي أو متخصص ، وإنما كمجرد وصف عابر .

4. المراجع العامة : وتشمل طائفة واسعة من كتب علم الاجتماع العام وعلم اجتماع التنمية والاجتماع الريفي والحضري وعلم النفس الاجتماعي وطرق البحث الاجتماعي وعلم السكان ، وذلك لأخذ فكرة شاملة عن وضع علم الاجتماع العالمي في الماضي والحاضر .

وقد ساعدت هذه المراجع في تحديد الموقف النظري للدراسة ، وفي محاولة إعطاء البحث نوعاً من العمق الذي يربطه بالتيار العام لعلم الاجتماع .

وسيتم إثبات معظم المراجع في نهاية البحث بالعربية والإنكليزية إن شاء الله .

ج ـ بعض الإحصاءات الرسمية :

لا توجد إحصاءات رسمية تمس المجتمع الريفي في المنطقة (وهو مجتمع الدراسة الحالية) بشكل مباشر ، وذلك لأن الإحصاءات تكون عامة وتقديرية ، بمعنى أنها توضع ضمن خطط التنمية بشكل عام ، ولا توضع لكل قرية ومدينة بشكل منفصل , ولهذا السبب كان من الصعب الاستفادة المباشرة من هذه الإحصاءات ، ولكنها من ناحية أخرى تعطي خلفية (أو بعداً) يساعد على فهم التطورات الاقتصادية والتنموية في البلاد كلها ، ومنها مجتمع هذه الدراسة .

وتوجد الإحصاءات الرسمية في بعض المنشورات الحكومية التي تصدرها الوزارات ذات الاختصاص في مجال التنمية الاجتماعية والاقتصادية ومن أشهر هذه الإصدارات اثنان هما :ـ

1. خطط التنمية في البلاد وتصدرها وزارة التخطيط مفصلة فيها كل ما يتعلق بعمليات التنمية الشاملة من تخطيط وأهداف واعتمادات وطرق تنفيذ وتوقعات مستقبلية .

وقد استفادت الدراسة من مجلدين يحملان عنوانين هما : خطة التنمية الثانية (1395ـ 1400هـ) وخطة التنمية الثالثة (1400ـ 1405هـ) .

واستفادت الدراسة من ذلك بأن تعرفت على مدى وأبعاد التطورات في سائر الحقول الاقتصادية والاجتماعية والسكانية في البلاد في فترة المد الاقتصادي الهائل التي امتدت من سنة 1973م ـ 1985م بشكل تقريبي ،كما استقت الدراسة كثيراً من المعلومات مـن هذين المجلدين في مجال أهداف الخطط وأبعادها ومعلوماتها الإحصائية .

2. الكتـاب الإحصـائي السـنوي الـذي تصدره مصـلحة الإحصـاءات العامـة ، ويتضمن إحصاءات النشاط الاقتصادي الفعلي في البلاد :كالتجارة الخارجية واعتماداتها ، ومختلف النشاطات الاقتصادية في البلاد في شتى النـواحي : كالإنتـاج والتصدير والاستيراد ...الخ وقد تم الاطلاع على بعض هذه الإصدارات ،ولكن لم تعتمد الدراسة على ما فيها بسبب الاكتفاء بما في خطط التنمية المذكورة فهي الأكثر أهمية وقرباً للموضوع .

د ـ وسائل إضافية في جمع المعلومات :ـ

تتضمن هذه الوسائل الاستعانة ببعض أهل الريف لتفسير أو توضيح ما يحتاج إلى شيء من ذلك ، خاصة فيما يتعلق بأصول بعض العادات والعلاقات لمقارنتها بالموجود حاليـاً منها، وما يمكن اعتباره امتداداً لها أو عوضاً عنها.

وكانـت هـذه الوسيلة ميسرة وتلقائيـة بسـبب العيـش بصورة دائمـة مـع الـريفيين ومشاركتهم في حياتهم الاجتماعية ، وبناء علاقات صداقة متينة مـع كثيرين جداً منهم ،وهذا أمر كان في غاية الأهيمة ، لأنه ساعد عـلى كتابة معلومات صحيحة ، كما أنه عكس صورة صادقة عن العلاقات ،خاصة الإيجابي منها والذي يحتاجـه الإنسـان في كـل مجتمع :

كالترابط والشعور بأهمية الجماعة واحترام الآخرين والوقوف معهم في أوقات الأزمـات ، ومراعاة حقـوق الجيـران ومجـاملتهم ، ولاشـك أن هـذه الصفـات تـدل عـلى علاقات إنسانية راقية ، كما كان هناك دور لا بأس بـه للقصص والحكايات الشـعبية التـي ساهمت في توضيح كثير من جوانب العلاقات المذكورة ،وتتردد كثير من الحكايات عـلى ألسنة أهل الريف في جلساتهم العادية وفي سمرهم ومناسباتهم العديدة .

الفصل السادس

الفرد والأسرة في ظروف التغيّر

1ـ التغير في مجال الثقافة والقيم والسلوك الاجتماعي
لدى الفرد
2ـ العلاقات الاجتماعية في الأسرة الريفية ،والوظائف
الجديدة للأسرة

1. التغير في مجال الثقافة والقيم والسلوك الاجتماعي لدى الفرد :-

كان مبعث الاهتمام بهذه النقطة هو الإيمان بأن العلاقات الاجتماعية لا يمكن أن تنشأ من فراغ بل لا بد لها من مرتكزات ثقافية تقوم عليها ، وهذه المرتكزات يمكن أن تكون مجموعة القيم والمفاهيم التي يعتنقها الفرد والتنظيمات الاجتماعية المختلفة التي يشكل الأفراد لبناتها مع التسليم بأنه قد يكون للمجتمع (المكون من الأفراد) صفة أو صفات تختلف في كثير أو قليل عن صفات الفرد الذي يتصرف وحيداً [1] . ولكن في مجال التقيد والمعايير الاجتماعية فإن الفرد لا يجد مناصاً من الالتزام بها لأنها تشكل قانوناً ملزماً لا مفر لأحد منه ، ومع أن هذه الدراسة تقوم على محاولة فهم العلاقات الاجتماعية وبحث تغيراتها تحت تأثير التقدم الاقتصادي الكبير إلا أن ذلك لا يعني أن ينحصر الاهتمام في دائرة مغلقة اسمها (العلاقات الاجتماعية) ، بل لا بد من محاولة فهم التغيرات السيكولوجية على مستوى الفرد والجماعة - تلك التغيرات التي كانت انعكاساً واضحاً للتحضر المادي الناتج عن التقدم الاقتصادي ،ولابد بالتالي من فهم المواقف الناتجة عن هذه التغيرات .

" لأن الذي يتصرف في كل الأحوال هوا لفرد وإذا كان الفرد هو الذي يتصرف دائماً ، إلا أن المجتمع مع ذلك هو الذي يملك التأثير الأقوى " [2]، فكل موقف للفرد هو في حقيقته رد فعل انعكاسي لمجموعة من المؤثرات (وهي المؤثرات التحضرية في هذه الدراسة)، بالإضافة إلى المؤثرات السابقة في حياة الإنسان [3] .

ولهذا فسوف نتناول في الصفحات التالية موقف الفرد في نقاط محددة هي :-

1. مفهوم التضامن الاجتماعي المعاصر .
2. الروح الجماعية والروح الفردية .
3. موقف الفرد من تعدد الزوجات .
4. مجالات الاهتمام الجديدة لدى الأفراد .

وقد كانت هذه الموضوعات متضمنة في الدليل الإرشادي للبحث الميداني للوقوف على مدى التغير أو الاختلاف الحاصل في هذه المفاهيم .

1.... كانت هذه النقطة موضوعاً لكتاب (روح الجماعات) لغوستاف لوبون - ترجمة إلى العربية (عادل زعيتر)

2.... Moos,Rudolf H., & Insel ,Paul M.,Issues in social ecology , human milieus . National press books 1974 , part one ,theory & design p .500.

3.... انظر : نجيب اسكندر وزميليه - الدراسة العلمية للسلوك الاجتماعي (مرجع سابق) ص 158 وما بعدها .

وهذه النقاط السابقة تقدم بحثها بصورة إجمالية في القسم الأول من الدراسة عندما تكلمنا عن الحياة الاجتماعية قبل التغير الحالي الذي رافق التقدم الاقتصادي . وبالمقارنة بين ما سبق عرضه (في الفصل الخامس) وما سيتم عرضه في هذا الفصل نستطيع الخروج بصورة واضحة عن اتجاهات التغير في هذه المفاهيم :

أولاً:ـ فبالنسبة للتضامن الاجتماعي : كان مفهومه السابق يقوم على تكاتف أبناء المجتمع وتعاونهم على ما يتصورون أنه خير ، وذلك بغض النظر عن مدى صدق هذا التصور أو مطابقته للواقع (واقعهم وواقع المجتمعات المحلية الأخرى المجاورة لهم) ونتيجة لهذا المفهوم الضيق والصارم فقد كان التضامن في السابق يتخذ مظهرين : مظهراً داخلياً وآخر خارجياً .

أ ـ ويتمثل المظهر الداخلي في تعاون الأفراد والأسرة في العمل الزراعي ومساعدة بعضهم لبعض في مجالات أخرى : كمجال تقديم السّلف أو البذور أو المشاركة الجماعية في الضيافات وتوزيع الطعام (كلحوم الذبائح مثلاً) على كل بيوت القرية ، أو توزيع اللبن على الجيران أو طلبه منهم في حالة نقصانه من البيت ، ولم يكن هناك أي حرج في هذه الأمور كلها وما أشبهها ، لأنها أشياء تواضعوا عليها وصارت عرفاً اجتماعياً .

ب ـ أما المظهر الخارجي للتضامن :فكان يظهر في وقوف كل أبناء المجتمع ضد كل من يعادي أحداً منهم من أبناء المجتمعات المحلية الأخرى ، خصوصاً في مسائل الرعي وحدود الأراضي ، الأمر الذي يؤدي إلى الصدامات والعداوات وأحياناً القتل . وكان موقف الفرد في هذه الحال موقف المؤيد لجماعته لأنه لا مجال أمامه لأن يقول أي رأي مخالف لما يريدونه .

ولكن في الفترة الحاضرة : فقد اتخذ التضامن صورة أخرى وأصبح لا يستلزم بالضرورة عداوة الآخرين ، أو أن يتعاون كل أفراد القبيلة على العمل الزراعي وذلك لأن موجبات هذا التعاون قد زالت : إذ أن وجود محراث آلي واحد كفيل بأن يحل محل مجموعة من الأشخاص الذين كانوا يحرثون على الأبقار ، كذلك وجود الآلات (كموتورات الماء والسيارات) خفف من الحاجة إلى مساعدة الآخرين بشكل كبير ، ولم تعد هناك حاجة إلى الجهد البشري المتعاون مادامت الآلة تحل محله بسهولة ويسر .

ويضاف إلى ذلك أن الاعتماد على الزراعة تضاءل إلى حد كبير ، مما أدى إلى إهمالها بشكل واضح ، بحيث قلت المساحات الخضراء في المنطقة بسبب انصراف أهالي القرى

إلى أعمال أخرى كالأعمال التجارية والوظائف الحكومية وغيرها .ومما ساعد على إهمال الأراضي الزراعية كذلك أن مردودها كان قليلاً نظراً لضيق المساحات التي يملكها الأفراد من الأراضي الصالحة للزراعة.وكذلك نظراً للجهد الكبير الذي تحتاجه الزراعة :

من حراثة وري واعتناء دائم بالمحصول ،وهذه أمور تستغرق وقتاً طويلاً من الإنسان   أيضاً ، ولذلك فقد كانت المنافسة بين الأعمال الزراعية والأعمال التجارية والوظيفية تنتهي لصالح هذه الأخيرة ، وتؤدي إلى نقص الاهتمام الذي كان في السابق بالزراعة ، حيث كان لايوجد منافس للعمل الزراعي .

كما أن التسهيلات الحكومية والحوافز المادية والعينية التي تقدمها الدولة للمزارع جعلته يستطيع الاعتماد على نفسه وعلى بديل جديد لزملائه من المزارعين الآخرين (هذا إذا قرر الاستمرار في احتراف الزراعة) ، وهذا البديل يتمثل في الدولة .

كل هذه العوامل ^( ) كانت عوامل فعالة في إيجاد مفاهيم جديدة خصوصاً إذا ربطناها بعوامل أخرى مؤدية إلى تدعيم استقلالية الأفراد واكتفائهم : كعوامل الوظائف الجديدة التي تحتاج إلى مغادرة الفلاح لقريته ، وانتشار التعليم والوعي .

ومن هذه المفاهيم المتغيرة **مفهوم التضامن الاجتماعي الجديد** ، حيث اتخذ التضامن صورة جديدة ومفهوماً جديداً يختلف عن الذي عرفه كبار السن : فهو يتمثل الآن في وقوف الفرد مع ابن مجتمعه في أثناء الأزمات أو المصائب أو المسرات فيعلن له مشاركته ثم ينسحب بعد أن يكون قد أدى واجب المجاملة .كذلك قل تعارف أبناء المجتمع ببعضهم بسبب تشعب   الأعمال والتخصصات ، بعد أن كان العمل الزراعي هو الوحيد للجميع ، وهو العمل الذي يستوجب وقوف الجميع يداً واحدة وجماعة واحدة ، لكل عضو منها مكانه الذي لا بد أن يشغله .

وأصبح التعارف يقتصر على المناسبات الدينية (كالأعياد) أو الاجتماعية (كالمشاركة في الأفراح أو الأتراح) . وقد كان الرجل المتقيد بما تقرره الجماعة يعتبر رجلاً متميزاً وله احترامه الكبير ، ولكن مثل هذا التقيد قل إلى حد كبير ، وأصبح الفرد يشعر بأن من حقه أن يقول (لا) إذا كان عقله أو مصلحته لا تبرر اشتراكه في رأي الجماعة أو موافقته عليه ، وأصبح ارتباط الأفراد ببعضهم لا يتخذ الطابع السابق من حيث تعاون مجموعة من الأسر مع بعضها ، و التزام أفراد هذه الأسر بذلك جيلاً وراء جيل ، بل قد يتعاون أفراد من أسر

... ستتكلم عن هذه العوامل وغيرها بتفصيل أكبر في الفقرة القادمة إن شاء الله .

مختلفة لم تكن من قبل ذات علاقات طيبة ،لأن الرابطة أصبحت رابطة المصلحة المشتركة ، لا رابطة العرف القبلي الملزم أو قرار الشيخ بكذا وكذا ، وكان لوجود التنظيمات الحكومية الحديثة أثر كبير وفعال في تغير معنى التضامن الاجتماعي (بالإضافة إلى التقدم الاقتصادي) ، ومعروف أن " المجتمعات التي لا يكون هناك خطر يتهدد وجودها ، والتي تكون وسائل اتصالاتها متطورة بشكل جيد ، وتنظيماتها السياسية قادرة على حماية المجتمع من التنازع الداخلي والعدوان الخارجي ـ في مثل هذه المجتمعات تتلاشى فائدة الأسر المتحدة Corporate families ، بالإضافة إلى أن مهام هذه الأسر (في حال وجودها) فإنها تتعارض مع مهام تلك التنظيمات التي أنشئت من أجل سائر أفراد المجتمع . وفي مثل هذه الظروف تبدأ الأسر الممتدة extended families في التفكك والانسلاخ من مجموعات الأسر المتحدة السابقة ، بل هي لا تفكر في إنشاء مثل هذه الأسر "[1] فوجود الآلات الزراعية والسيارات وغيرها ، ووجود المؤسسات الحكومية كان له أثر في اتجاهين متقابلين في التضامن الاجتماعي بمعناه الجديد :

1. ساعدت على ضعف التضامن في المجتمع القروي بسبب استقلالية أفراد المجتمع في أعمالهم ، وارتباطهم المتزايد بالمؤسسات الحكومية واعتمادهم على الآلات بدلاً من مساعدة الآخرين .
2. ساعدت على تقوية الروابط الاجتماعية من ناحية عامة في المجتمع الكبير ، حيث أصبح بإمكان أبناء كل مجتمع أن يتواصلوا مع غيرهم من المجتمعات المحلية الأمر الذي ساعد على وجود علاقات اجتماعية أقوى من السابق على مستوى المجتمع الكبير ، مع انفتاح فكري وثقافي أوسع . وهذا ما ساعد بالتالي على تماسك مجتمع المنطقة كلها ، وساعد على الامتزاج بين الريف والمدينة ، مما أتاح لأبناء المجتمعات المحلية أن يكونوا أوسع آفاقاً من السابق ، وأقدر على التفاعل الاجتماعي سواء على مستوى الجماعة المحلية أو المجتمع الكبير ، ومن ناحية ثانية كانت المجتمعات المحلية تتولى حل المشكلات والمنازعات بين أفرادها ، ونادراً ما كانت سلطة الحكومة (المتمثلة في الشرطة أو المحاكم وغيرها من المؤسسات) ، تتوغل داخل المجتمع المحلي لكي تتولى الفصل في الخصومات والمشكلات ،بل كان أبناء كل مجتمع يقومون بحل مشكلاتهم في إطار مكون من رجالاتهم ، وكان هذا يوجد نوعاً من التراضي والمصالحة التي يقضي بها واجب التضامن

---

1. Goodman , Marry Ellen, The individual and culture op . cit , p . 123 .

الاجتماعي (كعرف متبع) . ولكن مع انفتاح المجتمع على غيره ، ومع ازدياد سلطة الحكومة و مؤسساتها ، أصبح الفرد لا يأبه بخصمه ، بل أصبح همه أن يصل إلى الفوز عليه بكل وسيلة ممكنة ، وهذا بطبيعة الحال خلاف ماكان في السابق من وجوب التنازل والتسامح من كلا الطرفين المتخاصمين وصولاً إلى الحل الوسط الذي كان غالباً ما تكون فيه مراعاة لخاطر (الجاهة) وهم الذين توسطوا بين الخصمين .

ثانياً : الروح الفردية أو الجماعية في سلوك الفرد :ـ

وهذا موضوع يتصل بالتضامن الاجتماعي اتصالاً وثيقاً ، فشيوع الروح الفردية والنزعة الفردية لدى الأفراد يؤدي إلى ضعف التضامن ، كما أن شيوع الروح الجماعية (أو الشعور بالجماعة والالتزام بها) يؤدي إلى تقوية التضامن وإلى استعداد الفرد لتقديم جهوده أو الإسهام في الخير الجماعي (مثل التعاون على إنشاء حديقة عامة أو شق شارع أو حفر بئر عامة أو التبرع لصندوق عام) وقد دلت الدراسة الحالية على أن تغير التضامن الاجتماعي وميله إلى الضعف يرجع إلى الميول الفردية ، حيث أصبح كثير من الناس يفضلون الاستقلال بأعمالهم :كزراعة حقولهم وتصريف شؤونهم وحياتهم الخاصة ، وهذا الميل ـ كما ذكرنا ـ ناتج عن عوامل أهمها :ـ

1. عدم الحاجة إلى المساعدة من الآخرين في العمل ، خصوصاً وأن العمل الزراعي الآن طرأ عليه عاملان :ـ

أ ـ العامل الأول : إهمال أكثر المزارعين له ، فلم يعد هو العمل الأساسي لهم .

ب ـ العامل الثاني : وجود إمكانيات آلية كبيرة تغني عن الاستعانة بالآخرين .

2. الاستقلال المالي وتوفر الإمكانيات بشكل عام : فقد أصبح أكثر أفراد المجتمع يعتمدون على الوظائف الحكومية في دخولهم ، وكذلك الأعمال الحرة (كالتجارة والمقاولات) ، وهذه الأعمال توفر الأموال اللازمة لقضاء الحاجات الشخصية مهما بلغت من التعقيد أو الغلاء : كبناء البيوت والزواج وشراء السيارات ....الخ ، الأمر الذي لم يجعل هناك ضرورة لمشاركة الآخرين بمساعدتهم فيها وخصوصاً في مناسبات الزواج) ، وقد ذكرنا ما للفقر من وظائف إيجابية في تقوية التضامن الاجتماعي من أجل التغلب على المصاعب الناتجة عنه (في الفصل الرابع) ، أما في الظروف الجديدة فقد أصبح الفقر غير موجود وزالت بذلك آثاره الإيجابية

والسلبية معاً ، وأصبح المال المتوفر يقوم بوظائف عدة في سد حاجات الأفراد ، فساعد بذلك على استقلالهم عن الآخرين لعدم حاجتهم إليهم .

3. التعليم وانتشار الثقافة :ـ وهذا العامل ساعد على تفتح الأذهان وجعل الجيل الجديد لا ينفذ الأوامر الصادرة إليه من كبار السن أو الشيوخ تنفيذاً أعمى ، بل أصبح يستطيع أن يقول (لا) ويناقش ويقنع ويقتنع ، فوظيفة هذا العامل تبدو واضحة عند الأجيال الجديدة حيث نجد عندهم النزعة الفردية أكثر من كبار السن . والفردية لايمكن اعتبارها شراً مطلقاً ،بل ربما كان فيها معاني الاستقلالية الفكرية والقدرة على التفكير السليم والمناقشة الهادفة إلى الصواب بدون تحكم أو طاعة عمياء جاهلة .

ازدياد سلطة الحكومة ومؤسساتها ومسئولية كل فرد أمام الأجهزة الحكومية بصورة مباشرة ، وتقلص سلطة شيوخ القبائل ، حيث أصبحت أجهزة الدولة ومؤسساتها الحديثة تقوم بكثير من وظائفهم السابقة ، ولاشك أن هذا التطور كله كان في الأساس راجعاً إلى التقدم الاقتصادي اللازم لعملية التحديث والانتقال من دور الحياة الزراعية والقبلية إلى دور الحياة الحضرية بالمعنى الحديث ، والوظائف والأعمال المتنوعة داخل القرية وخارجها .

4. كان لتحسن وسائل المواصلات (من طرق معبدة وسيارات) أثر مباشر على تنمية الاستقلالية الفردية ، وعدم حاجة المسافرين إلى تقديم المساعدات لهم . فقبل شق الطرق الحالية وانتشار السيارات كانت الطرق شديدة الوعورة بحيث يحتاج الإنسان إلى جهد جهيد للانتقال من مكان إلى آخر (خصوصاً في مواسم الأسواق التي يعتبر الحضور إليها في غاية الأهمية والضرورة , لأنها هي أماكن التبادل التجاري المحلي الذي كان يتم إما ببعض العملات أو بالمقايضة)، وكان هؤلاء المنتقلون يحتاجون إلى الزاد وأماكن النوم والاستراحة ، ولما لم يكن هناك فنادق ، فقد كانت القرى التي يمر بها هؤلاء تقوم بوظيفية الفندق لهم حيث ينزلون ضيوفاً عليها .

وكانت هذه العادة الاجتماعية تخفف من العزلة الشديدة التي تعيشها كثير من القرى في ظروف جبلية بالغة الصعوبة ،حيث كان نزولهم كضيوف على هذه القرى يؤدي إلى قيام نوع من الاتصالات وتبادل التفاهم بين القبائل المختلفة ,وكانت الظروف الطبيعية والجغرافية العسيرة تحتم وجود مثل هذا العرف الذي لا مفر منه .

وقد كانت القرى التي يمر بها الضيوف تقدم لهم طعاماً بسيطاً مكوناً في الغالب من الحبوب (القمح والذرة) : على شكل خبز أو عصيد ، وأحياناً على شكل حبوب غير مطحونة ولا مختلطة بشيء آخر ، فيقوم الإنسان بقضمها ليسد بها جوعه في تلك الظروف الصعبة .

وقد انتشرت بين أهل القرى قصص متنوعة عن مثل هذه الأحداث وكيف أن الكرم وتقديم القرى (بكسر القاف) (وهو طعام الضيف) يدل على الرجولة ويوصف من يقدم الطعام بأنه رجل مُطْلَقَ (أي سمح كريم) .

ولولا فقر البيئة المصحوب بالوعورة الشديدة في الجبال وعدم توفر وسائل المواصلات السريعة في الفترة السابقة وظروف العزلة الناتجة عن تلك الصعوبات لما وجدنا مثل هذه العادة الاجتماعية ، ولامثل هذه القصص التي تشكل نوعاً من التراث الثقافي الذي يرويه الآباء للأبناء . وكان لظروف فقر البيئة وقلة المحاصيل دور كبير في ذلك : فالمضيف كان يقدم لضيوفه الحبوب ليقضموها ، أو قد يقدم لهم قطعة من خبز الذرة الدّفين ، وهو خبز كان يصنع من دقيق الذرة (وأحياناً القمح) ويخبز بأن يدفن في النار والرماد الذي كانوا يسمونه (الملّة) (بفتح الميم وفتح اللام وتشديدها).

وفي مثل هذه البيئة كان من الطبيعي أن تنتشر القصص التي تشيد بالكرم وبتقديم الطعام للوافدين من عابري السبيل ،وهذا ما عرف عن العرب منذ أيام الجاهلية ، أما في هذه الأيام فقد تلاشى كل ذلك وأصبح الفرد يستطيع أن يطوف كل المنطقة تقريباً بالسيارة ويدخل إلى أية قرية ، وكذلك زالت الأسباب الموجبة لمثل هذه العادات الاجتماعية .

كانت العزلة تخلق الروح الجماعية عند الفرد ، **ولكنها جماعته المرجعية** [1] **أو مجتمعه المحلي فقط ، ولم يكن أفق خياله يتجاوز هذه الحدود إلا نادراً** . وإذا خرج الفرد خارج قريته أو موطن قبيلته إلى السوق أو لزيارة جماعة أخرى خارج قريته فإنه كان يذهب إلى هذه الجهة أو تلك وهو يحمل أفكاره وعاداته وارتباطاته ولا يفكر يوماً في إمكانية تغيير شيء ، خصوصاً وأنه لم يكن يشاهد أثناء ذلك أشياء تختلف عما ألفه في مجتمعه المحلي . فالروح الجماعية بهذا المعنى كانت عبارة عن قيد للفرد، رغم ما قد يكون لها من إيجابيات كالشعور بالآخرين ومد يد المعونة لهم .

وبانتشار المواصلات وسهولة التنقل نمت الاتصالات بين كل قرى المنطقة ، وأصبح في المنطقة أيضاً أفراد كثيرون من جنسيات أخرى قدموا للمساهمة في عمليات التنمية ،

1...حامد عبد السلام زهران :علم النفس الاجتماعي ـ عالم الكتب ط4 (1977)ص 68

ولهؤلاء أثر كبير في المجتمع حيث يمثلون ثقافات أخرى تتيح لأبناء المنطقة أن يطلعوا على آفاق ثقافية جديدة ، بالإضافة إلى ما جد من وسائل اتصالات أخرى كالراديو والتلفزيون والصحف ، وكل هذه ساعدت على تنمية شخصية الفرد وشعوره بكيانه واستقلاليته الفكرية مما جعل جيل الشيوخ ينظرون إلى أجيال الزمن الحاضر على أنهم أجيال (لا تعرف العوايد) وأنها قد ضيعت " العادات الطيبة وأصبح كل واحد منهم يقول اللهم أسألك نفسي"وهذا ما يعبر بوضوح عن الفردية غير المألوفة عند الشيوخ كبار السن .

ونستطيع الآن في ضوء ما سبق أن نناقش الفرض الأول من فروض الدراسة وهو القائل بأن (التخلف الاجتماعي ناتج عن عوامل معقدة ليس أهمها الثقافة المتخلفة ،لأن الثقافة في النهاية ناتجة عن عدة عوامل اشتركت في بلورتها : كعوامل البيئة الفقيرة وعوامل العزلة وعدم الانصال بالمجتمعات الأخرى) .
رأينا أن بعض العادات الاجتماعية كانت وليداً شرعياً لظروف البيئة (كعادة إكرام المسافرين) وهذه العادة الاجتماعية أوجدت نوعاً من العلاقات بين مجموعات من الناس من قبائل أو مجتمعات مختلفة ، كما أوجدت نوعاً من التراث الثقافي القائم على الحكايات أو القصص (الحقيقية والخيالية) التي تعيش في وجدان أجيال المجتمع .وعادة ما تكون مثل هذه القصص أو الحكايات موضع تصديق وإعجاب عند أفراد المجتمع ، وقد تكون " في ظاهر الأمر للتسلية أو الترفيه ، إنما تقصد إلى غاية أخرى وراء ذلك ، ربما كانت ترسيب معرفة أو تأصيل قيمة إنسانية أو تأكيد مثل اجتماعي أو أخلاقي [1] "
أو هي (تتغيّا ضرباً من النقد الاجتماعي المباشر أو غير المباشر بالدعوة الظاهرة والخفية إلى الاعتصام بنموذج أو العمل على تحقيق التوازن النفسي والاجتماعي للأفراد على اختلاف أعمارهم وأجناسهم ومهنهم " [2]. وبهذا فقد كان لمثل هذه القصص وظائف مهمة تقوم بها تتلخص فيما يلي :ـ

1. أنها كانت المثل الأعلى الذي يحاول الآباء تعليمه للأبناء ودفعهم باتجاهه .
2. أنها كانت تساعد على نشر المبادئ والمفاهيم التي توحد مضمون التراث الشعبي في أذهان الناس .

---

[1]....عبد الحميد يونس : الحكاية الشعبية ـ المؤسسة المصرية العامة للتأليف والنشر ـ دار الكاتب العربي للطباعة والنشر سنة 1968م (ص 84) .
[2]...نفس المرجع ـنفس المكان ـ

3. أنها كانت تقوي العلاقات الاجتماعية بواسطة الاقتداء بها : فالقصة الشعبية عن كرم شخص معين والإعجاب بذلك الشخص وما يقدمه كانت تدفع الآخرين إلى محاكاته حتى يصبح الواحد منهم صاحب سمعة طيبة ، أو ينال الأجر من الله على فعل الخير . وكان فعله هذا يوجد نوعاً من العلاقات الوثيقة الإيجابية .

ولولا ظروف البيئة الطبيعية والجغرافية والعزلة الناتجين عن هذه الظروف لما كان هناك تراث شعبي ثقافي يشيد بعادة اجتماعية معينة (كعادة الكرم المذكورة) ، فمن أهم السمات المميزة لثقافة المجتمعات الفقيرة (كالمجتمعات الصحراوية) أنها " محصلة تفاعل النشاط الإنساني مع البيئة من أجل إشباع الحاجات البشرية " [١] . ولعله من الصواب أن نقول بأن المجتمعات الفقيرة فقط هي التي تنشأ فيها ثقافة ذات صفات معينة هي (ثقافة الفقر) التي عرفها أوسكار لويس بأنها" هي طريقة للحياة يتوارثها كل جيل من الجيل السابق عن طريق التنشئة الاجتماعية داخل الأسرة .[٢]

وربما كان تحليل هذه الثقافة في مجتمعات فقيرة مختلفة يبين لنا عناصر مشتركة بينها في القصص التي تشيد بالكرم وإطعام الضيف وبذل المساعدات وغيرها . وذلك لأن هذه المجتمعات تكون في حاجة ماسة إلى المواد الغذائية الأساسية للحياة ، ولذلك فهي تنظر بإكبار إلى من يبذلها لغيره وتشيد به وتتخذه مثلاً أعلى تحوك حوله القصص ـ كما ينظر العرب إلى حاتم الطائي مثلاً ." وقد كان كورت ليفن Kurt Levinوهنري مري Henry Murry أكثر المنظرين تأثيراً ووضوحاً في دعم الاتجاه الجديد الذي يؤكد على أهمية البيئة ، وعلى أية حال فلا تزال هناك بعض المداخل النظرية التي تقدم بشكل كامل سلسلة عريضة من المتغيرات البيئية وتربط بينها وبين السلوك بعلاقة منطقية منتظمة"[٣]

من كل ما تقدم يمكن استنتاج أن الثقافة ليست هي المسئول الأول عن التخلف ، لأن هذه الثقافة نتيجة وليست سبباً ، فهي نتيجة لعوامل كثيرة معقدة تكون سبب التخلف وسبب وجود الثقافة المتخلفة المرافقة للتخلف ، على أن الثقافة تصبح ـ في مراحل تالية ـ من أخطر العوائق في سبيل التقدم .

---

[١] نبيل صبحي حنا ـ المجتمعات الصحراوية في الوطن العربي ـ دار المعارف (ط1) سنة 1984م (ص 87).

[٢] ......محمد حسن غامري ـ ثقافة الفقر ـ دراسة في أنثروبولوجيا التنمية الحضرية ـ المركز العربي للنشر والتوزيع سنة 1980م (ص 100)

[٣] Moos Rudolf, H, & Insel, Paul M. op . cit. p.6....

ثالثاً: موقف الفرد من تعدد الزوجات :ـ

كان تعدد الزوجات أمراً شائعاً في السابق ،حيث كان الرجل في الغالب يتزوج أكثر من امرأة ، لأن تعدد الزوجات يؤدي بعض الوظائف في المجتمع في ظل الظروف السابقة للتقدم الاقتصادي والتحضر الحالي ، ومن أهمها:ـ

1. توفير الأيدي العاملة في الزراعة ، لأن النساء كن يساعدن الرجال في هذه الأعمال كما كان تعدد الزوجات يتيح إمكانية أكبر لإنجاب الأبناء الـذين يعتبرون قوة عاملة في الزراعـة أيضاً .

2. لتعدد الزوجات وظيفة أخرى هي إتاحة المجال للرجل لكي يظهر "رجولتـه وغنـاه وكثرة أبنائه " ، ولكل من هذه المعاني الثلاثة أهمية خاصة ، فإظهار الرجولة كان في السابق يتم عن طريق الزواج بأكثر من زوجة ، وبإظهار القدرة عـلى ذلك ، بـل وأحيانـاً الافتخار بـه ، وهم بذلك يربطون المعنى الفسيولوجي للزواج بـالمعنى الاجتماعي وشـدة البـأس والصلابة في الرجل ، وهو معنى مألوف على المستوى الشعبي من ناحية عامة، ويعبر عنه قول الواحد من الناس في ذلك الوقت : فلان رجل فحل تزوج بكذا وكذا من النساء ...

أما مظهر الغنى الذي كان يدل عليه تعدد الزوجات عندهم ، فهـو أنـه لا يقـدر عـلى تـزوج أكثر من اثنتين في وقت واحد إلا رجل يملك أرضاً زراعية واسعة وكثيراً مـن الأغنـام . والـزواج بأكثر من واحدة له دلالة عـلى الغنى وعـلى المركز الاجتماعـي المتميـز للرجل في كثير مـن الأحوال ، لأن النساء يساعدن على العمل الزراعي في الأرض الواسعة . أمـا كـثرة الأبنـاء (خصوصاً الذكور) ، فهي مجال فخر واعتزاز لانهاية له ، يدلنا على ذلك أن المـرأة عنـدما تلـد ابناً ذكراً كانت تبشر زوجها من فورها بقولهـا " أبشر ـ يا فلان برجل " وهـي تعنـي بـذلك مولودها الجديد . ولذلك فأم الأبناء لها مكانة خاصة واحترام كبير لأنها حققت للرجل الأمـل في أن يكون له أبناء كثيرون من الذكور يساعدونه ويقفون معه في الأعمال والمناسبات كلها.

وقد انخفض معدل تعدد الزوجات إلى درجة كبيرة ، والسـبب في ذلك ـ كمـا يبـدو ـ هـو أن النظرة إلى المرأة أصبحت أكثر وعياً من السابق بصورة إجمالية بسبب انتشار الثقافة ، وكذلك نتج عن هذا السبب موقف جديد عند المرأة ، يتمثل في عدم رضاها برجل متـزوج مسـبقاً ، بالإضافة إلى أسباب أخرى ، من أهمها :

انصراف الرجل إلى اهتمامات جديدة غير العمل الزراعي الذي كان يحتم على كثير من الرجال الزواج بثانية أو ثالثة لتساعده هي وأبناؤها في الأعمال الزراعية الشاقة ، وكذلك عدم وجود وقت الفراغ الكافي (عند كثيرين) للتفكير في الزواج . وليس معنى ذلك أن هذا السبب ينطبق على كل أفراد المجتمع ، ولكن التوجه العام أصبح يسير في هذا الطريق : إذ بعد أن كان اهتمام الرجل لا يخرج عن دائرة المحصول والإنتاج الزراعي والبحث عن الزوجات وملازمة البيت ، أصبح في الظروف الجديدة يحلم بطموحات وآمال أبعد من مجرد الزواج بامرأة جديدة ، على أن هناك قلة من الناس لا تزال تحمل نفس المفاهيم والأفكار السابقة في هذا الموضوع .

رابعاً : مجالات الاهتمام الجديدة لدى الأفراد :ـ

كانت مجالات اهتمام الفرد في السابق ـ كما بينا في الفصل الرابع ـ تنحصر ـ في محاولة توسيع المزارع لرقعة أرضه المزروعة .حيث كانت ملكية الأرض الزراعية هي إحدى معايير احترام المجتمع لهذا الفرد أو ذا ك .

وكان المزارع يهتم بتوفير المحصول الوافر من الأرض و يفتخر بأن أرضه أنتجت كمية كبيرة من البر أو الشعير أو الذرة . وكثيرا ما كان المزارعون يتحدثون بإعجاب عن فلان الذي أنتج محصولا وافرا . وكان اهتمام الفرد أيضا ينصب على تربية المواشي (خصوصا الغنم والأبقار) وينظرون إلى الغنم على أنها غنيمة ،ويفتخرون بأن لديهم كذا وكذا تنكة سمن بلدي ، وهو المستخرج من ألبان الأغنام والأبقار ،ويسمونه (السمن البري) في مقابل السمن (البحري) وهو المستورد بواسطة البحر أي بالباخرة ، وهو السمن النباتي المعروف . وكان كل بيت من بيوت القرية يُبنى من دورين :الدور الأرضي ويسمى (السفلي) ويجمعونها على (سفالي)،وهو عادة دور معتم له نوافذ صغيرة جدا وغرفه صغيرة ،وهو مخصص للحيوانات التي كان لا يخلو منها بيت من بيوت القرية ، وترعاها إحدى بنات الأسرة (في الغالب)أو أحد أبنائها في حال عدم وجود البنات .

وكانوا يبشرون بعضهم عندما تولد بنت لأحدهم قائلين له : [مبروك الراعية يا فلان ، وهم يقصدون بذلك المولودة الجديدة] . ولا غرابة في ذلك إذا علمنا أن الرعي كان مهنة مكملة للزراعة ، بل قد يكون مقدماً عليها عند بعض الأسر ، ولم تكن هناك أسرة واحدة لا تربي المواشي في السابق ، خصوصاً الأغنام .

ولكن الوضع الحاضر اختلف كثيراً عن السابق ، فقد أصبح اهتمام الأفراد (وجيل الشباب بشكل خاص) ينحصر في المجالات التالية :

1. المال عن طريق الوظائف الحكومية أو الأعمال الحرة .
2. امتلاك العقارات .
3. امتلاك الأرض المخصصة للبناء .
4. امتلاك السيارات الفخمة .
5. طلب العلم .
6. الزواج من فتاة متعلمة .

وهذه الاهتمامات ـ كما يبدو ـ تتركز نقطتين تشكلان محورين لبقية الاهتمامات وهاتان النقطتان هما:

1. طلب العلم . 2. الحصول على المال من أجل توفير الرفاهية في الاهتمامات الأخرى . ولكن هناك أعمالا يعزف المواطنون عـن العمل فيها إلى اليوم وهـي الأعمال اليدويـة أو المهن ومن أشهرها الحلاقة والنجارة والحدادة وورش السيارات ، وربما كان الكـلام الآتي ينطبق عـلى مناطق أخرى من المملكة وهو :" إن نظرة المواطن السعودي إلى المهـن اليدويـة كانـت إلى وقت قريب نظرة سلبية وخاصة لبعض المهن التي تتميز باستعمال اليد والملابس الوضيعة وفي هـذا النـوع مـن المهن غالباً ما نشاهد العجز الواضح في القوى البشرية المطلوبة لتغطية الاحتياجات .

ولكن هناك بعض المهن التي يتحد فيها العمل الفكري مع العمل اليدوي ، وهذه على العموم أكـثر قبولاً لدى العمال السعوديين من غيرها من المهن ومن أمثلة هذه المهن الكهرباء والميكانيكا " [1] أما في هذه المنطقة فإن من النادر أن يجد الإنسان عاملاً في مجال المكيانيكا ، وربما نجد عـدداً قلـيلاً في مجالات أخرى ، كما هو الحال في مجال الكهرباء،ولكن حتـى في هـذا المجال لا يقوم العامـل بممارسة العمل مباشرة بل قد يستعين بعمال من جنسيات أخرى.أما المهن الأخرى التي ذكرناها آنفا فيكاد لا يوجد أي عامل في مجالها .

ورغم هذه المفاهيم فإن التوجه إلى المجالات الجديدة قد أدى إلى صرف الأنظار عـن الزراعة وعـن الأرض الزراعية ، وأصبح القروي يعتمد على سوق المدينة في توفير

1...مدني عبد القادر علاقي ـ تنمية القوى البشرية ـ دار الشروق جدة ـ 1396هـ ـ1976م (ص 219)

حاجاته من خضر وفاكهة وحبوب وغيرها ، وقد أخذ بعض القرويين يأتي بعمال زراعيـين ليقوموا بزراعة الأرض ، ولكن هذا على نطاق محدود حداً , فالعامل الزراعي المستقدم من الخارج يقوم بخدمة الأسرة لا في مجال الزراعة ، بل في مجالات عديدة مـن ضـمنها العمل الزراعي في حـدود استطاعته كفرد، ولكـن هـذا لم يحل مشكلة إهمال الأرض الزراعية ، فبعد أن كان المرء يرى الأرض الزراعية خضراء كأنها البساط الأخضر ـ أصبحت الآن تبصر الأرض غبراء إلا من بقع صغيرة قد تكون مزروعة ببعض القضب (البرسيم) أو بعدد قليل من أشجار الفاكهة ، وربما بشيء من الحبوب .

ويقف الآباء (خاصة كبار السن) في موقف متناقض مع ما يريده الشباب : فالآباء يريدون التمسك بالتضامن كما عرفوه في شبابهم ويركزون عـلى وجـوب التعـاون مع الجماعة ويقولون (يـد اللـه مـع الجماعـة) ويحبون المجاملـة وإكرام الضـيوف وتقديم الذبائح والبر والسمن والعصيد والعريكة (طعام مصنوع مـن السـمن والعسـل ودقيق القمح البلـدي) ولكـن هـذه الأشياء قديمـة بالنسـبة لجيـل الشـباب الجديـد ، أصحاب الاهتمامات المتعلقة بمظاهر الحضارة المادية .

2ـ العلاقات الاجتماعية في الأسرة الريفية:ـ

أوضحنا في الفصل الرابع الصورة التي كانت عليها العلاقات الاجتماعية في الفترة السابقة للتغير الناشئ عن التحضر والتقدم الاقتصادي .وكانت تلك العلاقات إجمالاً تتصف بالمركزية المتمثلة في سيطرة الأب ـ أو كبير السـن في الأسرةـ عـلى مقاليـد الأمـور فيهـا وعلى مصير ومستقبل أفرادها وتوزيع العمل فيها وعلاقاتهم بغيرهم .

ولكن اتخذت العلاقات الاجتماعية داخل الأسرة صورة مختلفـة عـن السـابق ، وإجمالاً أصبحت العلاقات الاجتماعية بين أفراد الأسرة تميل إلى اتخاذ الطابع اللامركزي (إن صح هذا التعبير) بمعنى أن مركز السلطة لم يعد يشدد قبضته على باقي الأفراد ، بـل أصبح هناك نوع من التسامح ومن الحرية الفردية ، لم تكن تعرفها الأجيال السـابقة ، ولاشـك أن عوامـل هـذا التغير كانـت هـي نفس العوامـل التـي أدت إلى التغـيرات العامـة في المجتمع المحلي ، إذ يمكن القول بأن رياح التغير قد بدأت تهب عـلى كـل هـذا المجتمـع بلا استثناء لشيء منه أو من مؤسساته وأفراده .

وهناك اتجاهان لدى علماء الاجتماع لتفسير هذه التغيرات والتنبؤ بمستقبلها :

الاتجاه الأول : هو الاتجاه المتفائل opimistic interpretation of the modern family أشهر ممثلي هذا الاتجاه تالكوت بار سونز Talcott Parsons وكنجزلي ديفز Kingsley Davis0 والاتجاه الثاني هو الاتجاه المتشائم A pessimistic evaluation ، ويمثله أرنولد جرين Arnold Green . وقد أبدى كل منهما وجهة نظره بالنسبة للأسرة الأمريكية فنشر بارسونز مقالة بين فيها أن الأسرة الأمريكية في الطبقة الوسطى هي الأسرة التي يتطلبها المجتمع الحضري المتطور ، من خلال تحليله لوظائف الأسرة ، وكان عنوان مقالته تلك هو (البناء الاجتماعي للأسرة) The social structure of the family.

وأما جرين Green فقد نشر مقالة بعنوان " لماذا يشعر الأمريكيون بالقلق why Americans feel insecure" وهو يصوّر في هذه المقالة أسر الطبقة الوسطى ذات الحراك الاجتماعي إلى أعلى ، وهي الأسر التي يتسم فيها موقف الوالدين بالاضطراب تجاه أبنائهم ،بسبب انشغال الوالدين عن بيتهم ،خصوصاً المرأة [1].

ولعل ما تمر به الأسر العربية في فترة التغير وما يليها يشبه هذا إلى حد ما على درجات متفاوتة ،وبالنسبة لمجتمع الدراسة فهناك تغيرات واضحة تخالف في بعض صورها الأسر في بعض البلاد الأخرى .

وكان لعمليات التنمية التي أولتها الدولة عنايتها الدور الأساسي في هذا التغير وكانت الأسرة من قبل لا تجد إلا القدر الضئيل من الرعاية والتوجيه ، ولكن بعد أن منّ الله على البلاد بالثروة البترولية أصبح هناك اتجاه إلى ترشيد الأسرة وإدخال عناصر الحياة الحديثة إليها من تربية وإرشاد ، وتوفير وسائل الراحة والحياة المناسبة والسكن المناسب ، وقد كان لمشروعات التنمية أثر عظيم في تحسين الوضع السكني للأسرة.

فقام صندوق التنمية العقارية بإقراض الأهالي المبالغ اللازمة للبناء ، وقد استفاد السكان من هذه القروض فائدة عظيمة ، فانتشرت المباني الحديثة الطراز واتسعت البيوت وأصبح في القرى مساكن كثيرة تزيد عن حاجة السكان ، فاستغلوا هذا الزائد كمنازل للأجرة .

وإذا أخذنا بعين الاعتبار أن المساكن القديمة كانت ضيقة وقليلة الغرف (بعض المنازل من غرفة واحدة) ، بينما المساكن الجديدة عمارات حديثة ذات غرف عديدة ومرافق ممتازة لا تقل عن أحسن ما هو موجود في أي مدينة أخرى، عرفنا الفرق الشاسع بين ما كان سابقاً

---

see: introduction to sociology op. cit, page, 264 F.....1

وبين ما هو الآن ، وهذا التوسع العمراني مهم جداً من ناحية تأثيره الاجتماعي على السكان (أو الأسر) حيث أتيح لكل أسرة مهما كانت قليلة العدد أن تستقل بمنزل واحد ، وهذا الأمر له أثره في عملية توزع الأسر وتحولها إلى أسر نووية في الغالب (أو مركبة ولكل زوجة مسكن مستقل) بعد أن كان الطابع الغالب هو الأسرة الممتدة التي تسكن بيتاً واحداً ويتولى أمرها أكبر أفرادها سناً وهو الجد أو الأب .

ونلاحظ أن الأسر النووية صارت هي الغالبة ، وأسباب ذلك مايلي :-

1. التوسع في المساكن ، وهذا ـ كما أسلفنا ـ من الأسباب المهمة ، لأنه أتاح لكل متزوج جديد من أفراد الأسرة أن يستقل بمسكن خاص ، لأن الدولة على استعداد لإعطائه المال اللازم لإقامة المسكن الجديد بمجرد أن يقدم طلباً مرفقاً بصك رسمي يثبت ملكيته لأرض البناء .

2. التوسع في الأعمال والاهتمامات : حيث أصبح كل فرد في الأسرة يتجه اتجاهاً مختلفاً عن الآخر ، مما ساعد على انتشار الأسرة بعد أن كانت في السابق تقوم بوظيفة واحدة هي العمل الزراعي .

وإذا كان صحيحاً أن وحدة العمل الزراعي كانت توجد نوعاً من التضامن الأسري ، إلا أن تنوع الأنشطة والأعمال تجعل كل إنسان يجد شخصيته المستقلة وإمكانياته الكامنة وتنمي فيه نوعاً من الفردية والشعور بالذات ، ولكن هذا لا يعني أن كل فردية أو شعور بالذات سيكون شراً ، بل ربما شعر الإنسان بذاته وبقيمته كإنسان وبالتالي يكون أقدر على التعامل مع غيره وعلى احترامه انطلاقاً من احترامه لنفسه ، خصوصاً إذا نُشّئَ تنشئة اجتماعية تراعي القيم الفاضلة وتوجهه التوجيه السليم .

وتبعا لذلك فقد اتخذ مفهوم طاعة الأبناء للآباء معنى آخر،وأصبح يعني الاحترام والاهتمام،وليس بالضرورة السكن مع الأب والأم في نفس المنزل أو ضرورة ممارسة الأب لسلطة الحاكم المطلق على الأبناء وزوجاتهم كما كان الوضع في السابق .

3-انتشار الثقافة بين السكان عن طريق وسائل الإعلام والمدارس وغيرها ،مما جعل نظرة القروي إلى كثير من الأمور تأخذ طابعا جديدا ،لأن من صفات الثقافة الجديدة أنها شمولية الطابع ، وليست مقتصرة على المجتمع القروي أو دائرة في فلكه فقط كما كان الحال في الثقافة المحلية السابقة التي لا تمس جوانب حياتية أبعد أو أعمق مما تقع عليه عين القروي أو الريفي في مجتمعه المحدود.

وبالإجمال يمكن القول بأن تغير صورة الحياة السابقة كان له أكبر الأثر في جعل الأسرة النووية هي الأكثر مناسبة لهذه المرحلة الجديدة ، وهذا التغير شمل ناحيتين هما :

الأولى :ناحية المظهر المادي للمجتمع ، ويتمثل ذلك في شيئين هما :

أ-المساكن والمرافق التابعة لها على مختلف أنواعها من الحمامات، إلى محتويات المنزل إلى وجود الخدمات العامة إلى وجود الشوارع الحديثة وغير ذلك من المرافق.

ب-الاتجاه العملي أو الوظيفي الجديد المتمثل في مجالات العمل المختلفة التي رافقت الظروف الجديدة . وكذلك في مجال الاهتمامات العديدة التي اجتذب الأجيال الحالية .

أما الناحية الثانية :فهي ناحية التوجه الفكري وتغير النظرة إلى كثير من الأمور،وقد نتج هذا التوجه الجديد عن سببين ،هما:

أ- تغير الصورة المادية والوظيفية للمجتمع (كما ذكرنا ذلك في النقطة السابقة المتقدمة)إذ إن تلك الصورة تحتاج إلى ثقافة فكرية مختلفة عن السابق ،كما أنها هي نفسها تكون حافزا قويا يؤدي إلى نشوء ثقافة جديدة مواكبة لها ،لأنها من مستلزماتها.

ومن بدائه الأمور أن تختلف ثقافة المجتمع التكنولوجي الحديث (مثلا) عن ثقافة المجتمع الذي يعتمد على الوسائل البدائية للمواصلات والاتصالات .كما أن الوظائف القائمة في المجتمع الحديث تحتاج إلى مهارات فكرية وحركية واستعدادات نفسية والى آفاق واسعة ومختلفة عما كان يتطلبه المجتمع المحلي المحدود الآفاق والمجالات.

ومن ناحية عامة فإن التغيرات المادية في حياة الإنسان لا تكون ذات تأثير محدود أو محصور في النواحي المادية فقط في حياته ،بل لابد أن تكون لها آثار عليه في النواحي الفكرية والنفسية . ومن هنا نلاحظ أن سعي الإنسان وطموحه إلى رفع مستوى نفسه فكريا يلتقي في خط واحد متساند مع الآثار المنعكسة من التقدم المادي ، ويؤدي هذا التساند إلى محاولة الإنسان المزاوجة بين تفكيره الذاتي وابتكاره الفكري من ناحية ،وبين ما يحدثه التطور المادي من آثار إيجابية على حياته في هذا المجال ،خاصة إذا كان هذا التطور المادي سريعا وآتياً من الخارج وليس متدرجا ومبتكرا محليا داخل المجتمع نفسه .ومن هذه النقطة بالذات يمكن أن نلاحظ التفاوت بين مجتمع وآخر في مدى سرعة تقبل كل منهما للتغيرات الجديدة ،وهو المدى الذي يتناسب عكسيا مع درجة التخلف ،وكذلك مع درجة العزلة أو درجة التمسك بالقديم والمحافظة عليه دون تبصر أو نقد له .

183

ب ـ أما السبب الثاني الذي أدى إلى التوجه الفكري الجديد فهو عامل الانتشار الثقافي ـ cultural diffusion [1] حيث كانت الحضارة الحديثة (المادية الأوروبية على وجه التحديد) ذات تأثيرات عالمية ، وهذه التأثيرات قسمان ، مادية وفكرية : فالجانب المادي تمثل في التكنولوجيا بكل أنواعها ومجالاتها . والجانب الفكري تمثل في الأفكار والقيم والمبادئ والأيديولوجيات التي صاحبت هذه التكنولوجيا ، بالإضافة إلى عوامل أخرى أدت إلى انتشار الثقافة الفكرية الأوروبية ، وأهم هذه العوامل هو الاستعمار الذي امتد إلى معظم أجزاء العالم .

وهذه التغيرات أدت مجتمعة إلى صورة جديدة للحياة ،جعلت الأسرة النووية هي الشكل الأسريّ المناسب ، ولكن انتشار الأسرة النووية في الفترة الحاضرة ليس معناه أن تستقل تماما عن بيت الوالدين بل يظل التواصل مستمرا ،وكثير من الأبناء استقلوا مع أسرهم ولكن في بيت شديد القرب من البيت العائلي القديم ،وعدا هذا فقد تكون الأسر المتفرعة من أب واحد (أسر الإخوة)متحدة في مصروفاتها ؛ فنجد أن كل أسرة تمتلك في بيتها نفس ما تمتلكه الأسرة الأخرى ،أو ربما كان الإخوان يضعون كل ممتلكاتهم (من مال أو غيره)في يد والدهم الذي لا يتصرف فيها إلا بمشورتهم جميعا فيعطي كلا منهم حاجته :فهو يعين قسما للإنفاق على كل أسرة ،وكل من الأبناء يأخذ مصروفه الشخصي ،وأما الحاجات فيشتريها الأب والأبناء مع بعضهم (كالثياب مثلا)ويأخذ كل منهم حاجته منها ،وهذا العمل فيه الدلائل على احترام الأبناء للأب وعلى تماسك الأسرة وتفاهمها ، مع الاعتراف بشخصية كل فرد .وفيه كذلك الدليل على تكيف الآباء مع الأوضاع الجديدة في مجتمعهم ولا نستطيع القول بأن هذا معناه بقاء الأسرة المحتدة على حالها بل ربما يكون في هذا شكل جديد من العلاقة الأسرية يقع وسطا بين الاستقلال التام للأسرة النووية أوالاندماج في الأسرة الممتدة التي كانت في السابق تسكن مسكنا واحدا ، ويتولى كل شؤونها رجل واحد (هو الأب أوالجد) وتذوب فيها استقلالية الأفراد ذوباناً تاما .

ولكن نرجح أن تكون صفة الأسرة النووية هي الأغلب في مثل هذه الحال,مع العلم أن هناك أسراً نووية كاملة الاستقلال في كل شيء, وهذه الأسر لا يكون الرجل فيها مرتبطاً بإخوته (إن وجدوا) بروابط كالسابقة, وذلك بسبب وفاة والدهم الذي كان هو مرجعهم جميعا .

1...انظر ـ محمد عاطف غيث ـ علم الاجتماع القروي ـمرجع سابق (ص 340)

وسنحاول في الصفحات التالية إعطاء صورة عن وضع كل فرد من أفراد الأسرة بشيء من التحديد والتفصيل ,

وسنتناول النقاط التي سبق أن بحثناها في الفصل الرابع وهي :

1- مركز الأب في الأسره .

2- مركز الأبناء الذكور .

3- مركز المرأة في الأسرة.

4- مركز البنات في الأسرة .

1ـ مركز الأب في الأسرة :ـ

إن المجتمع العربي يظل مجتمعاً مترابطاً رغم ما قد يصحب عمليات التحضر من ابتعاد عن القيم الاجتماعية السابقة أو ارتخاء العلاقات الاجتماعية المتينة التي كانت في السابق تصنع درجات ومراتب لكل فرد داخل الأسرة القروية وفي حدود المجتمع المحلي .

ولعل ذلك يرجع إلى القيم الثقافية المتوازنة خصوصاً القيم الإسلامية التي تدعو إلى ضرورة التراحم والتعاطف ، وضرورة مراعاة الوالدين والأقربين وصلة الأرحام ، تلك القيم العظيمة التي تجعل من الإنسان كائناً متميزاً يستشعر السعادة و لا يعرف العقد النفسية الناتجة عن الفراغ العاطفي الأسري والشعور بالوحدة والغربة التي يعاني منها المجتمع المتحضرـ وبالذات الصناعي المتقدم [1] .

وانطلاقاً من هذه المسلمة الأساسية نستطيع أن نقول بأن الأب في الأسرة لا يزال هو الرأس المدبر والقائد الذي تحترم كلمته ، ولكن أصبح أباً (ديمقراطياً) لا يستبد برأيه ولا يرهبه الأبناء ، بل يسمح لهم بإبداء الرأي ويحترم آراءهم ويتفهم (في كثير من المواقف) طموحاتهم ويعرف أن هذا الزمن مختلف عن زمنه هو عندما كان في مثل سنهم ، وكأن الأب أصبح يمتثل لقول الله تعالى " وشاورهم في الأمر " ولا شك أن تنوع الوظائف التي يقوم بها أفراد الأسرة كان هو العامل الفعال في إدخال عنصر الشورى والديمقراطية الأسرية ، فأصبح الأب لا يملك سلطة توزيع الأعمال بين أبنائه ، ولا يعين لكل فرد منهم وظيفته التي تناسبه ، كما كان في السابق . ولكنه يملك لهم المشورة والتوجيه فقط ، وهو

1......انظر : محمد عاطف غيث ـ علم الاجتماع الحضري ـ مرجع سابق ـص(99ـ 100) .وكذلك لنفس المؤلف : علم الاجتماع التطبيقي ـ دار النهضة العربية بيروت ـدون تاريخ (ص 105) .

المسئول عنهم . ويقدم له الموظفون منهم المال الذي ينفق منه على البيت (على أمهم وإخوانهم الصغار السن .).

وقد وجدنا عدداً من الآباء الذين يتقاضون ما يشبه الراتب الشهري من كل ابن من أبنائهم المتزوجين والموظفين ، إمّا لأن هؤلاء الأبناء يعملون بعيداً عن المنطقة أو لأنهم منفصلون تماماً عن آبائهم ، وقد يكون الأب متزوجاً بامرأة غير أمهم ، وفي هذه الحال لا يتأخر الأبناء عن مدّ والدهم بما تحتاجه أسرته المكونة منه ومن زوجته الثانية وأبنائه الذين غالباً ما يكونون صغار السن .

وفي هذه النقطة بالذات نجد أثر الدين الإسلامي في توجيه الأبناء ، وفي غرس احترام الوالدين في قلوبهم ، فالدين هنا كان معياراً Norm أساسياً في توجيه سلوك الأبناء وإيجاد نوع من التعاطف داخل الأسرة " والمعايير Norms هي قواعد rules أي أنماط " patterns" للسلوك تحدّد ما هو متوقع ومعتاد وصواب ، أو مناسب في موقف معين فهي ترشد الإنسان إلى ما يجب أن يعمل أو يفكر في موقف معين "[1] فالمعيار إذن " قاعدة تحكم سلوكنا في كل المواقف الاجتماعية التي نشترك فيها [2] ". وبذلك فللمعايير وظيفة مهمة تتمثل في توجيه السلوك الاجتماعي للأفراد والأنساق الاجتماعية بما يحقق خير المجتمع العام ويقوي من سلطاته على الأفراد ، وسواءٌ كانت هذه المعايير نابعة من الدين أو من العرف الاجتماعي أو من أي مصدر آخر فإنها تمارس هذا التأثير ، ولكن ربما كانت المعايير المنبثقة من الدين والمرتبطة به تمثل أقوى هذه المعايير تأثيراً .

وإذا حاولنا تحليل العلاقات الحالية بين الأب وأفراد أسرته فسنجد أن هذه العلاقات ليست جديدة تماماً بل هي امتداد للعلاقات السابقة :ـ

1. فعلاقة الاحترام للأب علاقة أساسية كانت موجودة من قبل ، ولكنها اتخذت مضموناً جديداً وشكلاً جديداً ، حيث كان الاحترام سابقاً يقوم على الرهبة الممزوجة بالخضوع ، بينما هي اليوم أكثر نضوجاً لأنها تقوم على أساس عقلي حيث أصبح بإمكان الابن مناقشة الأب (في حدود الاحترام) وربما خالفه ، ولكن هذا لم يكن ليحصل في السابق . وبذلك فقد تلاشى جزء من بناء العلاقات السابقة (أو من مضمونها) وهو الخوف والخضوع ، وبقي

1....محمد فؤاد حجازي التطبيقي ـ دار النهضة العربية ـ بيروت ـ دون تاريخ (ص 19)

2 ....نفس المرجع ـ نفس المكان .

القالب الأساسي (الفكرة) وحل محل البناء السابق بناء جديد يقوم على التفكير وتبادل الرأي والطمأنينة .

2. كانت علاقة الأب بأفراد الأسرة تصل في تأثيرها كل جوانب حياتهم : كتحديد وظيفة كل منهم في الأسرة ، وتحديد أصدقاء الأسرة على مستوى الأسر الأخرى أو الأفراد . وقد تلاشت هذه العلاقة تماماً وأصبح الأب (في الغالب) لا يمكنه تحديد عمل ابنه ، بل الابن وحده هو الذي يحدد مستقبله الدراسي والوظيفي ، وكذلك كان لانتشار أفراد الأسرة (في الوظائف والأعمال المختلفة الأماكن) دور كبير في جعلهم تأثير الأب صفراً في هذا المجال . ولكن رغم أن وظائف الأفراد ـ أعضاء الأسرة ـ لم تعد كالسابق ، إلا أن كلاً منهم يقدم دعماً لكيان أسرته (وبالتالي مجتمعه) من خلال موقعه الوظيفي الجديد .

2ـ مركز الأبناء الذكور في الأسرة المتغيرة :ـ

كانت أهم القيم التي يعتز بها القروي سابقاً قيمتان هما الأبناء والأرض الزراعية ، أما اليوم فقد أصبح للأبناء قيمة تفوق قيمة الأرض الزراعية بينما كان يصعب القول بذلك سابقاً . ويبدو أن سبب هذا التبدل أن الأبناء أصبحوا أهم مصدر للثروة بعد أن كانت الأرض الزراعية وتربية الماشية . فالأبناء اليوم يعملون إما كموظفين في مجالات مختلفة أو في الأعمال الحرة ، وفي الحالين يستطيعون توفير المال اللازم للحياة الأسرية أكثر مما تستطيع الأرض الزراعية ، وأصبحت الأرض في المرتبة الثانية أو الثالثة ـ وربما الرابعة عند بعض الناس بعد الأولاد الذكور والعمارة السكنية والسيارة الفخمة . ولكن هناك قيمة كبيرة للأرض المخصصة للبناء بينما انخفضت قيمة الأرض الزراعية إجمالاً .

أما وضع الأبناء في الأسرة فهو كما كان سابقاً ولم يتغير إذا نظرنا إلى الأسرة كوحدة واحدة مرتبة بشكل مسلسل بحيث يقع في المقدمة الأب والأم فالأبناء الذكور فالبنات . ومركز الأخ الأكبر مقدم على الآخرين فهو الذي ينوب عن والده في حال غيابه أو وفاته أو هرمه ، ويصبح بذلك وليّ أمر بقية أفراد الأسرة ، ونستطيع حصر التغير في نقطتين :

1. تغير عام أصاب الأسرة كوحدة واحدة لا تتجزأ : حيث انتقلت الأسرة الواحدة بذلك من حال إلى حال جديدة مع المحافظة على مركز كل فرد من أفرادها في مكانه السابق .

2. أما المقارنة مع السابق في مجال القيم التي يعتبرها القروي (من الآباء الكبار السن) قيماً عليا فقد كانت سابقاً كما يلي :ـ

1. الأرض والأبناء معاً .

2. المواشي . بينما أصبحت في الوقت الحاضر كالآتي :ـ

1. الأبناء الذكور .   2. العمارة السكنية .   3. الأرض (للبناء) .

4. السيارة الفخمة (عند كثير من الناس) .   5. الأرض الزراعية .

على أن هذا ليس مطلقاً ، بل هناك بعض القرويين ممـن يفضلون الأرض الزراعيـة عـلى السـيارات وعلى الأرض الخاصة بالبناء . وقد لـوحظ أن هـؤلاء كـانوا مـن جيـل الشيوخ وكبـار السـن إجمالاً لارتباطهم العاطفي والطويل بالأرض الزراعية .

وخلاصة القول : إن الأبناء أصبحوا يحتلون المرتبة الأولى دون منـازع في سـلم القيـم التـي يعتبرها القروي قيماً أساسية في حياته . ويلاحظ أن هـذا راجـع إلى الوظيفة الاجتماعية التـي كـان الأبنـاء يؤدونها سابقاً ، والتي أصبحوا في الظروف الجديدة يقومون بها .

ففي السابق كانت وسيلة الإنتاج هي الأرض الزراعية والقوة العاملة التي يكوّن الأبناء جـزءاً منهـا ، وبذلك فقد كان كثير من الآباء يعتبر الأرض الزراعية أولاً ثم الأبناء ، وكـان بعضـهم الآخـر يسـوّي بينهما ، وقليل هم الذين كانوا يعتبرون الأبناء أولاً . بينما الآن أصبح للأبناء وظيفة توفير احتياجات الأسرة بمفردهم دون الأرض الزراعية ، مما زاد في قيمتهم الاجتماعية في الأسرة وفي مجتمعهم بشكل عام .

3.   مركز المرأة في الأسرة :ـ

المرأة هي الزوجة وهي الأم ، وقد بينا في الفصل الرّابع من هذه الدراسة كيف كان وضعها في الفترة السابقة على مرحلة التغير . وكان للتغيرات الحالية أثر واضح في تحسين وضع المرأة إجمالاً ، حيـث ازداد التقارب بين المرأة والرجل (الـزوج) في الأسرة. وازدادت الثقـة في العلاقـة الزوجيـة ، ويرجـع سبب ذلك إلى انتشار الوعي بين الأجيال الجديدة والاعتراف بأن المـرأة تحتـل مكانـة مهمـة تـوازي مكانة الرجل في بناءالأسرة وبالتالي المجتمع . وإذا كان الوضع السابق قد جعل مركز المرأة أقل شـأناً فإن الأوضاع المتغيرة قد جعلت لها مكانة أكثر احتراماً وذلك لأنها كانت في السـابق تقـوم بالأعمال الزراعية مشاركة في ذلك الرجل ومؤتمرة بأمره ، ولما كانت المـرأة أقل قدرة مـن الرجـل عـلى تلـك الأعمال : فقد كانت تابعة لـه ولا يمكنها أن توازيه لا أن تتفوق عليه في هذا المجال . ولكـن في الظروف المتغيرة أصبحت الزراعة لا تجمع بينهما بل اتجه الرجل إلى اهتمامات أخرى والمرأة كذلك ، فأصبحت المرأة غير تابع للرجل في مجالاتها ومجالاته الجديدة ، بل أصبحت أعمالها مكملةلأعمال الرجل ومتكاملة معها :فالرجل في وظيفته أو عمله والمرأة في البيت

لتربية الأبناء والإشراف على بيتها عامة ، أوفي ممارسة عمل ما غير الزراعة (كأشغال الإبرة أو الخياطة أو الاجتماع مع نساء القرية) وقد أصبح ينوب عن المرأة في وظائفها السابقة :

أ ـ **في مجال العمل الزراعي** : الآلات الزراعية والمعدات الحديثة : كالحراثات وغيرها مع ملاحظة قلة الاهتمام الأسري بالزراعة حالياً .

ب ـ **في مجال تربية المواشي** ورعيها : ينوب عن المرأة في ذلك وجود الرعيان الرجال الذين تستأجرهم القرية للقيام برعي الماشية (الأغنام) مقابل أجر شهري يدفعه أصحاب الأغنام ، وغالباً ما يكون الرعاة من الغرباء (من أهل اليمن) وهم بذلك ينوبون عن الراعيات من النساء أو الأولاد والبنات الذين تولوا ذلك في السابق .

ج ـ **كما أن بعض الأسر** اتخذت لها خدماً وخادمات ـ وفي المجتمع القروي ينتشر ـ عدد من الخدم والمزارعين من جنسيات عربية أو إسلامية من آسيا يعملون مقابل أجر شهري قدره يتراوح بين 500ـ 700 ريال سعودي (أي ما بين 134ـ 186) دولاراً بالإضافة إلى السكن والطعام . وهناك عدد قليل من الخادمات (الإناث) ورواتبهن توازي الرواتب السابقة . وتقوم الخادمة عادة بوظيفة الخادمة والمربية معاً فهي تقوم بأعمال المنزل كلها (تقريباً) بالإضافة إلى العناية بالأطفال ، كل هذه الملامح تعطينا فكرة واضحة عن الوضع الجديد الذي أصبحت فيه المرأة . كما أصبح هناك تعاون أكبر من ذي قبل بين الزوج وزوجته في المجالات الاقتصادية : إذ كانت المرأة في السابق تستقل بذمتها المالية وبكل ما تملك ، ولا تسمح لزوجها (في الغالب الأعمّ من السكان) أن يتصرف في شيء من أموالها أو ممتلكاتها ، ولكن في الظروف الحالية المتغيرة أصبح هناك نوع من الثقة والاستعداد لتقديم المساعدة للزوج عند الحاجة ، ولعل هذا راجع إلى ارتفاع المستوى الثقافي والفكري لدى الجنسين مما يؤدي إلى الاكتفاء بزوجة واحدة ، وكذلك يؤدي بالمرأة إلى القدرة على إقناع زوجها بها وعدم إعطائه فرصة للبحث عن زوجة جديدة .

د ـ **وفي المجالات الأخرى** التي كانت المرأة تقوم فيها بالعمل سابقاً : كجلب الماء من البئر بالقربة أو إحضار الحطب للوقود وصنع الخبز ، فقد استراحت المرأة من كل هذه الأعمال : حيث حلت المواقد الغازية والكهربائية والأفران محل الحطب في كل منزل . ولم يعد هناك استعمال للأخشاب و الحطب في إعداد الطعام إلا في حالات نادرة جداً . وأما الماء

فقد أصبح متوفراً على شكل خزانات وحنفيات داخل المنزل الحديث ، وأصبح تسخين الماء يعتمد على السخانات الكهربائية الحديثة .

وقد كان هذا التغير ناتجاً بشكل أساسي عن الوفر الاقتصادي الضخم الذي مكن المجتمع المحلي من التعرف على المنجزات الحديثة في مجال التجهيزات السكنية والآلات التي سهلت كثيراً من الظروف السابقة الصعبة يضاف إلى ذلك ما أحدثه الاتصال الثقافي (Cultural contact) من آثار .وقد كانت قنوات هذا الاتصال عديدة ومنها: الراديو والتلفزيون ووجود أعداد من جنسيات أخرى في المجتمع، ووجود المدارس للبنين والبنات ، وتحسين وسائل الاتصالات والمواصلات وبالنسبة للمدارس فقد كان لها أثر عظيم على المرأة (بشكل خاص مدارس البنات) حيث وفرت للنساء شيئين مهمين ،هما:

1. الدراسة المسائية لمحو الأمية .
2. مجلس الأمهات .

فوجود المدارس إذن حقق شيئاً من التفاعل مع المجتمع بالطريقتين المذكورتين بالإضافة إلى تنشئة البنات (كأمهات للمستقبل) بطريقة عصرية مخالفة لما كان سابقاً .

4.مركز البنات في الأسرة :

تحسن وضع البنات داخل أسرهن تحسناً ملحوظاً من حيث القيمة الاجتماعية والاهتمام بهن ، وقد أصبح من الواضح أن تعليم الفتاة الآن يشكل قناعة عند كثير من السكان بعد أن كل يؤيده في السابق عدد قليل من الناس .

ولهذا التّحوّل أسباب تتلخص فيما يلي :ـ

1. الإغراء المادي :ـ حيث تحصل الفتاة الطالبة على تأمين الكتب والنقل الحكومي إلى المدرسة مجاناً ، كما تحصل في الدراسات الجامعية على سكن مجاني وراتب طيلة مدة الدراسة ، بالإضافة إلى الوظيفة المضمونة عند التخرج .
2. التأثر بالجنسيات الأخرى من أبناء البلاد العربية ومحاولة الاقتداء بهم بالنسبة للرجال أو النساء . وقد كان مجال التعليم هو المجال الأكثر إمكانية لهذا الاقتداء ، ويمكن اعتبار هذا الأمر داخلاً تحت ما يعرف بالاتصال الثقافي المباشر ، حيث ساعد وجود أبناء البلاد العربية الأخرى على إيجاد مفاهيم جديدة لدى هذا المجتمع .

3. لوسائل الإعلام دور بارز في هذا الموضوع ، حيث تذاع برامج (في الراديو والتلفزيون) عن التعليم وفضل العلم وضرورته وحث الإسلام على طلب العلم ، مما يكون له أثر كبير في توجيه المستمعين والمشاهدين إلى هذا الأمر .

4. ومن ناحيه ثانية أصبحت النظرة إلى البنات في الأسرة تقوم على الاحترام والاهتمام عند كثيرين بسبب ما يقبضه والد الفتاة من مهر كبير عند تزويجها (خصوصاً الفتاة المتعلمة) .

ويشكل غلاء المهور عقبة في وجه الشباب المقبلين على الزواج، رغم توفر المال عندهم ، إلاّ أن هذا الأمر أخذ يميل إلى الاعتدال التدريجي بشكل يتناسب مع انتشار الوعي وارتفاع عدد المتعلمين .

وأما من حيث العمل الذي تقوم به البنت في الأسرة فقد اختلف عن السابق ، وأصبح عملها مقصوراً على مجال المنزل بعد أن كان في السابق يمتد إلى خارجه كالرعي والمساعدة في الأعمال الزراعية وجلب الماء وغير ذلك . والخلاصة أننا نلاحظ وجود تغيّر عام في حياة الأفراد وفي نوعية الأعمال التي يقومون بها في ظروف الأسرة المتغيرة ، ولم تعد هناك إمكانية توزيع العمل عليهم من قبل الأب ، كما كان ذلك سابقاً ، ونستطيع القول بأن الظروف الجديدة ذات تأثير مباشر على أفراد الأسرة ، وأن هذا التأثير قد ألغى (تقريباً) سلطة الأب بعد أن تجاوزها ، وأصبح دور الأب الآن يقتصر في هذه الناحية على التوجيه فقط بدون أن يستطيع تحديد نوعية العمل أو الاهتمامات التي يختارها أفراد أسرته من الأبناء والبنات .

ولم يؤثر هذا الوضع الجديد على دور الأب فقط ، بل لقد تناول كل أفراد الأسرة وعلاقاتهم ببعضهم ، وتأثرت به بشكل عميق وظائف الأسرة القروية من ناحية عامة ، فقد كانت تقوم بوظائف عديدة أهمها : العناية بالأطفال وتوجيههم ، والتعاون على الأعمال المختلفة (التي كان أهمها الزراعة والرعي) ,كذلك إشباع حاجات الأفراد مادياً وعاطفياً ، وتوجيههم في مراحل الحياة المختلفة [(1)] ، ومع التغيرات الحديثة أصبحت هناك مؤسسات عديدة تقوم بتأثيرات مهمة في توجيه الأبناء : كالمدارس والنوادي [(2)] ووسائل الإعلام والصحافة ، وبذلك فقد تقلص دور الأسرة في هذا المجال (مجال التنشئة الاجتماعية) " والإنسان

---

[1] ...محمد عاطف ـ المشاكل الاجتماعية ـ دار الكتب الجامعية 1977م (ص 147ـ 148) كذلك : introduction to sociology op . page 259ff.

[2] ...سناء الخولي ـ التغير الاجتماعي والتحديث ـ دار المعرفة الجامعية ـ 1985م ص (221)

يختلف عن الحشرات الاجتماعية (كالنمل) فملكة النمل تستطيع أن تعيد بناءها الاجتماعي وهي منفردة وتتصرف كما لو كانت في مجتمع ، ولكن الإنسان لا يمكنه ذلك إلاّ إذا نشأ في مجتمع وتعلم منه ثقافته ، والنملة تملك بالغريزة أو بالطبيعة القدرة على ذلك ، بينما الإنسان لا يملكه . وكمثال على ذلك " الطفل الذي يعيش في غابة فيتصرف كالحيوانات ، أو الطفل الشرقي الذي ينشأ في أسرة غربية فيتعلم ثقافتها وطباعها ، والخلاصة أن الإنسان قادر على اختيار ثقافة مجتمع آخر غير مجتمعه "[١] .

ولكن ليس معنى هذا أننا" عند تفسيرنا للتغيّرات التي تحدث في الأسرة نستطيع أن نستنتج بأنها تغيرات سيئة أو جيدة ، وإنما هي خيارات تتفق مع طريقة الحياة المتغيرة ، وهذه وجهة نظر أكدها كل من تالكوت بارسونز وكنجلي ديفز "[٢] ولا يمكن الحكم على هذه التغيرات إلا بعد أن تستقر المفاهيم الجديدة الناتجة عن التغير ثم قياس ما لها من آثار على بنيان المجتمع واتصافه بالصفات الحضرية المادية والإنسانية معاً .

تلخيص وتحليل :ـ

من الفقرة السابقة وقفنا على التغير الذي حصل في وظائف المرأة في المجتمع القروي ، ورأينا الوظائف السابقة المتعلقة بالأعمال الزراعية تتلاشى ، ولم يعد للمرأة أي دور تقوم به في هذا المجال ،وذكرنا الأسباب في ذلك ، وهي تتلخص في انصراف المجتمع عن الزراعة وتربية الحيوان كعمل وحيد ، وكذلك قلّت الحاجة إلى القوة البشرية العاملة في الحقل بسبب توفر الأدوات والآلات الزراعية الحديثة .

وتقلص دور المرأة في الوظائف المعتادة سابقاً : كجلب الماء والحطب للوقود بسبب وجود البدائل لهذه الأشياء ـ كما بينا آنفاً ـ وحتى في مجال العناية بشؤون المنزل والأطفال (في بعض الأسر) قل دور المرأة بسبب وجود الخادمات في البيوت .

والناظر إلى العلاقات التي كانت تربط المرأة بأفراد أسرتها يجد أنها تغيرت بحيث اتخذ بعضها شكلاً جديداً ، بينما تلاشى بعضها الآخر تماماً ليحل محله نوع جديد من العلاقات :

أ ـ **فالعلاقة السابقة بين الرجل والمرأة** كانت تقوم على التبعية الكاملة للرجل في مجال وظيفتها في العمل الزراعي بسبب عدم مقدرتها على مجاراة الرجل في القوة الجسمانية

---

١ Benedict, Ruth, patterns of culture op cit , p 11 f....

٢ Introduction to socio . op. cit., p, 277.....

اللازمة وفي مجال العمل المنزلي أيضاً كانت تتبع الرجل لكونه هو الـذي يتـولى توجيـه أفـراد الأسرة لأعمالهم في أوقات محددة ولأنواع محددة من العمل .

أما اليوم ـ في ظروف التغير ـ فقد تلاشت التبعية الوظيفية للرجل ، لأن العمل الزراعي لم يعـد هـو الوظيفة الأساسيه التي يقوم بها الرجل ، بل أصبح عملاً ثانوياً قد يمارسه بدون تكريس وقته كلـه أو جهده له . وهذا ما جعل المرأة تفلت من التبعية التي كانت عليها سابقاً ، وإن بقيت تبعيتها للرجل (كرب للأسرة) وذلك عملاً بقول الـلـه تعالى :" الرجال قوامون على النساء ".

ب ـ **أصبح للمرأة علاقة جديدة بالرجل ، وهـي علاقـة الثقة والقناعـة بـين الـزوجين** ، وبالتـالي شعور المرأة بالسيادة المنزلية ، وهذه الثقة أفقدتها صفة كانت بـارزة في السـابق وهـي الاستقلال بأموالها وأملاكها ، فالثقة التي أصبحت صفة متنامية في علاقة المرأة بالرجل قابلها نقص في الاستقلالية المالية للمرأة واستعدادها لجعل أملاكها وأملاك زوجها مشتركة بينهما أو باسم الـزوج ، خصوصاً إذا كان عندهم أبناء يقوّون هذه الثقة بينهما .

ج ـ **أما علاقة المرأة بأبنائها وبناتها** فهي تقوم على الاحـترام العميـق لـلأم ، وقـد تكـون الأم   (في كثير من الحالات) أقدر على فهم أبنائها وبناتها من الأب بسبب انشـغاله عـن أبنائه ، وقـد تكـون الأم واسطة الفهم التي يمكن من خلالها أن يطلع الرجل على شؤون أفراد أسرته . وهذا الـدور زاد من قيمة المرأة بسبب وظيفتها في الأسرة وتفرغهـا للبيـت وللأولاد . ولـذلك تقـوم بعـض الأمهـات بالسؤال عن أبنائهن وعن مستواهم الدراسي ويتابعنهم ، وقـد يكـون ذلـك لغيـاب والـد الطفل أو انشغاله المستمر أو وفاته .

بالإضافة لذلك فقد أتاح وجود المدرسة (مدرسة البنات) في القرية فرصة جيدة للأمهات   (مـن خلال مجلس الأمهات) للإطلاع على أشياء لم يكنّ يعرفنها من قبل سـواء مـن الناحيـة الثقافيـة أو الاجتماعية من خلال مشاركتهن في الحفلات المدرسية وفي ألوان النشاط الثقافي والاجتماعي .

من التحليل السابق نلاحظ أن العلاقات الأسرية (خصوصاً ما يتعلق بوضع المرأة والرجل) أصبحت أكثر عمقاً ونضوجاً ، وهذه العلاقات ـ كما رأينا ـ ناتجة عن ظروف وظيفية طرأت عـلى المجتمـع بعد التقدم الاقتصادي واتساع مجالات الحياة العملية أمام أفراد المجتمع القروي .

الفصل السابع

المجتمع الريفي في ظروف التغيّر

1. العلاقات الاجتماعية داخل المجتمع الريفي .

2. العلاقات الاجتماعية بين المجتمع الريفي و مجتمع المدينة .

أولاً: العلاقات الاجتماعية داخل المجتمع الريفي :ـ

بينا في الفصل الرابع من هذه الدراسة كيف كان المجتمع الريفي مترابطاً وبحثنا موضوع التضامن الاجتماعي وأسبابه في الفترة السابقة على مرحلة التغيّر .

وكان مفهوم التضامن الاجتماعي يعني تعاون كل الأفراد على ما يعتقدون أن فيه الخير والمنفعة لذلك المجتمع . وقد كان هذا المفهوم عامّاً وشاملاً لدى الفرد والجماعة على حد سواء .

وبينا في الفقرة الأولى من الفصل السادس كيف اتخذ مفهوم التضامن صفة جديدة تختلف عن السابق عند الأفراد . وقد تأثر المجتمع بشكل جماعي بالأوضاع الجديدة . ولكنه لا يزال يشكل جماعة واحدة لم تتفكك روابطها ، لأنه " وحدة اجتماعية تتكون من عدد من الأفراد لكل فرد دوره الذي يقوم به ، والذي ينظم له علاقاته مع غيره ، ويشتركون جميعاً في تنظيم معين من المعايير ينظم سلوك كل منهم "[1] ولكننا لا نستطيع أن نقول بأنه لا يزال من (الجماعات الأولية)[2] في المرحلة الحالية بعد التغير الحاصل ، كما لا نجد مسّوغاً أو مبرراً يجعلنا نقول بأن هذا المجتمع القروي قد أصبح يتصف بكل صفات الجماعات الثانوية[3] ، فهو لا يزال يحمل كثيراً من الصفات الأولى ، ولكنه في نفس الوقت اختلف اختلافاً بيناً عن وضعه السابق ، وهذا ما يدفعنا إلى القول بأن المجتمع يمر بفترة انتقالية قد تطول وقد تقصر . وشعر أبناء هذا المجتمع بما يدور حولهم وما يجري من تغيرات سريعة ومفاجئة ، وربما تكون عنيفة لكثير منهم أو تشبه الصدمة ، كما شعروا بأن التغير السريع قد بدأ يصيب كثيراً من العادات والأعراف التي عاشوا عليها سنين طويلة ، وأخذ الناس يتحدثون عن شؤونهم في ضوء هذه التغيرات ، وكان كثيرون يظهرون التخوف من ذلك ، خاصة وأن الترابط الذي كان يعيش في ظله مجتمعهم المحلي وفر لكل فرد منهم الطمأنينة ، وكان يشعرهم بالسعادة وعدم الخوف من المستقبل حتى في أشد ظروف الفقر والحاجة بسبب إسراع كل منهم إلى نجدة الآخر في الظروف الصعبة التي تعرض لهم ، فكان شعور كل فرد منهم بهذا الانتماء مصدر اعتزاز كبير وصحة نفسية وثقة لا حدود لها .

---

[1] ..أحمد عبد العزيز سلام وعبد السلام عبد الغفار ـ علم النفس الاجتماعي ـ دار النهضة العربية ـ دون تاريخ (ص 273)

[2] ...لمعرفة خصائص الجماعة الأولية والثانوية بتفصيل أوفى : انظر : حامد عبد السلام زهران ـ مرجع سابق ـ جدول (ص 72)

[3] see. Introduction to sociology op cit . p. 40.....

وكنوع من السعي إلى إبقاء تلك العادات والتقاليد الجمعية تنادوا إلى كتابة وثيقة تكون بمثابة إعلان بالتزامهم تلك التقاليد ، ونورد فيما يلي نص معظم هذه الوثيقة فيما يعنينا في هذه الدراسة :[] " .... وقد ناقش المجتمعون الأمور التي يتعاون عليها أفراد القبيلة فيما يتعلق بالمساعدات والمدفوعات في كل ما يتعلق بالفرد والجماعة ، وهي كالآتي :

أولاً :ـ إن أي اجتماع يعقد يحضره من كل عشيرة رجلان مع نائب القبيلة ، فإن توصلوا إلى حل لأي موضوع عقد الاجتماع من أجله وإلاّ فيستدعى من كل فخذ من فخوذ القبيلة رجل عاقل وذلك استيفاءً لحقوق من يمثل فخوذ القبيلة في الاجتماع .

ثانياً :ـ اتفق الموقعون على هذا القرار أصالة ونيابة على أن أي حادث من حوادث السيارات التي يجب المساعدة فيها والتي يلزم المتسبب [فيها] بدفع دية وفاة واحدة أو أكثر منها ، فإن على المتسبب في الرقبة الواحدة 25% خمسة وعشرين في المئة ، وإذا كان أكثر من ذلك 20% عشرين في المئة والباقي على عامة القبيلة أما إذا كان المتسبب مرتكباً حدّاً شرعياً مثل المخدرات بأنواعها ، فإن عامة القبيلة غير ملزمين بمساعدته ولا يحق له ولا لأسرته المطالبة بذلك .

أما إذا كان المتسبب حدث منه حادث وفاة من أفراد قبيلته فله رأي عامة القبيلة ، أما من يحدث عليه وفاة ولي أمره وهو قاصر وله نساء فليس للقبيلة الحق في العفو عن المتسبب ونظرها للشرع ، أما حادث السلاح بأنواعه من أي فرد من القبيلة فله رأي العامة ، أما في حالة الوفاة وسماح وليّ أمر المتوفى أو المجروح للمتسبب ثم أعطاه شيئاً لم يكلف به من قبل الحاكم الإداري أو الشرعي باسم الدّية فليس له حق المساعدة من العامة أو الخاصة إلاّ إذا رغب أقاربه في ذلك .

ثالثاً :ـ إذا توفي صاحب الحادث ضمن وفيات حادثة وكلف أقاربه بدفع دية الوفيات واحدة أو أكثر فعلى العامة مساعدته بنسبة 90% تسعين في المئة و10% وعشرة في المئة على العاصب .

رابعاً:ـ أما ما يتعلق بالمحركات مثل السيارات والحراثات والدّركترات [التركتورات] والشيولات [يقصد الجّرافات الآلية] والناقلات صغيرها وكبيرها فليس فيها مساعدة من

[] ....أوردنا صورة الوثيقة الأصلية بنصها الكامل في رسالة الماجستير المذكورة ، وكذلك كتبنا نصها كاملاً بما ورد فيه من أخطاء لغوية ونحوية مع التصحيح بين قوسين لكل كلمة خاطئة ، ولكن في النص الحالي أوردنا معظم ما احتوته الوثيقة مصححاً ولم نورد الأخطاء المذكورة وصورة الوثيقة الأصلية محفوظة لدينا بحجمها الحقيقي .

العامة ، ولا يلتفت لصاحبها ، وقد انتهى الاجتماع وقفل المحضر وصلى اللـه على نبينا محمد ".

ثم كتب المجتمعون ملحقاً في نهاية الوثيقة تأكيداً لعادة اجتماعية كانت فيما سلف معروفة ومتبعة ، وهي وجود كفلاء على تنفيذ الاتفاق الذي أجمعوا عليه ، حيث اختاروا فخذاً من القبيلة ليقوم بهذه المهمة . وفيما يلي نورد معظم النص الأصلي لهذا الملحق ، مع تصديق شيخ القبيلة عليه بعد أن كتب كلمة عن هذا الاتفاق في ذيل الوثيقة ، يقول الملحق :

" إلا أن المجتمعين في حينه تنبهوا إلى ما كان عليه آباؤهم وأجدادهم وحكم زمانهم بالعرف والعادة أن قبيلة [هنا تورد الوثيقة اسم الفخذ المذكور وهو الكفيل] قبلاء بالمفهوم ، كفلاء في أي حقّ للعامة تتمادى فيه عشيرة على الأخرى بدون مبرر ، فإننا نلزمهم ونقبل بقولهم فيما يخالف قرارنا هذا و اللـه الموفق " .

أما كلمة الشيخ فتقول :"الحمد لله رب العالمين وبعد: فبناءً على ما قرره أعيان[القبيلة] فيما يلزمهم التعاون فيه والمبين شرحه، وقد قال تعالى :"وتعاونوا على البر والتقوى ولا تعاونوا على الإثم والعدوان" وإن في ذلك تقوية الرّوابط الأسريّة والقبليّة وتساعد الغني والفقير على السواء فيما يقع له وعليه والتي تتوافق مع الإسلام ديناً وشريعة، وبحكم العرف والعادة حيث تبدأ القبيلة بالمشورة وإعطاء الموضوع حقه بحكم الزمان والمكان، فقد جرى منا التصديق على هذا القرار المصدق عليه أعيان [اسم القبيلة والفخذ الذي منه الكفلاء] أصالة ونيابة بحكم كفالتهم وإلزام المقررين بما التزموا به فيما بينهم و اللـه الموفق " .

وفيما يلي تحليل لما ورد في هذه الوثيقة :ـ

1. أول ما يلفت النظر هو أن تكتب وثيقة في موضوع كهذا الموضوع ، إذ كان المعروف دائماً أن العرف عبارة عن قانون غير مكتوب ، ولكنه يحمل في ذاته قوة إلزام تعادل القانون المكتوب ، بل ربما تفوقه . والعرف في كل مجتمع له سلطة وإلزام لا يستطيع أحد أن يخالفها خصوصاً في المجتمع الريفي الذي يكون محدود النطاق ويعرف أفراده بعضهم بعضاً ويحصي كل على الآخر حركاته وتصرفاته ، ويكون على استعداد لانتقاده إذا تصرف بما لا يتلاءم والتقاليد والأعراف المتواضع عليها ، ومن خالف شيئاً منها فإنه يجازف بتعريض نفسه للجزاء الذي يكون قاسياً في العادة ، ويتمثل في ممارسات أو ظواهر يمارسها المجتمع ضد الفرد المخالف للتقاليد والعادات ، ويتراوح الجزاء بين السخرية من المخالف في أبسط ردود الفعل الاجتماعية إلى الاعتداء عليه أو محاولة

الإيقاع به أو ربما قتله في أقصى ما يصل إليه رد الفعل ، وربما كانت هناك درجات أخرى بين هذين الطرفين مثل الاستخفاف بالخارج على الأعراف واحتقاره ونبذه والتخلّي عنه في حالة احتياجه إلى المساعدة وعدم استشارته أو دعوته للاجتماع الذي قد يعقده رجالات القبيلة لبحث شؤونها أو أي شيء فيها ، أو عدم دعوته لحضور الأفراح ، وعدم استقباله لو أنه جاء للتعزية في حالة موت أحد من الناس .

ومن ذلك نرى أن العادات الاجتماعية والتقاليد المتوارثة والأعراف تشكّل قيماً اجتماعية لا يجوز لأحد من الناس انتهاكها رغم أنها تكون مفهومة ومعروفة ضمنياً دون أن تدوّن ، وكانت في المجتمع الريفي تشكل القانون السائد والمعمول به دائماً قبل وجود القانون الذي رافق وجود الإدارات الحكومية وارتبط بالدولة ومؤسساتها ولوائحها القانونية المدوّنة ، ولا تتعارض هذه التقاليد والأعراف بالضرورة مع القوانين المكتوبة ، بل ربما كانت كلها تصب في مجرى واحد وتتجه اتجاهاً واحداً هدفه النهائي هو أن يتوفر للمجتمع في ظلها المقوّمات التي تجعله مزدهراً . " والقيم الاجتماعية عادة تكون قيماً صريحة أو ضمنية ::

1. فالصريحة منها يمكن أن تكون مأخوذة من العقائد والمثاليات والمعايير المعترف بها ، وغالباً ما تدوّن مثل هذه القيم في وثائق رسمية ،وقد يكون بعضها على مستوى الأمة أو يكون على مستوى محلي .
2. أما القيم الضمنية فهي لا تظهر في وثائق مكتوبة ، وقد لا تظهر في كلمات بل يتضمنها السلوك الفعلي لأبناء المجتمع ، ولها صفة الإلزام الآمر، ويمكن التعرف عليها بدراسة السلوك العملي للناس "[1]

ومجرد كتابة هذه الوثيقة يشير إلى ما يلي :ـ

أ ـ أن هناك تغيراً بيناً في الوضع الحالي للعلاقات الاجتماعية عما كانت عليه في السابق .

ب ـ أن هذا التغير يميل إلى ارتخاء الروابط والعلاقات الاجتماعية وعدم وجود قوة إلزامية فيها كما كان ذلك في السابق كنتيجة لعوامل عديدة ورد ذكرها في هذه الدراسة ، ومن أهمها :

النمو الاقتصادي وازدياد سلطة الدولة وحلولها محل كثير من هذه الوظائف التي كانت تؤديها قوة العلاقات الاجتماعية ، وتعدد الاهتمامات الجديدة بعد أن كانت محصورة في الزراعة .

---

[1] Goodman ,Marry Ellen .The indiodual and culture. ....
The Dorsey press, Homewood, Illinois ,1967 (page 189)

جـ ـ أن هناك نوعاً من الخوف على الروابط القديمة ، وشعور أبناء المجتمع القروي بأن الفترة السابقة كانت توفر لهم نوعاً من الدعم والراحة النفسية لشعورهم بروح الجماعة ووقوفها من وراء الفرد في الأوقات التي يحتاج فيها إلى المساعدة ، وهذه أول مرة تكتب فيها وثيقة لتأكيد هذا الأمر ، بينما كان سابقاً لا يحتاج إلى توكيد.

3.من خلال استعراض سريع لما في الوثيقة يمكن استنتاج أن هناك اعترافاً وتجاوباً مع التغيرات الحديثة ، وذلك لأن ما ورد في الوثيقة ليس شبيهاً شبهاً تاماً بما كان متعارفاً عليه في السابق ، بل هناك نوع من الالتزام الضيّق (بالقياس إلى فترة ما قبل التغير) بمساعدة الآخرين من أبناء المجتمع المحتاجين ، بينما في السابق كان كل فرد يقدم المساعدات (في دفع الدّية مثلاً) حتى إن المكلف (الجاني) كان لا يدفع أكثر مما يدفعه أي فرد في القبيلة ، بينما أصبح الآن في حاجة إلى إقناع أفراد مجتمعه بأنه يستحق المساعدة وبأنه غير معتدٍ ولا خارج عن حدود الشرع ، وهذا ما يؤكد انفتاح المجتمع على مفاهيم جديدة نتجت في فترة التغير الحالية . ولعل السبب في ذلك أن الفرد كان في الفترة السابقة لا يحتك بغيره من أبناء المجتمعات المحلية الأخرى أو يقتل أحداً إلا باسم الدفاع عن مصالح مجتمعه كوحدة واحدة ، تلك المصالح المتمثلة في دفاعه عن (أحمية الرعي) أو في دفاعه عن حدود أرض القبيلة، وردّ محاولات الآخرين الذين قد يعتدون على تلك الحدود أو لا يعترفون بها .

أما في الوقت الحاضر فقد أصبح الفرد يدخل في علاقات لاحصرلها : فهو يدخل في علاقات مع أبناء كل المجتمعات المحلية الأخرى، ومع مجتمع المدينة بكل ما فيها من تجار وصناع وموظفين ،وأصبحت أسباب النّزاع تتصف بالفردية والخصوصية ، مما نتج عنه عدم شعور الجماعة بواجب الوقوف مع الفرد في كل الأمور ،بل لا بد أن يشعروا بأنه مظلوم أو معتدى عليه ، وبأنه لم يكن معتدياً أو مخالفاً لحدّ شرعي من حدود الإسلام ليقتنعوا بالوقوف معه ، وحتى في هذه الحال (حال وقوفهم معه) فإنهم يساعدونه في حدود معينة لا يتجاوزونها، وسبب ذلك علمهم بأنه ليس فقيراً ، وبأنه بإمكانه تحمّل قسط أكبر من المال (في حال دفع الدّية مثلاً) ، وبذلك فمن الواضح أن للنظرة الاقتصادية أثراً كبيراً في تغيير شكل العلاقات الاجتماعية وقوتها.

4.يلفت النظر في هذه الوثيقة أنها ملزمة للحاضر والغائب من أبناء القبيلة ، فهي كما تنص (أصالة ونيابة) ، بمعنى أنها ملزمة لمن وقع عليها أصالة عن نفسه ونيابة عن جماعته ، وكذلك لمن تم التوقيع نيابة عنهم. وهذا يشير إلى شعور أفراد هذا المجتمع بضرورة الإبقاء

على نوع من الروابط القوية بين من يهاجر من أبنائهم وبين مجتمعه حتى لا تطغى الفردية ويموت الشعور بالجماعة ، ذلك الشعور الذي نشأوا عليه منذ زمن بعيد.

5. من وجود كفلاء أو قبلاء(كما سمّتهم الوثيقة) نستدل على وجود نوع من التفاهم على استمرار هذا العرف الذي كان معمولاً به من قبل في غياب السلطة القوية للدولة ، ويفسر القرويون هذا العرف أو التقليد المتبع بقولهم بأن القبيلة كانت تتولى الفصل في الخصومات والخلافات ، كما تقوم بالحكم في رد الحقوق إلى أصحابها أو تنكيل (أي تغريم) المعتدي أو الذي عليه الحق ، والكفلاء هم قسم من القبيلة (فخذ) يكون مستعداً لأن يقوم بتحصيل الحق من المكلفين بدفعه أو أدائه بشكل من الأشكال ،ويعطونه لمن حكمت لهم القبيلة به .وعادة ما ينشط الكفلاء ويقومون بعملهم هذا عندما يرفض المحكوم عليهم أن ينفذوا الأمر ، أو عندما يماطلون في دفع الحق لأصحابه ، فيذهب أصحاب الحق إلى الكفلاء ويشتكون لهم تقصير المحكوم عليهم وعلى الفور يذهب جماعة من كبار رجال (الكفلاء) ويأخذون الحق ويوصلونه لأصحابه ولو اقتضى الأمر استعمال العنف أو تأليب بقية القبيلة على المحكوم عليهم إن حاولوا التمرد على الحق .

ويلاحظ أن هذا شبيه إلى حد كبير بالسلطة التي تقوم بتنفيذ قرارات المحاكم والأنظمة القضائية (أي الشرطة) . ورغم قوة سلطة الدولة إلا أن هذا العرف لا يزال قائماً ، ولا يتناقض مع سلطة الدولة ، بل يمكن اعتباره في النهاية منسجماً معها أو مكملاً لها، ولكنه الآن أقل شأناً مما كان في الفترة السابقة على التغيرات الاجتماعية الحالية .

6.من خلال قراءة الوثيقة المذكورة يمكن ملاحظة نقطة مهمة :

وهي أنه لا توجد هناك مساعدات أو تعويضات من أبناء المجتمع لمن يفقد سيارته أو أيّة آليّة من الآليات التي يستعملها ، وقد ورد ذلك في الفقرة الرابعة من الوثيقة ومنها القول الآتي :ـ

" ......فليس فيها مساعدة من العامة ولا يلتفت إلى صاحبها" ويقصدون بالعامة (عامة القبيلة) .

وهذا خلاف ما رأيناه في الفترة السابقة على التغيرات الاجتماعية حيث كان المجتمع يقف وقفة رجل واحد لمساعدة من يفقد شيئاً من أملاكه ، كمن يصاب محصوله الزراعي بآفة أو حريق أو تموت له بقرة أو يحرق بيته أو ما أشبه ذلك ، بالإضافة إلى المشاركة الوجدانية التي تكون في مثل هذه المواقف . وسبب إمساك المساعدة عن الذي يفقد شيئاً من آلياته ، ما يلي :ـ

أ ـ توفر المال :ـ بشكل كبير بحيث لا نستطيع اعتبار فقد سيارة أو تراكتور حراثة مثلاً بمثابة مصيبة أو إفلاس لصاحبها . بينما كان الوضع في السابق مختلفاً تماماً بسبب ظروف الفقر ، فالمزارع لم يكن له مصدر سوى محصوله الزراعي الذي يمكن أن يكون فقده بمثابة كارثة حقيقية له ، يحتاج معها إلى المساعدة ، ونفس الوضع بالنسبة لفقده بقرته ، أو حريق منزله .

ب ـ توفر هذه الآليات بكل أشكالها ورخص أثمانها بالنسبة للدّخل الفردي ، وكذلك ميل أفراد المجتمع إلى شراء الموديلات الجديدة دائماً من هذه الآليات (خصوصاً السيارات) ، مما يجعل كل موديل منها قليل القيمة أو الأهيمة بعد مرور عام أو عامين على شرائه . وهذا ما لم يكن يعرفه المجتمع في الفترة السابقة على التغيرات الحالية .

مما سبق نستنتج أن الصورة العامة للعلاقات الاجتماعية أصبحت ذات وجه جديد ، وإن تكن لا تزال في هذا الوجه ملامح من الماضي .ونحاول الآن أن نبحث في بعض المظاهر الجديدة في المجتمع استمراراً لما سبق .

اختلاف مظاهر التضامن الاجتماعي الحالية عن المظاهر السابقة :ـ

من استعرا ضنا السابق لاتجاهات التغير في مجالات كثيرة (عند الفرد والأسرة والمجتمع) رأينا صورة جديدة مختلفة إذا ما قورنت بالصورة السابقة التي قدّمناها في الفصل الرابع من الدراسة.ولاستجلاء ملامح هذه الصورة بشكل كامل لا بد من استكمال البحث في بعض المظاهر لكي يسهل علينا مقارنتها بما كانت عليه سابقاً لنرى مدى التغير الحاصل في هذا المجتمع في مجال العلاقات الاجتماعية .

كانت أبرز النقاط التي تكلمنا عنها في السّابق ما سميناه (التضامن الاجتماعي) وذلك لأنه الإطار العريض الذي يضم سائر العلاقات الأخرى . ويشكّل في نفس الوقت انعكاساً لها . وقد اقترن التضامن بالعمل الزراعي وبالفقر اقتراناً شديداً ، فكان هذان العاملان حجر الزاوية المتين في بناء التضامن القوي . ولكن في الظروف الجديدة يميل التضامن إلى الضعف واتخاذ اتجاهات جديدة ، بينما تنمو الفردية بشكل مطّرد ، مما دعا أبناء هذا المجتمع إلى الاجتماع وإصدار وثيقة ملزمة للجميع تدعو إلى التقيّد بأعرافٍ هي في الحقيقة صورة مخفّفة من الأعراف السّابقة .

والملفت للنظر في هذه الوثيقة (إضافة إلى ما سبق) أن الموقعين عليها كلهم من الجيل الأول (الشيوخ) والجيل الثاني (المتوسط السن) بينما الشباب لم يشاركوا في التوقيع عليها لانصرافهم عن مثل هذه الأمور ، حتى وجدنا أن كثيرين من الشباب يجهلون بعض الأعراف أو العادات التي مازالت ساريةً عدا عن جهلهم التام بكثير من العادات السّابقة التي لم يعاصروها.

ولعل أهم أسباب هذا التغير داخل المجتمع القروي مايلي :ـ

1. **انتهاء أهمية العمل الزراعي في المجتمع القروي** : ـ كان العمل الزراعي وملحقاته (تربية الحيوانات والنحل) يشكل المصدر الأساسي للدخل ، وقد انتهى الزمن الذي كان فيه أبناء المجتمع القروي يتعاونون جميعاً على هذا العمل الشاق ، ولم يعد هناك من أهمية للزراعة ولا للمحصول الزراعي بعد أن كان يشكل المورد الأساسي للقروي ، وبذلك فقد أصبح العمل ثانوياً أو هامشياً بالنّسبة لاهتمامات الأفراد والمجتمع على حد سواء بسبب وجود مصادر الدّخل الأخرى الأسهل منالاً والأكثر إدراراً للمال :كوظائف الحكومة والأعمال التجارية والصناعة والخدمات العامة . وبعد أن كان السكان يشاركون بعضهم في الزراعة وفي إعداد (الكـُظامة) وهي عبارة عن قناة ماء طويلة كانوا يبنونها على طول جانب الوادي وتتفرع منها أقنية فرعية جانبية لسقي كل الأراضي الزراعية من ما ء الوادي الذي يسمى (الغـَيْـل) ، وبعد أن كانوا يشاركون بعضهم في بناء ما يتهدم من جدران الأراضي الزراعية ، وفي كل ما يتعلق بالزراعة من أعمال ـ بعد هذا كله أصبح كل الذي ذكرناه من العادات الماضية التي لم يعد لها أي وجود .

وتبعاً لذلك فقد تقلص الإنتاج الزراعي تقلصاً ملحوظاً ، فقد كان " ما نسبته نصف القوى البشرية يشتغلون بالرعي والزراعة عام 1386هـ ، وإن هذه النسبة قد انخفضت إلى نسبة 28% من مجموع القوى العاملة عام 1395هـ ، وهذا يعني أن هناك اتجاهاً في تغيير الحياة الاجتماعية لمجموعة كبيرة من السكان العاملين في المملكة العربية السعودية ، وهو تغيير يساعد بالتالي المملكة على تنشيط قطاعات الصناعة والخدمات والتشييد والبناء ، والتي تعتبر أهم المقاييس الحضارية اليوم " [1]، والجدول التالي يبرز لنا القطاعات المنتجة غير النفطية ، ومركز الإنتاج الزراعي في هذا المجال ::ـ

---

[1]...مدني عبد القادر علاقي ـتنمية القوى البشرية ـمرجع سابق ص (201)

القطاعات المنتجة	86ـ 87 هـ	89ـ 90 هـ	94ـ 95 هـ	99 -1400هـ	1405-1404 هـ
الزراعة	13.9	12.6	9.1	5.8	5.1
قطاعات تعينيه أخرى	0.6	0.6	0.6	0.7	0.7
صناعات أخرى	4.8	5.5	5.6	5.6	5و8
المرافق	3.1	3.5	2.5	3.8	8.9
البناء والتشييد	13.3	12.0	19.1	21.3	12.6
المجموع %	%35.7	%34.2	%36.9	%37.2	%36.2
قطاع الخدمات	%64.3	%65.8	%63.1	62.8	%63.8

جدول رقم ـ 6ـ يبين مكونات هيكل الإنتاج المحلي (غير النفطي) للفترة من 86 ـ 1405هـ

المصدر : خطة التنمية الثانية 1395 ـ 1400هـ [صادرة عن وزارة التخطيط] .

ويشمل قطاع الخدمات الوارد ذكره في هذا الجدول : التجارة والنقل والمالية والخدمات الأخرى والحكومة . ونلاحظ من الجدول أن نسبة الإنتاج الزراعي قد انخفضت من 13.9% عام (86ـ87هـ) إلى 5.1%عام 1404هـ ـ 1405هـ من جملة الإنتاج المحلي غير النفطي في البلاد ، ومعنى ذلك أن ظروف قرى الدراسة تتشابه مع ظروف غيرها من القرى والأرياف في سائر أنحاء البلاد ، كما أن اتجاه القوى البشرية العاملة في الزراعة قد تحوّل إلى القطاعات الأخرى . وبشكل خاص قطاع الخدمات والمرافق.

كان المزارع في السابق ينتج من الحبوب ما يكفيه ويزيد كثيراً عن حاجته حيث ذكر لنا بعض كبار السنّ من القرويين أنّهم كانوا يبيعون قسماً من الفائض عن الحاجة ويخزنون بعضها في البيوت القديمة في مخازن خاصة كثيرة النوافذ وأهمها :ـ

البرّ(القمح) والشعير والذرة والبلسن (العدس) والهند (الذّرة الصفراء)، وذكر أحد القرويين أنه كان يخزن القمح لمدّة تزيد عن 18 سنة ، وعندما استغربنا الأمر قال : لا يزال عندي مثل هذا(البرّ) وأطلعنا على عيّنة منه تميل إلى اللّون البنيّ الغامق ، وعندما سألناه عن سبب هذا اللون قال : نحن ولله الحمد كنا في نعمة وكان عندنا مزارع كثيرة وإنتاجنا كان كثيراً ، فكنا نبيع قسماً منه ونخزن الباقي ، ولا يتلف لأنه في مكان بارد وجاف ، ولكنه لا يشطأ (أي لا ينبت) لو زرعناه بسبب أنه قديم . وذهب الرجل وجاء ببعض العدس وذكر أن هذا المحصول قديم جداً وأنه عنده منذ 16 سنة . ولكنه ـ كالقمح ـ لا ينبت لو زرعه .

وعند سؤاله عن إنتاجه هذه الأيام قال :" اليوم لا يوجد شيء يذكر ، أنا اليوم كبير السّن والأولاد توظفوا ، وما عندنا وقت للتعب والشقاء ، والزراعة تبغي الوقوف دائماً والعمل في الأرض".

وكان بعض الناس يخزنون الحبوب بدفنها في الأرض في مدافن خاصة تحفر لهذا الغرض ، وكان كل عمل من الأعمال الزراعية يستدعي اجتماع أبناء القرية الواحدة وربما أكثر من قرية ، مما كان يقوّي وشائج التعاون والتضامن .ولكن هذه الصورة تلاشت وحل محل التعاون انتشار الأفراد على مساحة واسعة تمتد بين مجتمع القرية ومجتمع المدينة بسبب وجود الوظائف في المدينة ، وليس في المدينة القريبة فقط ، بل في كل المدن في البلاد ، وكذلك حل محل التعاون وجود الآلات التي جعلت كل فرد يستطيع تنفيذ أعماله الزراعية (التي صارت في غاية البساطة) بمفرده .

وحل محل التعاون أيضاً وأضعفه وجود الدّخل الوافر من مصادر متعددة حلت محل الإنتاج الزراعي وألغت قيمته كمصدر أساسيّ للمال اللازم للحياة .

2. **انتهاء الفقر وانتهاء وظيفته الإيجابية في التضامن الاجتماعي :**

ذكرنا في الفصل الرابع من الدراسة أن الفقر كان عاملاً مهماً في تقوية التّضامن الاجتماعي والتعاون على توفير متطلبات الحياة ، ولكن الوضع الجديد أنهى الفقر بصورة تكاد تكون تامة وأصبح لكل أسرة مصدر دخل يتوفر لها من عمل بعض أفرادها في الوظائف الحكومية أو الأعمال الحرّة الأخرى ، وأما الأسر التي ليس لها معيل فإنها تتسلم المساعدات المالية من برنامج الضمان الاجتماعي الذي يتولى رعاية كبار السن والذين لا عائل لهم عامةًَ بتقديم المساعدات المالية لهم . وإزاء التطورات الجديدة فقد أخذت المظاهر السابقة تتلاشى تدريجياً ، بل لقد ذهب كثير منها ولم يعد له وجود . وقد ذكرنا أن هذا المجتمع تصدى للفقر وحاول محاربته على المستوى الجماعي باتّباع طريق التعاون ، وتمثّل هذا التعاون في ثلاثة مظاهر:ـ

أ ـ إنشاء صندوق يتولى القيام ببعض المساعدات والأعمال العامة .

ب ـ إنشاء نظام العشور الذي كان الهدف منه توفير الأموال والمواد الأخرى (خصوصاً الحبوب والأغنام) للقيام بواجب الضيوف أو غير ذلك كتقديم المساعدات للمحتاجين من الأسر .

ج ـ إنشاء جمعية تعاونية كمحاولة لتأمين الحاجات الاستهلاكية في ظل الظروف الصعبة السابقة ، بسبب قلة السيارات وصعوبة الطريق المؤدية إلى المدينة .

وفي الفترة الحالية نستطيع أن نصف هذه المظاهر الثلاثة كما يلي :ـ

أـ صندوق المساعدات :ـ أصبح هذا الصندوق شبه مجمد ، وإن كان لا يزال موجوداً من الناحية الاسمية والشكلية ، وقد كانت دواعي إنشائه قوية في السابق ، ولكن اختصاصاته أصبحت الآن غير قائمة ، بل لقد تولت الحكومة النيّابة عنه في تسديدها بصورة أكفأ مما كان هذا الصندوق يستطيع ، وكان للجهات الحكوميّة دور مباشر في تسديد هذه الاختصاصات ، ودور آخر غير مباشر .

1. فالدور المباشر يتمثل في قيام مشروع الضمان الاجتماعي الذي يقدم المساعدات المالية (كما ذكرنا آنفاً) بصورة تكفي حاجات الأسر المحتاجة وتزيد .وهذه المساعدات تشمل كل المحتاجين في المجتمع السعودي ، وليس فقط في مجتمع الدراسة .

2. أما الدور غير المباشر الذي تقوم به الجهات الحكومية فيتمثل في توفير الوظائف والخدمات والمساكن وتقديم المساعدات في مجال الزراعة والصناعة .

ولا يعني ذلك أن الصندوق غير قائم ، ولكنه يقوم بدورٍ في الحالات الطارئة والمستعجلة كتقديم المساعدة السريعه لمن يصاب بنكبةٍ مفاجئة أو يحتاج إلى وقوف أبناء مجتمعه معه في ظرف صعب طارئ ، وأحياناً في الإنفاق على الضيافات العامّة لأهل القرية ، أما دوره في المشروعات العامة كفتح طريق أو حفر بئر عامة ، فقد انتهى تماماً ، وأصبح من عمل الحكومة

ب ـ **نظام العشور :ـ** كان نظام العشور يطبّق على الحبوب والأغنام ،حيث يؤخذ (المدّ) العاشر من إنتاج كل أسرة ، وتحفظ الكمية كلها لاستخدام الجماعة ، وكذلك كان يؤخذ رأس واحد من كل عدد من الأغنام ، وتخصص للضيافات ولحاجة الجماعة .

وقد انتهى نظام العشور وحلّ محله نظام آخر يختص بتنظيم عملية إكرام الضيوف ، حيث يحلّ الضيوف في كل مرّ ة على أحد أفراد القبيلة ، ويكون هذا المضيف قد عرف مسبقاً (بناءً على ترتيب مسلسل متفق عليه) بأنه سيكون المكلف باستقبال الضيوف .

أما الحبوب فلم يعد فيها نظام العشور لانصراف النّاس عن الزراعة وعدم حاجتهم لهذا النظام .

ج ـ **انتهاء دور الجمعية التعاونية :ـ** فبعد أن كانت تقدم كثيراً من المواد الاستهلاكية بدأ دورها يتقلص ، ثم أصبحت لا تستطيع القيام بواجباتها مما أوجب إقفالها . ورغم أن نموّها كان متواضعاً في الفترة التي مارست فيها نشاطها ، إلاّ أنها كانت توفر الحاجيات بشكل جيد لأنها لم تنظر إلى الرّبح المادّي ، بل كان همهّا الأول هو توفير ما يحتاجه سكان القرى في الفترة التي أسست فيها ، وهي فترة سابقة على التحول الاقتصادي والتقدم في المجالات المختلفة .

وكان السبب في استمرار الجمعية هو صعوبة الوصول إلى المدينة في تلك الفترة ، إذ كان الطريق ترابياً صعب المسالك ، وكان تحميل السيارات بالمواد الغذائية أو غيرها يسبب كثيراً من المشكلات ، يضاف إلى ذلك الإغراء الموجود في اعتدال الأسعار لدى الجمعية .

وفي نهاية الأمر تم إقفال الجمعية لأسباب ذكرها رئيسها ، وهي كمايلي :ـ

أ. عدم استطاعة الجمعية توفير الأرباح التي تساعد على استمرارها لانصراف الناس عن الشراء منها .

ب. المنافسة التجارية : حيث كثرت المحلات التجارية في القرى.

ج. سهولة المواصلات بعد فتح الطرق المعبّدة بين القرى والمدن ،ممّا سهل توزيع السلع بالسيارات المتنقلة التي يملكها الباعة المتجولون في القرى بالإضافة إلى امتلاك الأفراد للسيّارات .

د. إقبال الأفراد على الشراء بالجملة من المحلات الكبيرة في المدن ، بينما الجمعية تبيع بالمفرق ، وهذا ما أضعف موقفها لأنها لم تكن تملك القدرة على التطور مع الأوضاع الجديدة ، ولم تصمد للمنافسة .

هـ سحب بعض الأعضاء أسهمهم من الجمعية لعدة أسباب منها : انتقالهم من القرى بسبب وظائفهم الجديدة أو رحيلهم بعيداً عن القرية أو لعدم حاجتهم لأرباحها .

3. **زوال عداوة المجتمعات الأخرى المجاورة ، وزوال المحاجر (الأحمية):**

كان سبب العداوة الأساسي يتمثل في التنافس على أماكن الرعي وعلى تخطيط الحدود التي تعتبرها كل قبيلة حدّها الصحيح ،ولم يكن المجتمع الريفي العربي فريداً في هذا الباب ، بل هناك مجتمعات قبلية أخرى تتنازع حول أماكن الرعي مثل النوّير والدّنكا والهنود [1] .

وكان الرعي هو الحرفة المكملة للزراعة ، بل لقد كانت أسر كثيرة تعتبره العمل الأساسي لها ، بينما الزراعة هي العمل المكمل .

وبذلك فقد كانت الأسر (كما أسلفنا) تربيّ الأغنام بأعداد كبيرة قد تصل إلى (200) رأس أو أكثر للأسرة الواحدة ، بينما الآن لا نجد في القرية كلها مثل هذا العدد . وإزاء هذا الوضع أصبحت القبائل لا تهتم كثيراً بتوفير العشب ، ولا بخط الحدود ولا بوجود المحاجر (الأحمية) ، لأن كل هذه الأشياء لا يحتاج إليها المجتمع في أوضاعه الجديدة المتغيرة .

وبذلك فقد زال سبب مهم (كان سابقاً) من أسباب العداوة بين المجتمعات المحلية المتجاورة ، وزال أيضاً عامل مهم من العوامل التي كانت دائماً ذات تأثير عظيم وإيجابي على التضامن داخل كل مجتمع محلي على حدة .

كانت النقاط التي بحثناها في هذا الفصل هي الأسباب المؤدية إلى تغير صورة التضامن الاجتماعي وهذه الأسباب هي التي تحكم توجهات أبناء المجتمع القروي وتصرفاتهم وعلاقاتهم الاجتماعية وهي أسباب لها نتائج تبدو بشكل ظواهر اجتماعية متغيرة عما كانت عليه في السابق ، ومن هذه الظواهر ما يلي :ـ

---

[1] Hall,Robert T.,Anthropology, A perspective on man op. cit , p. 56-62.....

1. وظيفة المسجد :ـ بقي للمسجد دور (وظيفة) مهمة في حياة المجتمع القروي لأنه مكان العبادة ومكان التآلف واللقاء اليومي المتكرر ، ولكن دوره في بحث المشكلات (حيث كانوا يجتمعون فيه سابقاً بعد أداء الصلاة) أصبح أقل بكثير مما كان كنتيجة طبيعيه لاختلاف مجالات العمل الجديدة وعدم الاحتكاك بين الناس كالسابق ، وبالتالي قلة المشاكل التي يمكن أن تحدث ، يضاف إلى ذلك قيام هيئات جديدة بتوليّ حل المشكلات كالمدارس والمحاكم والدوائر الحكومية التي يعمل فيها الأفراد .

2. تنظيم دفع ديات القتلى وتقليل المساعدة فيها :ـ وقد سبق أن تكلمنا في هذا الموضوع عندما حللنا ما ورد في الوثيقة الصادرة عن اجتماع وجهاء المجتمع القروي .

3. اختلاف أسلوب الضيافة الذي كان متبعاً ، فقد كان الضيف يأتي سابقاً ويبقى لدى مضيفه من ثلاثة أيام على الأقل إلى أسبوع أو اثنين ، وذلك لوجود أوقات الفراغ وعدم التنظيم أو الالتزام الوظيفي ، وكذلك **عدم الإحساس بالزمن** بشكل ملح وواقعي في ظل الأوضاع الاجتماعية السابقة ، بينما أصبح الضيف اليوم لا يستطيع البقاء أكثر من يوم واحد إذا   أطال ، بسبب التزامه بأعباء وظيفته وزمنها ، أو بسبب اهتماماته الأخرى وبالتالي **نمو إحساسه بالزمن و اعتباره عاملا فعالاً في حياته** لا بد له من التقيد به ،وكذلك بسبب سهولة عودته إلى بيته ، كما أن الحفاوة الكبيرة التي كانت في السابق قد تحولت إلى مظاهر أكثر بساطة (في الغالب) خصوصاً إذا كان الضيف منفرداً أو كان عدد الضيوف قليلاً ، بعد أن كانت القرية كلها تشارك في هذه المظاهر (سابقاً) مهما كان عدد الضيوف وأسباب قدومهم

4ـ بروز بعض أنواع الصراع الاجتماعي و تقلص سلطة الشيوخ :ـ

بينت الدراسة (في الفصل الثالث) أن سلطة الشيوخ كانت طاغية نافذة حيث كان الشيخ هو القيّم الأول على الأعراف الاجتماعية فهو يمثل السلطة القضائية والتنفيذية في المجتمع القروي . وكان يقضي بين الناس ويحل المشاكل وينظم علاقات الأفراد والأسر ببعضها ، ولكن في الظروف الجديدة أصبح الشيوخ في وضع آخر : فأبناء المجتمع يمارسون وظائف متعددة مّما أتاح لهم الاختلاط بغيرهم وتخطيّ حدود المجتمع القروي ، وكذلك دخلت وسائل التكنولوجيا الحديثة بكل أنواعها :ـ

من وسائل الاتصالات والمواصلات : كالراديو والتلفزيون والسيارات ، بالإضافة إلى وصول الصحف المختلفة واختلاط أبناء المجتمع بكثير من الوافدين إلى القرى كالمدرسين والعمال والرعاة وغيرهم . كل هذه الأسباب كان لها أثرعظيم في تفتح أذهان القرويين وشعورهم بأنهم كانوا يخضعون للشيوخ بدون سبب سوى سلطان العرف المتوارث،وقد شجع هذا التغير كثيرين من الأفراد على المجاهرة بالتمرد على سلطة الشيوخ واعتبر بعضهم أن"الشيخ شيخ نفسه ".

وكان لا بد في مثل هذه الظروف الجديدة من حدوث نوع من الصراع الاجتماعي بين التطلعات الجديدة لأفراد المجتمع وبين مراكز السلطة السابقة ، وهو ما حدث فعلاً ، وليست تهمنا تفاصيل هذا الصراع ، وإنما تهمنا آثارها ودلالاتها : فمن ناحية الدلالة فهي تشير إلى أن السلطة القبلية (للشيوخ) قد تقلصت : ولم تعد لها القوة السابقة ، وهذا أمر طبيعي في مجتمع يسير في طريق التحديث العصري ويتجاوز المرحلة القبلية ، أما آثار هذا الصراع فقد كانت بادية في إضعاف هذه السلطة من الناحية الفعلية وتأكيد الاستقلالية والفردية لدى أبناء المجتمع ، وتأكيد الولاء للدولة أكثر مما هو لسلطة الشيوخ .

وكان عدد قليل من الناس هم الذين يقفون مؤيدين للولاء القبلي لشيخ القبيلة وهؤلاء الناس إما أن تربطهم علاقة قرابة أو مصلحة خاصة من وراء هذا الموقف ، أما الغالبية العظمى فقد كانوا يعبرون عن ولائهم للدولة ، ويجدون في بعض الأحيان الفرصة للتعبير عن حريتهم في عدم التقيد بأي ولاء آخر ، وكانت مثل هذه الفرصة مواتية في مواضيع صراع وخلافات لا داعي للخوض في تفاصيلها .

ونلاحظ هنا أن عملية التحديث والانتقال من مرحلة إلى أخرى لا بد أن يرافقها مثل هذا الصراع الاجتماعي ، فهو بهذه المثابة ظاهرة صحية طبيعية ،ومن هناكان قولنا((نظام الحياة ذاته ينضمّن شقّين هما : الاستقرار والصراع، ومنهما ينبثق الاستمرار الحضاري فللصراع وظيفة لا تقل أهمية عن الاستقرار في سبيل انبثاق وضع جديد))

أما وظيفة الشيخ فقد أصبحت الآن محدّدة في أشياء منها تنفيذ أوامر الدولة بتبليغ أفراد القبيلة أية أوامر وتعليمات حكومية تخص المجتمع القروي وأفراده ،ومنها حل المشاكل إذا طلب أحد المتخاصمين ذلك، وبهذا فقد أصبح الشيخ الآن واسطة الارتباط بين المجتمع القروي والأجهزة الحكومية بعد أن كان هو بنفسه يقوم مقام الحكومة.

5ـ تقارب الطبقات وتقلص الفوارق الطبقية :ـ أدى انتشار التعليم وتوفر المال إلى تقدم الطبقات بخطى متوازية إلى الوضع الجديد في مجال الوظائف الحكومية والأعمال المختلفة التي أصبحت تعتمد على كفاءة الفرد لا على أصله ، وأصبح لا فرق في هذا المجال بين ابن شيخ القبيلة أو أحد الأفراد المعتبرين من أطراف القبيلة . ولا يستطيع المرء الآن تمييز هذا من ذاك ، ولكن لا تزال مسألة المصاهرة على وضعها السابق ؛ فمن كان من الأطراف لا يمكنه أن يتزوج من بنات (الأصل) ، كما أن أبناء الأصل لا يمكن أن يفكروا في الزواج من بنات (الطرف) مجرد تفكير ، بل لقد كان كثير من الأفراد يجيب بأنفة شديدة عندما يسأل عن هذا الأمر ، كما لا يمكن للفرد من (الأطراف) أن يفكروا يوماً في أن يصير شيخاً أو مسئولاً عن شؤون القبيلة لاستحالة ذلك .

تعقيب وتحليل :ـ

من الاستعراض السابق لأوضاع العلاقات الاجتماعية نرى أن هناك تخلخلاً في القوّة السابقة لهذه العلاقات ، وقد بيّنا أسباب هذا التخلخل ومنها انتهاء أهيمة العمل الزراعي الذي كان يعتمد على الجهد البشري بصورة أساسية في الظروف السابقة ، وكذلك انتهاء الفقر ووظيفته الإيجابية التي كانت تعمل على تآزر أبناء المجتمع وتعاونهم من أجل تخفيف آثاره ومقاومته .

ومن هذه الأسباب أيضاً زوال العداوة التي كانت تقوم عادة بين المجتمعات المحلية كنتيجة للتنافس على أماكن الرعي ، وإذا دققنا النظر في الأسباب الداعية إلى قوة العلاقات الاجتماعية وجدنا أنه كان يمكن تلخيصها في كلمة واحدة هي (**الفقر**) :

فبسبب الفقر وقلة الموارد المتاحة كان المجتمع القروي يهتم بالأرض الزراعية كمورد وحيد للرزق ،ولما كانت الآلات معدومة في ذلك الوقت فقد كان لا بدّ من الاعتماد على الجهد البشري والحيواني في العمليات الزراعية الصعبة : الأمر الذي استدعى تعاون أبناء المجتمع بشكل وثيق على هذا الأمر ، وبسبب الفقر أيضاً كان حرصهم على التعاون في إنشاء الجمعية التعاونية وإنشاء نظام العشور وصندوق المساعدات . وكان الفقر أيضاً هو العامل الحاسم وراء الحرص على تأمين المراعي لأغنامهم التي تشكل مورداً آخر يوازي الزراعة في أهميته ، ومن هذا الحرص على المراعي نتجت العداوات التي كانت تنشأ بين هذا المجتمع والمجاورين له .

لهذه الأسباب المذكورة كانت العلاقات بين الأنساق الاجتماعية المختلفة علاقات وثيقة ، وقد سبق أن أوضحت الدراسة المظاهر الدالة على قوة هذه العلاقات في الفصل الرابع كما أوضحت في الفصل الحالي أسباب تغير العلاقات والمظاهر التي بدت فيها العلاقات بشكلها الجديد ، على أن هذه المظاهر (المتغيرة) ليست نتيجة لزوال الفقر فقط ، بل كان للتطورات التي دخلت المجتمع دور متآزر مع زوال الفقر في تحديد وبلورة هذه التغيرات كزيادة سلطة الحكومة مثلا ووجود المؤسسات الحكومية كالمحاكم وغيرها مما ذكرناه سابقاً من التطورات المصاحبة للنمو الاقتصادي ، ومن أهم مظاهر التغير ذكرنا مايلي :ـ

1. شعور أبناء المجتمع بالخوف على هذه العلاقات وحرصهم على بقائها قوية ، مما دعاهم إلى كتابة الوثيقة التي سبق عرضها وتحليل محتواها .

2. تغير وظيفة المسجد من مكان للعبادة والشورى وحل المشكلات إلى مكان للعبادة فقط ، مع بقاء احترامه العميق في النفوس ودوره في التهذيب الوجداني لأبناء المجتمع ، وبذلك فقد تلاشت عادة اجتماعية قديمة هي عادة الاجتماع في المسجد والتقاضي فيه وبحث المشاكل المختلفة والتّشاور بشأنها .

3. تغير طابع المشاركات الاجتماعية في المناسبات المختلفة (مثل أسلوب التعزية أو أسلوب استقبال الضيوف) وقد كان لهذه المشاركات وظيفة مهمة في تقوية وتدعيم علاقات هذا المجتمع . ولكن هذه الوظيفة لم تعد قائمة بالقوة التي كانت لها ، بل أصبح لها دور ثانوي في هذا المجال للأسباب التي ذكرناها في هذا الفصل .

4. تغير الاستعداد لدى المجتمع للوقوف مع أي فرد من أفراده أو مساعدته إذا كان هذا الفرد معتدياً أو قاتلاً بعد أن كان هذا الاستعداد غير محدود في السابق ،وهذا المظهر بالذات يدلنا على مدى النقلة التي انتقلها المجتمع القروي من مجتمع مغلق ومتساند (حتى في الشر) ضد غيره إلى مجتمع يحاسب فيه الإنسان ويمكن أن يتخلى عنه مجتمعه إذا كان مذنباً أو متعدياً ، ونلاحظ أيضاً أن هذا يدل على غلبة سلطة الحكومة وقوانين الدولة على كثير من الأعراف الاجتماعية التي كانت تحكم المجتمع في السابق ، وعلى تقلص وظائف العرف الاجتماعي في حكم الجماعة وتسيير شؤونها، ويمكن تسمية هذا التغيّر بأنه انتقال (ترشيد) للوظائف الاجتماعية لدى الأفراد ، ومعنى الترشيد هنا : توجيه الوظائف إلى العمل على أسس جديدة تتضمن التقيد بالقوانين المطلقة للخير المتمثل في الأحكام الدينية

والخلقية : وليس فقط في عرف اجتماعي يدعو إلى تعصب جاهـل وأعمـى عـن قيمـة الخـير المطلقة .

5. تغير وضع الشيوخ وتقلص سلطاتهم على أفراد المجتمع القروي وبروز بعض أنواع الصراع الاجتماعي ، بعد أن كان الشيخ يقوم بدور الحاكم الذي لا تعصى أوامره ،أصبح الآن محدود السلطات وأصبحت وظيفته في الغالب تنفيذ أوامر الحكومة التي تأتيـه في صـورة تعليـمات رسمية يبلغها لجماعته ، وقد ذكرنا أن هذا التقلص لسلطة الشيوخ وانتشار الوعي الثقافي قـد أعطى المجال لبعض أبناء المجتمع لكي يحاولوا التحرر من البقيـة الباقيـة من سلطات الشـيوخ مما نتج عنه نوع من الصراع بين الجانبين أدى إلى تصحيح أوضاع المجتمع القـروي بانتقـال ولائهم للدولة وتخلّصهم من الإتاوات السنوية التي كانت تفرض عليهم للشـيوخ مـع فـروض الاحترام والتبجيل .

6. تغير أوضاع الطبقات حيث أصبح ينظر إلى الفرد حسب ما يؤديه من الأعمال ،ويحترمـه الناس من خلال ما يقوم به من دور وظيفـي في المجتمـع القروي أو في الحيـاة العامـة (في الوظائف الحكومية) وما يتمتع به مـن علـم ، ولم يعد ابـن القبيلـة (الأصل) يحتقـر الآخـر المسمى (الطرف) ، بل يعامله باحترام ،لأن هذا (الطرف) أصبح متعلماً وموظفاً أو عـامـلاً ،ولم يعد فقيراً يطلب الإحسـان مـن(ابـن الأصـل) ، وهـذا مـا يؤكـد دور الوظيفـة في الحيـاة الاجتماعية والإنسانية ،على أن بقاء الطبقية في المصاهرة ـ كما أوضحنا سابقاً ـ يدل أن هنـاك رواسب من العادات السابقة التي تجعل ابن الأصل ينظر (للطرف) عـلى أنه لا يـزال دونـه مرتبةً ، وأنه ليس كفؤاً له ، وهذا ـ كما هو معروف ـ ناتج عن اعتزاز العـربي بأصـله وقبيلتـه وهي صفة قديمة في المجتمع العربي.

ثانياً:ـ العلاقات الاجتماعية بين المجتمع الريفي ومجتمع المدينة:ـ

يمكن أن نفهم العلاقات بين المجتمعين من خلال الظواهر التالية :ـ

1. ظاهرة الهجرة من الريف إلى المدينة (نمو المدن وتناقص عدد سـكان الريـف) والهجـرة إلى مدن المملكة الأخرى.

2. ظاهرة تريف المدينة ودخول التحضر المادي (بالمعنى الحديث) إلى الريف .

3. ظاهرة التقارب بين مجتمع القرية ومجتمع المدينة في مجال التحضر .

4. ظاهرة التبادل الوظيفي بين المجتمعين .

أولاً :ـ ظاهرة الهجرة :ـ هناك نوعان من الهجرة :ـ

أ ـ هجرة من الريف إلى المدن في المنطقة .

ب ـ هجرة إلى المدن خارج المنطقة .

أ ـ ظاهرة الهجرة من الريف إلى المدن في المنطقة ـ منطقة عسير:ـ كانت المدينة دائماً نقطة الانطلاق إلى الجديد في كل المجتمعات ، ولعل السبب الأول يرجع إلى تركيز الاهتمام الحكومي في المدن : كاتخاذها مراكز إدارية ، وتركيز الخدمات المختلفة فيها فتكون تبعاً لذلك مركز التجارة والمواصلات والعلم : ولا يستطيع أحد الادعاء بأن الاهتمام الحكومي كان هو السبب الوحيد في كون المدن تحظى بالأولوية ، إذ إن هذا الاهتمام يسبقه اهتمام شعبي من حيث كون المدينة مركزاً لتجمع السكان بشكل كبير ، فكأنّ هناك اتفاقاً غير مكتوب بين مختلف المجتمعات المحلية الريفية المحيطة على اتخاذ المدينة كنقطة التقاء لهم جميعاً ، ولذلك كانت الأسواق الكبرى تقام في المدن لا في القرى ، وجاء الاهتمام الحكومي متمشياً بذلك مع ما سبقه من اهتمام شعبي عام بالمدن ، فأضفى هذا الاهتمام الرسمي الجديد نوعاً من الهيبة والقدوة على المدن ،وقد صاحب التطورات الاقتصادية الجديدة تغيرات اجتماعية في كل من المجتمع القروي والمجتمع المدني ،وكان من أهم نتائجها الهجرة من الريف إلى المدينة ، ويهاجر أهل الريف في العادة طلباً للعمل وسعياً وراء حياة تتوفر فيها الخدمات المتقدمة التي قد لا تكون موجودة في الريف " وتأخذ الهجرة البشرية العمالية أشكالاً عديدة منها:

1. الهجرة من القرية إلى المدينة .
2. الهجرة من المدينة .
3. الهجرة من الداخل . أي من داخل الدولة إلى خارجها .
4. الانتقال من مهنة لأخرى أو من مؤسسة لأخرى " [1] وقد نمت المدن نمواً غير طبيعي وتناقص عدد سكان الريف وهذه الظاهرة ملموسة في المنطقة والجدول التالي يبين ذلك في بعض المدن الرئيسية في المنطقة الجنوبية الغربية عامة:ـ

---

[1] ....مدني عبد القادر علاقي ـتنمية القوى البشرية (مرجع سابق) ص 144.

المدينة	1394هـ	1397هـ	1402هـ	معدل الزيادة السنوية %	نسبة السعوديين
خميس مشيط	48197	55320	66349	%4.65	%91.9
أبها	30354	38630	47134	%5.1	%71.5
جيزان	32792	37775	43516	%3.6	%84.4
نجران	29600	34895	41114	%4.2	%75.3

جدول رقم ـ 7ـ يبين نمو السكان في بعض مدن المنطقة الجنوبية الغربية .

المرجع : عبد الرحمن صادق الشريف : هجرة السكان إلى مدن جنوب غرب المملكة العربية السعودية بحث في مجلة الدارة ـ العدد الثاني ـ السنة الثانية عشرة محرم 1407هـ ـ سبتمبر 1986م (ص 14).

ومن تحليل بيانات الجدول تتضح الحقائق التالية :

1. أن هناك ازدياداً كبيراً في عدد سكان المدن ، وأن هذه الزيادة تسير في خط متصاعد منذ سنة 94هـ وحتى سنة 1402هـ .وأن هذه المدن بشكل عام قد ازداد عدد سكانها بما يعادل نصف ما كانوا عليه في فترة تقل عن عشر سنوات .

2. يشكّل السعوديون نسبة عالية في المدن ، ورغم حقيقة أن القادمين من خارج السعودية يتركزون في المدن إلاّ أن نسبتهم قليلة بالقياس إلى السعوديين ،مما يشير بوضوح إلى أن أكثر المهاجرين جاءوا من داخل البلاد ، أي من مناطق أخرى إلى المدن .

3. أن المدن بذلك تشكل مراكز جذب للريفيين ، وذلك بسبب ما توفره لهم من وظائف وأعمال ،ولما تقدمه من خدمات لم تكن موجودة في الريف :كخدمات التعليم والمواصلات والعلاج وتوفير الاحتياجات المختلفة . والجدول التالي يوضح مصدر الهجرة إلى مدن المنطقة المذكورة في الجدول السابق . :ـ

المدينة	هجرة داخلية		هجرة خارجية	
	من المنطقة	من مناطق أخرى	من مناطق عربية	من مناطق أجنبية
خميس مشيط	%47.5	%16.7	%30.7	%5
أبها	%23	%8	%59	%9.5
جيزان	%54	%21	%21	%4
نجران	%44	%35	%16	%2

جدول رقم ـ 8ـ يبين مصادر الهجرة إلى بعض مدن المنطقة .

المصدر : نفس المرجع السابق (ص 24).

" لقد قدم نمو نصف المهاجرين إلى أي مدينة (فيما عدا أبها) من المنطقة المحيطة بها ، أي من ريفها "[1] .ويتضح من هذه البيانات أن هناك تغيراً في البناء الديموغرافي وبالتالي الاجتماعي في المجتمعات المحلية في المنطقة " وقد كان هناك نوعان من التغيرات الناتجة من الهجرة:ـ

أ ـ التغير في المناشط الاقتصادية .

ب ـ التغير في النواحي الاجتماعية .

أ ـ فمن الناحية الأولى نتج ما يلي :ـ

1. إهمال الزراعة وتربية الحيوانات والنحل .
2. الاتجاه إلى مجالات جديدة من العمل ومن أهمها التجارة وورش التصليحات وبعض الصناعات والخدمات والمقاولات .
3. اعتماد أهل الريف على المدينة في سد حاجاتهم من الإنتاج الزراعي (المستورد) بعد أن كانت المدينة تعتمد على الأرياف ، كما أخذ الريف يعتمد على المدينة في توفير المواد الغذائية والمواد المصنوعة ، وبذلك أصبح المجتمع القروي مجتمعاً مستهلكاً في الغالب بعد أن كان مجتمعاً منتجاً ومصدراً.

ب ـ أما في النّواحي الاجتماعية : فقد أدت الهجرة إلى التغيرات التالية :

1. تغير الأنماط الاجتماعية واختلاف نسبة كل منها عن السابق كما يلي :ـ

---

[1] ...المرجع السابق ص (25)

السنة	سكان المدن	الريفيون	البدو
1382	%15	%60	%25
1392	%17.5	%58	%24.5
1402	%24	%56	%20

جدول رقم ـ 9 ـ يبين نسبة كل من سكان المدن والريف والبدو

المصدر :نفس المرجع السابق (عبد الرحمن صادق الشريف) ص(27)

وهذا يؤكد وجود المتصل البدوي ـ الريفي ـ المدني ـ الذي سبق أن تحدثنا عنه [ ] خصوصاً إذا علمنا أن هؤلاء المهاجرين لا يتركون أماكنهم الأصلية تماماً ،بل يرجعون في فترات معينة لممارسة الرعي أو للسكن في القرية ، خصوصاً في الإجازات ، بالإضافة إلى احتفاظهم بعاداتهم الريفية أو البدوية وهم في المدينة ، وقد كان للتنمية دور كبير في تغيير الأنماط الاجتماعية للسكان في البلاد كلها " فقد انعكست نتائج التنمية في توزيع السكان في المملكة إذ صار 54% من السكان يعيشون في المدن عام 1400هـ منهم 42% يعيشون في المدن الرئيسية التي يزيد عدد سكانها عن 100000(مائة ألف) نسمة و 46% يعيشون في المناطق الريفية ،بينما نجد أنه في سنة 1390هـ / كان 36% تقريباً يسكنون في المدن"[١] .

2. وجود علاقات جديدة بين مجتمعي القرية والمدينة : فهناك ظاهرة تريّف المدينة ، وظاهرة مقابلة هي ظاهرة [التحضر][٢] بالمعنى الحديث ، أي التحضر المادي في الريف .

3. أدى هذا إلى اختلال نمط التربية والتنشئة الاجتماعية في القرية :إذ كانت الأسرة القروية تُنشّئ أطفالها من خلال توزيع أدوارهم في العمل الزراعي وملحقاته ، ولكن مع وجود هذه التغيرات الناتجة عن الهجرة والتحولات الاقتصادية والاجتماعية أصبح نمط التربية مختلفاً عما كان عليه في الفترة السابقة للتغير .[٣]

...الفصل الثاني (الفقرة الثالثة) (المجتمع القروي)

[١].... وزارة التخطيط ـ خطة التنمية الثانية ـ (1395هـ ـ1400هـ) ص38

[٢].....محمد الجوهري وعلياء شكري ـ علم الاجتماع الريفي والحضري (مرجع سابق) (ص 41)

[٣]......نفس المرجع ص(62)

ب ـ **الهجرة إلى خارج المنطقة** :ـ من خلال الدراسة الميدانية وجدنا أن هناك أعداداً من أبناء المجتمع القروي يعيشون خارج المنطقة ، وذلك لأسباب منها :

1. نظراً لأن المنطقة كانت متخلفة عن بقية مناطق المملكة (خاصة المنطقة الشرقية والوسطى الغربية) فقد كان أبناء المنطقة يسافرون طلباً للعمل في مدن تلك المناطق وفي الشركات العاملة في البلاد .

وقد أدى ذلك أن كان " معدل الزيادة السنوية في المنطقة خلال الفترة من (1962ـ 1974م) : 55% في إمارة عسير و37% في إمارة الباحة و 8% في إمارة جيزان في حين بلغ 61% في المملكة في نفس الفترة ، وقد حدث هذا بالرغم من ارتفاع نسبة الزيادة الطبيعية ، وهذا ما يشير بجلاء إلى فقدان الإقليم نسبة كبيرة من سكانه بسبب توجههم إلى مناطق التنمية "[1] .

2. التحاق عدد من الرجال بالوظائف المختلفة في المناطق الأخرى من المملكة ، مما يضطرهم إلى اصطحاب عائلاتهم .والملاحظ عامة أن المهاجرين يكونون من فئات العمر القادرة على العمل والإنتاج (أي من20ـ 45 سنة) مما يشكل أحد الأسباب المهمة في تدهور الزراعة وتربية الحيوانات بالمنطقة .

ثانياً :ـ ظاهرة تريّف المدينةـ ودخول التحضرـ المادي (بالمعنى الحديث للتحضرـ) إلى الريف:ـ

ذكرنا في الفصل الرابع شيئاً عن نوعية العلاقات التي كانت بين مجتمعي القرية والمدينة بشكل عام ورأينا كيف كانت الظواهر الاجتماعية متشابهة في كلا المجتمعين ، ولكن دخول الحضارة الحديثة كان سابقاً إلى المدينة ومتأخراً في المناطق الريفية المحيطة ، لأن المدينة ـ كما أسلفنا ـ هي مركز الاهتمام الأول ، فقد كانت أبها في العهد التركي المركز الذي تدور فيه وحوله الأحداث السياسية التي كان لها آثار اجتماعية على المنطقة عامة . ورغم أن هذه المدينة لم تكن تمتاز بشيء زيادة عما ذكرناه سابقاً [2] ، وهو ليس في المجال الاجتماعي ، إلا أن وجود الحاكم الإداري للمنطقة في أبها منذ عهد الأتراك كان سبباً مهماً في تدعيم مركز هذه المدينة وتطورها ، ولكن أبها برزت مرة أخرى في العهد السعودي كمركز للمنطقة ، وابتدأ تطورها الحقيقي الذي أعطاها وجهها الحالي ، فأصبحت

---

[1] ...عبد الرحمن الشريف ـ مرجع سابق ـ ص 17

[2] ....في الفصل الرابع ـ علاقات المجتمع القروي بمجتمع المدينة .

مدينة ذات تأثير على القرى المحيطة بها وعلى كل المنطقة لأنها مقر الإمارة ، وإليها يتوافد النـاس للاتصال بدوائر الحكومة المختلفة أو للتجارة .

وعلى هذا الأساس نستطيع أن نعتبر هذه المدينة مركز جذب واقتداء للقرويين ،فيحاولون اتخاذها كنموذج في أسلوب حياتهم أو تعاملهم مع الآخرين ، خصوصاً وأن كثيرين منهم يعملون كموظفين في المجالات المختلفة أو يزورونها لقضاء أعمالهم . وقد امتد أثر تلك المدينة حتى في اختيارهم لطراز البناء أو الثياب (خصوصاً للنساء) ، ورغم حقيقة عدم وجود فاصل زمنـي طويـل بـين بـدء التطور الحضاري الحديث في المدينة وبدئه في القرية إلا أنه كان في المدينة (أبها) أسرع بكثير منـه في بقية القرى المحيطة بها . كما نشاهد أبناء القرى الذين يريدون بناء المنـازل الحديثة يسـارعون إلى شراء الأرض في المدينة وإقامة البناء عليها ، مما أتاح لها أن تكون أكثر عمرانا مـن بقيـة الأمـاكن السكنية القروية . وعدا هذا كان أهل القرى يحاولون تقليـد المبـاني الموجـودة في أبها ، كـنماذج يعتبرونها مثلاً أعلى في هذا المجال ، فهم دائماً يتحدثون عنهـا بإعجـاب ، ويتمنى الواحد مـنهم أن تكون له عمارة كإحدى المباني ، ويضربون بها المثل أثناء أحاديثهم في ذلك الوقت .فالبحث في هذا الموضوع يتعلق بمظاهر الثقافة المادية ،وهي ـ كما نرى ـ نتيجة للتطور الاقتصادي والانتشار الثقافي المادي (أي دخول المنتجات المادية إلى المجتمع) .ورب معترض يقول : كيف يمكن اعتبار هـذه المدينة نموذجاً تقتدي به المجتمعـات القرويـة مـادام أنهـا لا تختلـف عـن هـذه المجتمعـات في مفاهيمها وعلاقاتها الاجتماعية (كمجتمع محلي) ؟ وجواباً على ذلك نقول بأن هذه المدينة كانت هي المركز الذي تركزت فيه المنتجات التكنولوجية الحديثة ، وهي أيضاً المركز الذي بدأت فيه أنماط كثيرة بالتغير : كأنماط البناء والثياب والمواصلات والتعليم والخدمات الصحية والاتصالات السـريعة (كالبرق والطيران) .

وكل هذه المظاهر المادية لابد أن يكون لها آثار اجتماعية سواء على سكان المدينـة بصـورة مبـاشرة أو على القرى المجاورة (بالاقتداء) ، ولعل سكان المدينة (أبهـا) كانوا يتخذون مـن مـدن أخـرى نموذجاً يقتدون به (كمدينة جدة والطائف) كما يتأثرون بآراء وعادات أبنـاء المجتمعـات الأخـرى الذين يعيشون بينهم .

لكل ما تقدم من أسباب كانت مدينة أبها أكثر تقدماً من الأرياف المحيطة بها ، ويشـاركها في ذلك المدينة التوءم لها وهي مدينة خميس مشيط ،حيث نجد أن هـاتين المـدينتين تشـكلان تجمعّـين كبيرين من السكان إذا ما قورنتا بالقرى الموجودة في المنطقة ، وتشكلان أيضاً

مركزين للنشاط الاقتصادي والعلمي والإداري والاجتماعي بما تضّمانه من مؤسسات مختلفة . أما الهجرة التي تدفقت على المدينة فقد كان لها أثر في ناحيتين :ـ

1. الناحية الأولى:ـ وجود علاقات نوعية جديدة داخل المجتمع المحلي في المدينة تختلف عن العلاقات التي كانت سائدة قبل الهجرة ، وهذه العلاقات أوجدت نوعاً من التخلخل في العلاقات الاجتماعية الوثيقة بين سكان المدينة السابقين (الأصليين). وفي هذا الموضوع يبدو نوع من التناقض : فالقرويون لهم أثر على سكان المدينة (كما أوضحنا) وفي نفس الوقت يشكل هؤلاء القرويون أنفسهم تجمعات سكانية تكاد تكون صورة طبق الأصل عن قراهم التي نزحوا منها : فهم يحافظون على روابطهم القديمة التي كانت في القرية ويتمسكون بعاداتهم وعلاقاتهم ببعضهم وفي الوقت نفسه يكونون سبباً من أسباب تخلخل علاقات السكان الأصليين في المدينة . وذلك لأن سكان المدينة يدخلون في علاقات جديدة مع هؤلاء القرويين (بحكم الجوار) مما يؤدي إلى تغييرات في علاقاتهم ببعضهم كسكان أصليين للمدينة ، لاتّساع دائرة علاقاتهم مع المهاجرين الجدد : مثال ذلك حدوث المصاهرة بين القرويين وبين بعض السكان الأصليين أو الدخول في مجاملات وزيارات لها طابع الفردية بعكس ما اعتاد عليه الناس سابقاً من الزيارات الجماعية (حسب العلاقات الاجتماعية في القرى وتقاليدهم في ذلك) . وهذا فيه ما يسمى (تريّف المدينة) أي غلبة صفات الريف على سكانها، ولكن في نفس الوقت فيه الخروج من عادات وصفات معينة والدخول في أخرى جديدة . ووضع (أبها) يختلف عن المدن الأخرى في هذه النقطة بالذات : فهي قبل هجرة أهل الأرياف إليها كانت لا تختلف عن الريف في مجال العلاقات الاجتماعية والعادات والأعراف ،ولذلك لم يضف أهل الريف شيئاً في هذه النقطة (أي لم يساعدوا على تريّف المدينة) ، بل العكس هو الصحيح : فقد كان لامتزاج أهل (أبها) بأهل الريف أثر كبير في إخراج كل طرف منهما من دائرته الخاصة ، وظهور علاقات وعادات جديدة :لا هي بالعادات الريفيّة الخالصة ولاهي بالعادات التي تخص المدينة وحدها ، بل هي مزيج منفتح لمزيد من التبلور والتشكل والاستقرار .

2. الناحية الثانية : تأثر أهل الأرياف بأوضاع المدينة :

وبالتالي دخولهم في شبكة من العلاقات الجديدة مع سكان المدينة ، ثم نقلهم لبعض هذه العادات إلى قراهم عندما يذهبون إليها ثانيةً كما هو المعتاد . فالقرويّ يعيش في المدينة بقسم من العائلة ، والقسم الآخر (غالباً ما يكون الوالدين) يبقى في القرية . وهذا أمر شائع

في المنطقة خصوصاً وأن كثيراً من أهل القرى يمارس التجارة في المدينة ، أو يسكنها لأنه موظف هناك ويقضي إجازته في قريته .

" وقد بينت بعض الدراسات أن المهاجرين الجدد إلى المدن يحتفظون بعلاقاتهم مع الريف كما أن بعضها الاخر بيّن أن الأنماط التقليدية الاجتماعية في الريف قد انتقلت إلى المدينة التي أصبحت تبدو وكأنها مجموعة من القرى المتجاورة التي تنقصها حقولها ومحاصيلها وهذه المدن الكثيفة ذات الثقافة الريفية (rural) هي عبارة عن ظواهر جديدة في العالم"[1].

ثالثاً :ـ ظاهرة التقارب بين مجتمع القرية ومجتمع المدينة في مجال التحضر والعلاقات الاجتماعية :ـ

أتاح وجود الموارد الاقتصادية الضخمة للريف أن يشارك المدينة بنصيب من التحضر ـ المادي ، وقد كان لسهولة الاتصالات بين كل من المجتمع الريفي والمدني دور بارز في وجود مظاهر متشابهة يستطيع الباحث أن يلمسها بسهولة ،ومن هذه الظواهر :ـ

1. التشابه الكبير في المباني الحديثة وطرازها:كان البيت الريفي من الطين وحده أو من الطين والحجارة،ويقسم إلى أقسام تناسب طراز الحياة الزراعية :حيث كان يبني من دورين:

الدور الأول منهما للحيوانات (من أغنام وأبقار) ولخزن العلف للحيوانات (كالتبن وعيدان الذرة الجافة) ولخزن ما يريد القروي الاحتفاظ به (كالحبوب أحياناً) والمعدات الزراعية .

والدور الثاني : كان يعد للسكن ، حيث تتوزعه الأسرة من غرفة لاستقبال الضيوف (تسمى المجلس) وغرفة للطعام (خاصة بالضيوف أيضاً) ، وغرف للنوم...الخ .

بعد هذا أصبح البيت في الغالب يبنى للسكن فقط سواء كان من دور واحد أو دورين ، ويبنى من الإسمنت المسلح ويقسم حسب احتياجات العائلة ، وأما الحيوانات فقد أصبحت قليلة جداً ـ كما أسلفنا ـ وإذا أراد الفلاح تربيتها بنى لها مسكناً منفصلاً .

والبيت الحديث في القرية مزود بكل ما تحتاجه الأسرة من الماء والكهرباء والأثاث .

2. مظاهر الانفتاح الاجتماعي في المجتمع القروي : حيث ترك أبناء المجتمع القروي البيوت القديمة التي كانت تشكل وحدة واحدة ليس لها سوى مدخل واحد (أشبه ما تكون بالحارة في بعض المجتمعات الأخرى) وبنوا بيوتهم بشكل مستقل ومتباعد ، هذا من ناحية

---

[1] Nathan Keyfitz , population Density and the style of social life , in :Moos , Rulolf & Insel ,Paul M ... .In . , Issues in social Ecology , Human milieus , op. cit , page 127.

، كما أنهم اختلطوا بغيرهم من أبناء المجتمعات الأخرى في المدينة والقرى مـن ناحيـة ثانيـة ،وكذلك أصبحوا يتقبلون وجود الآخرين بينهم من ناحية ثالثـة ، الأمـر الـذي جعل المجتمـع القروي يقترب كثيراً من انفتاح المجتمع المدني .

3. تشابه المجتمعين في الزي النسائي :حيث كانت نساء الريف يلبسن لباساً خاصاً هو عبارة عن ثوب أسود اللون مطرز بطريقـة خاصة بخيـوط ذات ألـوان عديـدة ، وكـان يسمى   (الثوب العسيري) ، وكذلك كان الرجال والنساء يلبسون في الحقل قبعة مصنوعة مـن سعف النخيل على شكل دائرة يبلغ قطرها من(35ـ 50 سم) مجوفة من وسطها حيث تستقر عـلى الرأس ويسمونها (طفشة) [1] ، أما اليوم فقد أصبحت المرأة تلبس الثيـاب المختلفـة الألـوان المخيطة بطريقة حديثة ، وتتفنن النساء في لبس أنواع الزينة والملابس التي تستورد أقمشـتها من مختلف أنحاء العالم، سواءً في المدينة أو الريف ، إذ لا فرق في ذلك ، أما زي الرجال فهـو موحد ومعروف منذ زمن بعيد ، ولم يطرأ عليه ما قد يعتبر جديداً سـوى إكثـار الرجـال مـن لبس المعاطف و يسمونها   (أكوات) ومفردها (كوت coat).

4. الاتجاه نحو اهتمامات متشابهة : كان الاهتمام الأول للمجتمـع القروي هـو العمـل الزراعي وتربية الحيوانات والنحل بشكل عام , وكان اهتمام مجتمع المدينة يتجـه عامـة إلى الأعمال التجارية وبعض الصناعات خصوصاً صناعة الخناجر والسيوف ودباغة الجلود وصياغة الذهب والفضة ، لكـن في فـترة التغـير أصبحت الاهتمامـات متشابهة ومحصـورة في أمـور محددة منها : الاتجاه نحو التعليم والوظيفة والتجارة والمقاولات .

5. ترك بعض العادات التي كانت سائدة من قبل والاتجاه إلى عـادات جديـدة متشابهة في كلا المجتمعين ، وعلى سبيل المثال :ـ عادة الختان المشـهورة [2] والتي كانت تسود المناطق الريفية بالذات وتتصف بالقسوة والوحشية ، إذ كانت تتضمن سلخ جلد العانة   وما يليها من جلد المختون ، وذلك لإظهار الشجاعة وقوة التحمل عنده . أو كعادات الـزواج وطريقـة اختيار الزوجة ، وعادات الضيافة وما كان يصحبها من احتفالات ، وإن كان هذا الموضوع لا يزال في القرى أوضح منه في المدينة ، ولكنـه الآن لـيس كـما كـان سـابقاً ، وجـدير بالـذكر أن الوعي الفكري الذي نتج عن انتشار التعليم كان له أثر بارز في إقناع أبناء

---

[1]....يمكن الرجوع إلى محمود شاكر ـ شبه الجزيرة العربية ـ عسـير ـ مرجع سابق (ص 67)

[2]...نفس المرجع (ص 62 وما بعدها)

المجتمع القروي بالكف عن العادات التي لا يقرها الدين الإسلامي : مثال ذلك كان للدين دور بارز في إبطال عادة الختان القديم ، ويسمي الأهلون الختان العادي باسم (ختان السنّة) كذلك أخذ كثير من الناس ينصحون بوجوب التساهل في المهر ، لأن النبي عليه الصلاة والسلام يقول للنساء :" أكثركن بركة أقلكن مهراً " .

وقامت بعض القبائل بتجديد المهر بحيث لا يتجاوز (25) ألف ريال بعد أن كان يصل إلى أرقام قد تساوي أربعة أضعاف هذا المبلغ وربما تزيد، وهنا تتضح لنا إمكانية كون الدين وسيلة ناجعة في الضبط والتوجيه الاجتماعي بشكل يخدم مصلحة الجماعة في حدود الشرع الإسلامي الحنيف .

رابعاً :ـ ظاهرة التبادل الوظيفي بين المجتمعين : المجتمع العام للدولة أو لمنطقة معينة يتكون عادة من سكان المدن وسكان القرى وما يتبعها من نجوع أو كفور أو هجر ، نطلق عليها جميعاً اسم الريف ، بالإضافة إلى البدو الذين يشكلون جزءاً لا يستهان به من بناء المجتمعات العربية بصورة عامة (تقريباً) .

ولاشك أن هناك اختلافات في أسلوب الحياة وفي المهن والوظائف التي يمارسها أفراد كل مجتمع ، فأهل المدن يمارسون الصناعة والتجارة والخدمات ، وأهل القرى يمارسون الزراعة وتربية الحيوانات على نطاق محدود بما يتلاءم مع ظروف مزارعهم و استقرارهم .

ومجتمع البدو يمارس الرعي كحرفة أساسية ، ويتنقل من مكان إلى آخر طلباً للعشب والماء ويعتبر التنقل أبرز صفة من صفات البدو ، فإذا زالت هذه الصفة (أي استقر البدو) أصبح من حقهم أن نطلق عليهم اسم المزارعين أو الفلاحين .

ولاشك أن عاداتهم البدوية لا تتلاشى أو تتبدل بمجرد استقرارهم ، ولذلك فالبدو المستقرون حديثاً يشكلون حلقة الاتصال بين الريف والبادية ، فهم من ناحية يتمتعون بصفة من صفات أهل الريف (وهي الاستقرار) ومن ناحية أخرى لا يزالون يحملون صفات بدوية (هي عاداتهم وتقاليدهم البدوية) وهذا الوصف ينطبق على البدو الذين تم توطينهم حديثاً في المملكة العربية السعودية [1] ولكنهم مع الزمن سيصبحون زرّاعاً وفلاحين بصورة تامة ولاعلاقة لهم بالحياة البدوية ، وذلك بعد أن تمر أجيال ينسون بعدها العادات البدوية لتحل

---

[1]...ورد ذكر هذه المشاريع في : عبد الرحمن صادق الشريف ـ جغرافية المملكة العربية السعودية ـ جـ1 ـ مرجع سابق (ص 115 ـ 116 وكذلك ص 178 ـ 187)

محلها عادات جديدة ويلاحظ أن هناك نقطة مهمة قد لا نجد لها شبيهاً في مناطق أخرى من العالم ، وتلك هي عملية التدرج الحضاري ونجمل القول فيها كما يلي : المعروف من تتبع التطور الطبيعي للحضارة أنها تمر بمرحلة البداوة (الرعي) فالزراعة (الاستقرار في أرياف زراعية) فالاستقرار في المدن والعمل بالتجارة والصناعة وغيرها ولكن كثيراً من البدو يستقرون في المدن مباشرة بعد حياة الرعي والتنقل متخطيّن بذلك(المرحلة الزراعية أو الريفية) .

وهذا ما نجده في كثير من المدن السعودية وغيرها من الدول التي حدث فيها تقدم اقتصادي بسبب البترول ، وقد أثرت هذه النقطة على حجم المدن وعلى تركيبها الديموغرافي وبالتالي على وظيفة المدينة كمثال يقتدي به أهل الريف في هذه المرحلة ، خصوصاً لأن كثيرين من البدو وأشباه البدو يحلون في المدن في بيوت من الصفيح أو الطين فيشكلون بذلك امتداداً مشوهاً للمدينة .

ومما يؤكد هذا الأمر (وهو ضعف تأثير المدينة حالياً) أن الريف أصبح يتمتع بخدمات واهتمامات مشابهة للمدينة من حيث الكهرباء والمواصلات والماء والصحة وغيرها ، الأمر الذي أضعف من انبهار الريفيين بالمدينة : فلم تعد تبهرهم العمارات العالية أو أضواء الكهرباء والشوارع الواسعة ، وبذلك فقدت المدينة وظيفتها المهمة وهي كونها قدوة أو مثالاً يقتدي به الريفيون كما كانوا في السابق يفعلون ،ولكن رغم هذه الحقيقة فإنه مازالت للمدينة وظائف مهمة تقوم بها تجاه الريف، ومنها :ـ

1. تأمين الاحتياجات المتعددة للريفيين : ـ كالمواد الغذائية المتنوعة من الحبوب والسكر والأرز والشاي والقهوة والمعلبات والأدوات المختلفة والمصنوعات والأقمشة ...الخ ، وذلك لأن المدينة هي المركز الذي يمارس فيه التجار نشاطهم في الاستيراد والتوزيع .

2. المدينة هي المركز الذي يرجع إليه القروي لمراجعة الدوائر الحكومية : كالأحوال المدنية والجوازات والجنسية والمحاكم والشرطة والقضاء وغيرها ، وبذلك فهو مرتبط بالمدينة بسبب وجود هذه الدوائر فيها . وما تؤديه كل دائرة من خدمة لا يمكن الاستغناء عنها .

3. كثير من القرويين يكسبون معاشهم من العمل في المدينة إما كموظفين أو عمال أو تجار أو سائقي سيارات ، وهذا يدل على أن المدينة هي النواة التي تجذب إليها القرويين لممارسة هذه الأعمال .

4. تؤدي المدينة خدمات تمس حياة الريفيين في مجال العلم حيث توجد بها المدارس الثانوية والجامعات ، وفي مجال الصحة توجد المستشفيات ، وفي مجال الخدمات والمرافق الأخرى : كالبرق والبريد والهاتف ووسائل المواصلات العامة وصندوق التنمية العقاريه والصناعية والبنك الزراعي والضمان الاجتماعي .

5. تؤمن أسواق المدينة لأهل الريف تصريف إنتاجهم من المواد الزراعية أو الحيوانية والمصنوعات المحلية .

6. المدينة هي المنفذ الذي منه يسافر القروي إلى المدن الأخرى وإلى أنحاء العالم ، وهي أيضاً واسطة اتصاله بالخارج عن طريق البرق والبريد والهاتف وعن طريق الصحف التي تأتي إليها وتوزع منها.

7. في مجال الاقتداء : أوضحنا في مقدمة هذه الفقرة أن أثر المدينة أصبح محدودا في هذا المجال إلى حد كبير بسبب عاملين هما :

1. أن كثيرين من سكان المدينة ريفيون وبدو .

2. امتداد العمران والخدمات إلى القرى مما قرب المسافة العمرانية والحضارية بين الجانبين .

ومع هذا فلا يستطيع أحد الإدعاء بأن هذا الاقتداء قد تلاشى تماماً ، إذ إنه هناك من الظواهر الحضارية ما تتفوق به المدينة على القرية ، ولا يزال يشكل مجالاً محدوداً للاقتداء، خصوصاً وأن عملية الاقتداء في حد ذاتها شيء نفسي- اجتماعي بمعنى أن الاقتداء يكون بنوع من الاستهواء أولاً وبشعور المقتدي بأن الشيء المقتدى به متفوق في صفات معينة : وفي المدينة أحياء راقية وسكان هذه الأحياء يكونون هم النقطة المضيئة التي قد يحاول البدوي الاقتداء بها وتقليدها كنموذج أو مثال .

مما سبق نرى أن ارتباط الريف بالمدينة قد أصبح أكبر مما كان سابقاً بسبب تقلص السلطة المحلية للشيخ ومعاونيه في المجتمع القروي ، وبسبب الارتباط المتزايد والمباشر بين المواطن القروي وأجهزة الحكومة الحديثة ومؤسساتها التي تتركز أساساً في المدينة دون القرية ،هذا الارتباط الذي نمّى الروح الفردية والمسئولية المباشرة للفرد أمام القانون العام للدولة ، دون القانون العرقي للمجتمع الريفي .

وظيفة المجتمع الريفي عامة بالنسبة للمدينة :ـ

كان الريف في فترة ما قبل التقدم الاقتصادي يُشكّل مورداً أساسياً من الموارد التي تمد المدينة بكثير من المنتجات , وكان القروي ـ كما أوضحت الدراسة ـ ينتج ما يزيد عن حاجته خاصة من الحبوب و الثمار ، ويبيع من حيواناته و منتجاتها و كذلك عسل النحل ، ومن بعض إنتاجه الصناعي المحلي البسيط . وكانت الأسواق الأسبوعية تشكل علامة بارزة في حياة كل من المجتمع القروي والمدني ، والذي كان يعمر هذه الأسواق هم أهل الريف والبدو أيضاً ، وقد أوضحت الدراسة في الفصل الرابع أثر هذه الأسواق على المدينة وما فيها من المنتجات المستوردة من الخارج ومع هذا فما زال الريف ـ والقرى بشكل خاص ـ تقوم بوظائف تخدم المدينة بشكل من الأشكال في المجالات التالية :ـ

1. يشكل الريف مكاناً للنزهة والاستجمام لأهل المدينة ، فهو المتنفس لهم في الإجازات والعطل و ليس غريباً أن نرى بعض أهل المدينة يخرجون بعائلاتهم كاملة ويتخذون من الكباري المقامة على الأودية (في الريف) أماكن للنزهة (خاصة وأن الماء يجري بصورة شبه مستمرة في هذه الوديان) أو ينصبون خيامهم في الأماكن الخلوية القريبة من القرى ويقضون على ذلك أياماً بين الأشجار والجبال والوديان .

2. لا تزال القرى تقدم بعض إنتاجها إلى أسواق المدينة كالخضراوات وبعض أنواع الفواكه ، وهذا ما يساعد على ازدهار حركة البيع والشراء في المدينة.

3. كما أن القرى بالمقابل تشكل سوقاً لتصريف البضائع التي يستوردها تجار المدينة ، ولذلك نشاهد التجار حريصين على التعامل مع القرويين خصوصاً في الأعياد أو مواسم الأفراح .

4. للقرى و الأرياف تأثير على العلاقات الاجتماعية لسكان المدينة ـ كما أوضحنا آنفاً ـ وقد ازداد هذا التأثير بعد أن شقت الطرق وعبّدت وكثرت وسائل الاتصال بالقرى .

5. الأرياف عامة تقدم القوى العاملة للمدينة : فكثير من عمال البناء والعاملين في المؤسسات والمحلات والوظائف هم من أهل الريف ، وفي هذا عمارة المدينة وقوتها ، ولكي يدرك المرء مدى تأثير هذه النقطة يكفيه أن يراقب خروج الموظفين في نهاية الدوام اليومي ليشاهد عشرات السيارات المتجهة إلى القرى بالموظفين العاملين في المدينة في كل المجالات .

ومهما يكن من أمر فإنه يمكن القول بأن هناك تكاملاً بين الريف عامة والمدينة بل والمجتمع البدوي أيضاً ، وهذا التكامل يظهر جلياً في التّساند الوظيفي الذي شرحناه في الصفحات السابقة : فالمدينة بحاجة إلى الريف وما يقدمه من أيدٍ عاملة في شتى المجالات ، وما يمكن أن يوفره من خدمات أخرى المدينة ، وكذلك رأينا أن الريف لا يستغني عن المدينة في عديد من شؤونه ، ونجد نفس المعادلة بين كل من المجتمع البدوي من جهة والمجتمع الريفي والمدني من جهة أخرى :فالبدوي يأتي إلى الريف وإلى المدينة ويبيع أغنامه للمزارعين أو التجار في كل منهما ويشتري احتياجاته من دقيق وسكر وشاي وقهوة وهال وأقمشة وغيرها كثير .

ومن هنا يمكن القول بأن عملية التساند الوظيفي تتبلور واضحة في هذا الاشتراك في المصالح ، والذي يؤدي إلى تبادل المنافع ، فمن احتاج إلى شيء معين وجده عند الآخرين فيقدم لهم خدمة معينة في سبيل الحصول على خدماتهم له .وأجد نفسي- وجهاً لوجه أمام قول القائل :-

الناس للناس من بدوٍ وحاضرةٍ   بعضٌ لبعضٍ وإن لم يشعروا خدم

ورغم أن المقام ليس مقام بحث في الشعر أو الأدب ، إلا أن قول هذا الشاعر فيه تجربة صادقة ودلالة صحيحة .

الفصل الثامن

نتائج الدراسة وتوصياتها

تمهيد

أولاً : النتائج

1. نتائج عامة

2. نتائج الدراسة بالنسبة لوحدات موضوعها:

أ ـ الفرد وعلاقته بالمفاهيم الاجتماعية المختلفة .

ب ـ الأسرة الرّيفية .

جـ ـ المجتمع الرّيفي .

د ـ علاقة المجتمع الريفيّ بالمدينة .

ثانياً :ـ

توصيات الدراسة .

تمهيد:ـ

كانت المجتمعات القديمة تتصف بمحافظتها على طابع معين يميز كلاً منها، بحيث كنا نستطيع أن نجد أنماطاً متباينة من العلاقات الاجتماعية تميز كل مجتمع عن الآخر ،وكان هذا الوضع طبيعياً في ظروف صعوبة الاتصال أو انعدامها ، وبالتالي عدم انتشار المؤثرات الثقافية من مجتمع إلى آخر أو من أمة إلى أخرى إلا بصعوبة شديدة وعلى مدى زمني طويل ، ولكن العصر ـ الحديث امتاز بالثورات المتعددة : الثورات العلمية والتكنولوجية وبالتالي السياسية والاجتماعية ، وأصبحت الأفكار والثقافات الفكرية والمادية ملكاً للإنسانية كلها ، ولم يعد هناك إمكانية للقول بوجود عزلة اجتماعية تامة لمجتمع ما ، إلا ما يذكر بين حين وآخر عن اكتشاف جماعات بشرية بدائية في وسط الغابات في إفريقية أو أسترالية أو غيرها ،ولكن مثل هذه الجماعات لا تشكل سوى نقطة في بحر الإنسانية الهائل ، وهي في طريقها إلى الاندماج في هذا البحر ،ولهذا فقد أصبحت مسألة التغيرات الاجتماعية والثقافية التي تجتاح المجتمعات النامية من أهم القضايا المعاصرة ، لأنها شغلت وتشغل علماء الاجتماع وعلماء النفس والتربية والجغرافية البشرية والتاريخ وغيرها ، وهي باختصار قد شغلت المهتمين بالعلوم الإنسانية كل يتناولها من زاويته التي تخصه أو التي يتصور أنها الزاوية الصحيحة لتصوير تلك التغيرات والتفاعلات ورصدها ،ولعل هذه المشكلة من أهم المشاكل التي تواجه وطننا العربي قبل مطلع هذا القرن ، أي منذ أن بدأ يتعرض للغزو العسكري والسياسي والثقافي والاقتصادي في مراحل متتالية .

وقد شغلت هذه القضية في إطارها العام كثيرين من مفكرين وعلماء وأدباء وفقهاء ، ولكن في مجال علم الاجتماع المحض لم تكن هذه القضية موضوع دراسة بشكل محدد واضح إلا في بدايات النصف الثاني من القرن العشرين ، ومع هذا لا تزال هناك مجالات عديدة في كل أنحاء وطننا العربي للدراسة ورصد التغيرات الاجتماعية وآثارها والتنبؤ بالمستقبل الاجتماعي لهذه الأجزاء أو محاولة المساهمة في تخطيط سيرها في هذا المجال وترشيده .

وتعتبر منطقة عسير من المناطق الواسعة والمهمة في المملكة العربية السعودية ، وهي عامرة بالسكان والعمران منذ عصور موغلة في القدم .

وكان الغرض من هذه الدراسة إلقاء الضوء على الحياة الاجتماعية وتطوراتها بشيء من الدقة العلمية وبالتفصيل الذي يعطي فكرة واضحة عن هذا الموضوع ، ولعل ما جاء فيها إجمالاً يساعد على الخروج ببعض الأفكار قد تكون عاملاً مساعداً في فهم التطورات

الاجتماعية في المجتمع الذي عنيت بدراسته ، وفي فهم المجتمعات الأخرى المشابهة ، ونثبت فيما يلي بعض النتائج التي توصلت إليها الدراسة ،علماً بأن التوضيح الكامل للنتائج قد ورد في أثناء هذه الدراسة وفي خطواتها ومباحثها ، ويبدو أن الاطلاع عليها بكاملها ومواكبتها خطوة خطوة يعطي فكرة أشمل عن روح الدراسة وجوها العام وفيه معايشة للباحث ومجتمع الدراسة على حد سواء.

كما أن هناك بعض التوصيات التي رأت الدراسة أنه يمكن تطبيقها والاستفادة منها عملياً على مستوى المجتمع القروي في سبيل تطويره وتحسين وضعه العام والإبقاء في نفس الوقت على قوة علاقاته الاجتماعية المتميزة بالأصالة والقيم الإنسانية والدينيّة السّامية .

أولاً :ـ النتائج ـ

قسمت إلى قسمين :ـ

1. نتائج عامة.   2. نتائج الدراسة بالنسبة لوحدات موضوعها وهي :ـ

أ ـ الفرد وعلاقته بالمفاهيم الاجتماعية المتخلفة .

ب ـ الأسرة الريفية .   ج ـ المجتمع الريفي .   د ـ علاقة المجتمع الريفي بالمدينة .

وسنتناول كلاً من هذه النقاط فيما يلي :ـ

1. **النتائج العامّة :ـ** ويمكن وضعها في نقاط كما يلي :ـ

1ـ كان التقدم الاقتصادي هو السبب الأساسي في كافة التغيرات الاجتماعية التي شهدها المجتمع الريفي ، فلا النمو السكاني ولا الاختراع ولا الانتشار الثقافي كان لها أثر واضح في التغير قبل النمو الاقتصادي ، وإنما كانت هذه العوامل كلها تابعة للنمو الاقتصادي الذي كان هو المحرك الأول لكافة التغيرات في كل مجالات الحياة الأخرى كالمجال الديموغرافي والاجتماعي والثقافي والعمراني في كل مجتمع الدولة وليس فقط في المجتمع الريفي المحلي ، على أن الانتشار الثقافي واستيراد منتجات التكنولوجيا أخذت تؤدي دوراً مهماً في عملية التغير الاجتماعي المخطط في المراحل اللاحقة .

2ـ هناك نوع من الحتمية في مجال العلاقات الاجتماعية والأعراف والمفاهيم العامة التي تتضمنها هذه العلاقات :

بمعنى أن كل مرحلة حضارية ترتبط بنوع من العلاقات والأعراف والعادات والقيم والمفاهيم المتميزة عن غيرها من المراحل السابقة أو اللاحقة : فالمجتمع في مرحلة البداوة له عادات رعوية ومفاهيم (أي مضمون عام) لعلاقات اجتماعية ، وهذا المضمون هو

الذي يحدد شكل هذه العلاقات ، وفي مرحلة الزراعة له علاقات أخرى يحدد شكلها مضمون آخر مختلف ،بينما تأخذ هذه العلاقات شكلاً جديداً في مرحلة التغير ، وهـي كـما يـبدو ـ تتجه إلى الاستقرار على وضع جديد غير الذي كان مألوفاً للمجتمع القروي الزراعـي قبل التغير ، فهناك ارتباط وثيق بين الوظائف التي يقوم بها المجتمع ونوعية علاقاته الاجتماعية ، وبما أن وظائف كل مرحلة من مراحل الحضارة تختلف عـن وظائـف المرحلـة الأخرى ،فينتظر أن تكون علاقات كل مرحلة مختلفة عن علاقات المراحل الأخرى .

3ـ من النقطة السابقة يمكن القول (من ناحية أخرى) بنسبية المفاهيم الاجتماعية ،بمعنى أن مفهوماً معيناً لا تبقى له نفس الدلالة في كل المراحل ،وإنما تختلـف المفاهيم باختلاف التطورات الاجتماعية ، وهذا بالتالي هو ما يعرف بتغير الثقافة الاجتماعية لدى الفرد : فمفهوم التضامن ـ مثلاً ـ كان يعني تعاون أبناء المجتمع في كل ما يتصورون أنه خير لهم ، ولو كان في ذلك معنى التعصب ومعاداة المجتمعات الأخرى ,وأصبح التضامـن فيما بعـد يعنـى واجـب المجاملـة في الأغلب ،وكـان مفهوم التقدم يعني (كما هو عند كبار السن الآن) المزيد من التعاون والتمسك بالتقاليد ، بينما هو في نظر الشباب يعني الاهتمام بالمظاهر المادية الحديثة .

4ـ التغيرات ـ من ناحية عامة ـ تغيرات كمية في الدرجة الأولى ، وهـي غـير متوازيـة مع التغيرات الكيفية ، فهناك عدم توازن في جانبي الثقافة (المادي والفكري) ، بمعنى أن هناك سرعة في اسـتيراد المنتجات التكنولوجية واستخدامها على نطاق واسع ،ولكن لا يوجد تطور بنفس السرعة في مجـال الثقافة الفكرية عامة وفي استيعاب هذه المنتجات ، ويمكن أن نأخذ كمثال على ذلك سوء استخدام هذه الأجهزة والمنتجات التكنولوجية : فهناك كثير من هذه المنتجات (كالسيارات والآلات والأجهزة والأدوات الكهربائية) ترمى وتعتبر تالفة ، مع أنها لا تكون في الحقيقة قد أصيبت بـأكثر مـن عطل بسيط يمكن معالجته بسهولة .

وكذلك توجد بعض الممارسات الفردية التي لا تتوازى مع هذه المنتجات الراقية وهذا شيء طبيعـي في مجتمع ينتقل بسرعة مـن حياة الزراعـة والرعي إلى طراز حيـاة جديـد تحكمه التكنولوجيا المتقدمة المستوردة ، **وهنا تبرز مسألة التخلف الثقافي** cultural lag **التـي قال بها أوجبرن** [1] **بوضوح بين طرفي الثقافة المادي والفكري** . ويبدو أن الحكومة تشعر بهذا الموضوع تماماً ، ولـذلك نجد أن هناك جهوداً ضخمة للارتفاع بالثقافة " الفكرية

---

[1] ...محمد عاطف غيث ـ دراسات في علم الاجتماع القروي ـ مرجع سابق ـ (ص 285)

للسكان من خلال برامج التوعية وبناء دور العلم كالمدارس العديدة والجامعات وغير ذلك ، لأن البلاد تسير في برامج وخطط للتنمية في كافة المجالات العلمية والاقتصادية والاجتماعية " ولايمكن الوصول إلى امتياز حقيقي في أي مرفق اجتماعي بالذات في حين أن بقية المرافق في حالة من الانحطاط والتحلف ، ومن وضع يذكرنا بالأواني المستطرقة ، فهناك نوع من الاستطراق الاجتماعي ، تميل معه مستويات الخدمات الاجتماعية إلى التحرك حول مستوى واحد "[1].

2. نتائج الدراسة بالنسبة لوحدات موضوعها :ـ

أـ الفرد وعلاقته بالمفاهيم الاجتماعية المتخلفة ـ تغيرت المفاهيم والقيم الاجتماعية عما كانت عليه لدى الفرد ، ومن هذه المفاهيم :ـ

1. مفهوم التضامن الاجتماعي : حيث كان في السابق يعني التعاون المطلق على كل ما يتصور أفراد المجتمع أنه يحقق الخير لهم بغض النظر عن الإساءة إلى غيرهم من المجتمعات المحلية ، وهذا المفهوم كان يتضمن معنى التعصب الأعمى ، ولكن الآن أصبح هذا المفهوم يعني التعاون في حدود معينة وغير مطلقة وأصبح التبصر والنظر بحكمة إلى الأمور يميز الكثير من علاقات الأفراد بغيرهم واختفى التعصب السابق للجماعة .
2. قيمة الفرد الاجتماعية : كان الفرد يقدّر في السابق بناءً على أسس من أهمها : الانتماء العائلي ، الوضع الوظيفي (أو الدور) بالنسبة للمجتمع القروي : فمن كان في وظيفة اجتماعية أعلى كان صاحب المكانة المتميزة والاحترام (كالشيخ أو إمام المسجد) . وفي الظروف المتغيرة أصبحت قيمة الفرد الاجتماعية تتأثر بعوامل أخرى مثل درجة التعليم والمركز الوظيفي في الدولة لا في المجتمع القروي وهذا معناه حصول نوع من الحراك الاجتماعي بشكل من الأشكال .
3. استقلالية الفرد وظهور الفردية : كانت النظرة إلى من لا يمتثل لأوامر الشيخ أو لحكم العرف الاجتماعي نظرة يشوبها الاحتقار وعدم الرضى ، وكانوا يعدون ما تقرره الجماعة عنواناً على الرجولة والمروءة ، ولكن في الظروف المتغيرة أصبح بإمكان الفرد أن يخالف رأي الجماعة وأن يناقشهم ويقنع يقتنع ويستقل برأيه دون أن يلاقي من الجماعة مشاعر الازدراء السابقة . كما أنه أصبح بإمكانه ألا يشارك في الأمور العامة للمجتمع القروي إن كان هناك أدنى عذر له ، بينما هذا كان شبه مستحيل في السابق ، وقد كان بعض أفراد

---

[1] ....أحمد محمد خليفة في المسألة الاجتماعية ـ دراسات دار المعارف 1970(ص 104)

المجتمع (خصوصاً الشيوخ) يقولون لمن لا يشارك :" لماذا لم تشارك مع الجماعة في المشورة ، ما أنت رجل حتى تشارك مع الرجال ؟" بينما عدم المشاركة أصبح عادياً وممكناً الآن .

4. تغيّر مفهوم الولاء حسب الوضع الوظيفي للفرد : ـ فقد كان المجتمع القروي متماسكاً بشدة بسبب حاجة أفراده لبعضهم ولخدماتهم المتبادلة ، ولكن عندما قلّت هذه الحاجة أصبح اهتمامهم موجهاً إلى الجهة التي يمكن أن توفر للأفراد احتياجاتهم الجديدة وهي الدولة من خلال الوظائف الجديدة والأعمال التي توفرها للأفراد . ومن هنا كان :

5. الانتقال من الولاء القروي للقبيلة إلى الولاء (أو الشعور بالانتماء) للدولة نظراً للمصلحة المتحققة للقروي من هذا الولاء الجديد .

ب ـ الأسرة القروية :ـ

أصابت الأسرة تغيرات كثيرة ومهمة في الظروف الجديدة منها مايلي :ـ

1. أصبحت الأسرة النووية هي الطابع الغالب بعد أن كانت الأسرة الممتدة والأسرة المركبة أكثر انتشاراً في السابق . كما تغيرت الظروف التي كانت تشجع على قيام الأسرة الممتدة والمركبة .

2. تغيرت الوظائف التي تؤديها الأسرة في المجتمع أو لأفرادها : فاختفت الأسرة المنتجة التي كانت توظف القوى العاملة لأبنائها في إنتاج ما تحتاجه من حبوب وثمار أخرى وفي تربية الحيوانات ورعيها . كما اختفت الوظائف التي كانت الأسر تؤديها لبعضها البعض   (وهي المساعدة في الأعمال الزراعية الشاقة) وذلك لقلة الاهتمام بالزراعة وبسبب دخول التكنولوجيا بشكل مكثف إلى القرية ، الأمر الذي قلل الاعتماد على الجهد البشري المتساند . وهذا بالتالي ما أصاب العلاقات الاجتماعية القديمة (علاقات التعاون) بالضعف .كما أدى إلى عدم قيام مجموعات جديدة من الأسر المتحدة أو المتعاونة corporate families ،بل أدى إلى توقف ما كان قائماً منها عن الاستمرار في التعاون ، بذلك نلاحظ أن العلاقات التي كانت قائمة على التبادل الوظيفي قد ضعفت ، وبعضها تلاشى تماماً ، وهذا الوضع الجديد شجع بروز الفرديّة بشكل من الأشكال ،وساعد على استقلالية الفرد وفتح أمامه المجال لإبراز مواهبه في مجالات غير الزراعة .

3. أما وظائف أفراد الأسرة فقد أخذت طابعاً جديداً :ـ فالأب ـ كما أوضحت الدراسة ـ

أصبح أكثر ديمقراطية ، ولم يعـد لـه إلاّ دور ثـانوي في تـوزيع الأعمـال عـلى أفـراد أسرتـه ،لأن هؤلاء الأفراد اتجهوا إلى وظائف جديدة في المجتمع القروي أو العام :ـ فمـنهم الموظفون في المجالات الحكومية ومنهم التجار ومنهم المقاولون ، وهذا ما لا يستطيع الأب تحديده لأحـد منهم، أما المرأة (الزوجة والأم) فوظائفها في الأسرة أصبحت غير مـا كانت في المـاضي حيث كانت المرأة تشارك في الأعمال الزراعية بكل ما فيها ، وتقوم بأعـ‍‍اا، الست المختلفة . ولكن في الـوضع الحـالي لم تعد تشـارك أبداً في الأعمال الزراعية وانحصر ـ اهتمامهـا في البيت ومـع هـذا فهناك من ينوب عنها في كثير مـن الأعمـال في هـذا المجـال :كالخـدم والأدوات التكنولوجيـة الحديثة ،وأما الأبناء والبنات فقد أصبح اهتمامهم الأول يتجه الآن إلى طلـب العلـم والبحـث عن الوظيفةأو العمل المناسب ، ولم يعد أحـد يجعـل حياتـه واهتمامه وقفاً عـلى الزراعـة وحدها .

4.   أما وظائف الأسرة في مجال التنشئة الاجتماعية فقد أصبحت تشاركها فيهـا عـدة جهـات ومؤسسات اجتماعية وحكومية من أهمها :ـ المدرسة التي يدخلها الطفل منـذ أن يكون ابن ست سنوات ووسائل الإعلام (وبشكل خـاص التلفزيـون) مـن خلال البـرامج التـي تقدمها ، وجماعات الرفاق الذين يشكلون (في كثير مـن الأحيان) قدوة يقتـدي بهـا الطفل النـاشئ بالإضافة إلى التأثر بالجو العام الذي يختلف عما كان سائداً قبل فترة النمو الاقتصادي كالتأثر بالنوادي الرياضية والصحف ووسائل الحضارة الحديثة عامة .

ج ـ المجتمع القروي :ـ

1.   كان مـن أثر التحضر ـ عـلى وظـائف واهتمامـات المجتمع القروي أن أصبحت الأرض الزراعية شبه مهملة ، ولا يمكن وصف هذا المجتمع الآن بأنه زراعي بالدرجة التي كان عليها سابقاً ، وهذا تغير أساسي وخطير في السمات المعروفة للمجتمعات القروية والريفية عامة .

2.   رافـق هـذا التغـير الـوظيفي تغـير في شكل العلاقـات الاجتماعية فأصبحت كثير مـن المضامين السابقة لهذه العلاقات بدون فائدة (أي لا وظيفة لها تؤديها) ممـا أدّى إلى تلاشي العلاقات المبنية عليها : مثل علاقة التعاون على زراعة الأرض أو حرثها ، ومثل علاقة التضامن مع ابن المجتمع (إذا اعتدى عليه أحد من خـارج مجتمعـه ظلماً) : فالحالة الأولى (علاقة التعاون) تلاشت بسبب تلاشي المضمون الذي كانت تقوم عليه (وهو وظيفتها التي تؤديها في العمل الزراعي)وكذلك الحالة الثانية (علاقة التضامن مع ابن المجتمع) تلاشت

بسبب زوال الوظيفة التي كانت تقوم بها العداوة المذكورة (وهي وظيفة قد يمارسها الفرد باسم مجتمعه المحلي ضد الآخرين) ومعنى تلاشي مثل هذه العلاقات أنها تحولت إلى علاقات حيادية عند الآخرين من أبناء المجتمع ، وتفصيل ذلك كما يلي :-

في السابق كانت هذه الوظائف تجعل في المجتمع القروي علاقات تعاون وصداقة (أي علاقات إيجابية) بسبب فائدتها المتبادلة لمن يمارسونها ،**ولكن بعد التغير أصبحت هذه الوظائف (التي كانت العلاقات تقوم عليها) وظائف فردية ، يقوم بها الفرد بنفسه لنفسه بدون أن تثير هذه الوظائف الدافع النفسي عند الآخرين** لمساعدته ومن هنا نقول بأن هذا معناه أن علاقتي التضامن أو التعاون المذكورتين قد أصبحتا محايدتين : أي لا تثيران دافع التعاون أو دافع العداوة .وقد سبق أن قسّمت الدراسة الحالية العلاقات الاجتماعية إلى ثلاثة أنواع هي : علاقة التعاون (وهي الإيجابية) وعلاقات النفور والعداوة (وهي السلبية) والعلاقات الحيادية ، وهي التي تتخذ طابع اللامبالاة أو الطابع الرسمي .

3. اختفت مظاهر عامة كانت من سمات المجتمع القروي ، كما برزت مظاهر جديدة :-

فمن المظاهر التي اختفت : ظاهرة تجميع قطعان الأغنام ورعيها ، وهي ظاهرة عمادها اجتماع أغنام القرية وبعض بناتها (الراعيات) بشكل جماعي للرعي.وكذلك ظاهرة جلب الحطب من الجبال والماء من الآبار، حيث كانت النساء يذهبن مبكرات بشكل جماعي لإحضار الحطب من البرّ على الـدواب أو على ظهورهن، واختفت الأزياء القديمة النسائية .

وأمّا ما ظهر جديداً فهو : ظاهرة العمران الحديث المزود بكل المرافق والمتباعد عن بعضه بعد أن كانت القرية مقفلة إلا من ممرّ أو اثنين يربطان كل البيوت والحارات بشكل لا يسمح لأحد بالدخول من منافذ أخرى ، وقد أوضحت الدراسة ما للتوسع العمراني مـن أثر علـى المجتمـع القروي عامة وعلى الأسرة بشكل خاص ،حيث اعتبر ذلك من العوامل المشجعة على انتشار الأسر النووية .

4. أوجد التحضر نوعاً من الخوف في المجتمع القروي ـ خصوصاً جيل كبار السـن ـ علـى العلاقات الاجتماعية أن تصبح علاقات ضعيفة أو حيادية(مجرد تجاور لا يتسم بالمشاركة) وهذا ما جعلهم يتنادون إلى كتابة وثيقة ملزمة لكل أفراد المجتمع سجلوا فيها على أنفسهم ضرورة التمسك بأعراف اجتماعية معينة كنوع من الإبقاء على علاقاتهم قوية ،ولكن يلاحظ ـ عند تحليل الوثيقة ، ومقارنـة مـا فيها بما كان متعارفاً عليه سابقاً ـ أن هناك فرقاً   (مـن حيث قوة الإلزام ومقداره) بـين المـاضي والحاضر .

236

5. يؤدي الصراع بين أطراف معينة في المجتمع القروي إلى نتائج صحية في صالح الأفراد جيمعاً إلاّ ـ الشيوخ ـ لأن مثل هذا الصراع يقلل من سلطة هؤلاء ويرفع بعض ظلمهم عن الناس ، وهذا الصراع صحي أيضاً لأنه يساعد على توجيه الولاء (الانتماء) الفردي للدولة لا للشيخ أو لمجتمع محلي منعزل . وبذلك فهذه الوظيفة للصراع مهمة في نتائجها التي تؤدي إلى التغير بالتضافر مع العوامل الأخرى ، وتساعد بالتالي على تقوية بناء المجتمع العام من حيث إنها تقضي على الولاءات القبلية وتجعل الفرد يشعر بأنه جزء من كيان أكبر هو المجتمع العام .

6. نتيجة لعوامل التحضر ـ ومظاهره نمت الفردية ـ كما ذكرنا سابقاً ـ لدى أفراد المجتمع القروي وازدادت حرية التصرف أمامهم ، فازداد بالتالي تعارفهم مع أبناء المجتمعات المحلية الأخرى (التي من مجموعها يتشكل بناء المجتمع العام) بسبب تحسن وسائل المواصلات ووسائل الانتشار الثقافي التي وفرها التلفزيون والراديو والصحف ، وبسبب توفر المنتجات التكنولوجية الأخرى في المجتمع القروي ، وكذلك بسبب هجرة كثيرين من أبناء هذا المجتمع للعمل في المدن ،وبسبب وجود أعداد من الناس من جنسيات أخرى يعملون داخل المجتمع القروي ، ولكن بالمقابل فقد قل التعاون والتعارف (وجهاً لوجه) بين أبناء المجتمع القروي ، وأصبح أدنى بكثير عند الأجيال الحاضرة عما كان عليه عند الأجيال السابقة ،وذلك بسبب تعدد الاهتمامات والأعمال واختلاف الظروف الجديدة ،فما كان عامل تقوية لعلاقات المجتمع العام ، كان في نفس الوقت عامل إضعاف للعلاقات الاجتماعية في المجتمع القروي بشكل من الأشكال .

7. أدى التوسع العمراني والوظيفي في المدينة إلى هجرة كثيفة من المجتمعات القروية إلى المدن مما أدى إلى اختلال التوزع السكاني في الريف حسب النوع وفئات الأعمار ، وهذا ما أفقد المجتمع الريفي عامة كثيراً من قواه العاملة ، وهو أمر له تأثير سلبي على تقدم الزراعة في الريف ، وتكون هجرتهم للبحث عن العمل في المدن ، وأعمارهم غالباً ما تكون بين (15ـ45 سنة) .

8. كان للظروف الحضارية الجديدة أثر إيجابي في تقارب الطبقات الاجتماعية ،حيث نجد أن نظرة المجتمع إلى الطبقات الدنيا أصبحت أكثر احتراماً مما كانت ،والسبب في ذلك تغيّر الوظيفة التي كانت هذه الطبقات تؤديها : إذ المعروف أنهم كانوا يعملون أعمالاً يدوية كالحدادة والنجارة ودبغ الجلود ، والعرف السّائد لدى العرب منذ أقدم العصور هو

احتقار العمل اليدوي ولذلك كان من الطبيعي أن يحتقروا من يعمل في الأعمال اليدوية ويعتبروه من طبقة وضيعة . ولكن بعد أن أتيح المجال للجيمع لكي يطلبوا العلم ، فقد تركت هذه الطبقات أعمالها ووظائفها اليدوية السابقة وأقبلت على العلم و خرج من صفوفها المدرسون والجنود وأصحاب المؤسسات وغيرهم ، وهذا ما رفع من مستواهم الاجتماعي ومركزهم .

ولكن لا تزال من رواسب الماضي مسألة تستعصي على التغيير وهي المصاهرة ، حيث يرفض ابن القبيلة (المسمّى بالأصل) أن يصاهر أي شخص من هذه الطبقات مهما علت منزلته الوظيفية أو مستواه العلمي ، ولكن ذلك لابد أن يزول مع الأيام .

د- علاقة المجتمع القروي بالمدينة :-

1. دلت الدراسة على أن هناك هجرة من مجتمع القرية إلى المدن بشكل عام في المملكة العربية السعودية لكون المدن مراكز النشاط الاقتصادي في البلاد ،ولكن ظاهرة الهجرة من قرى المنطقة إلى مدنها وإلى المدن الأخرى تفوق في كثافتها مثيلاتها في المناطق الأخرى بسبب ظروف المنطقة السابقة وتخلفها عن تلك المناطق ،وقد أدّت الهجرة إلى آثار واضحة على كل من المجتمعين: ففي المجتمع القروي تناقصت الأيدي العاملة في مجال الزراعة - كما أسلفنا - وهذا مما أدى إلى إهمال الزراعة وتربية الحيوانات في القرى ،وزاد بالتالي من اعتماد القرية على المدينة . كما أثرت هذه الهجرة على مجتمع المدينة وأوجدت مشاكل كثيرة في المدن كعدم كفاية المرافق العامة لكل القادمين ،وزيادة الضغط على هذه المرافق والمنشآت (كالمستشفيات والمواصلات والمساكن وغيرها) وهذا ما أدى إلى وجود الأحياء المتخلفة والفقيرة في المدن التي كانت تسمى (أحياء الصّنادق أو الصفيح) في بعض المدن .
2. وهذه النقطة السابقة كانت سبباً مباشراً في ضعف اقتداء القرويين بالمدينة ، لأنهم رأوا أن القرية أصبحت أفضل من أجزاء كبيرة من المدينة ، وجعل انتباههم وإقتداءهم يتركز على الأحياء الراقية ، ومثل هذا الاقتداء يكون جزئياً وغير مقنع تماماً للقروي كما لو كانت المدينة كلها ذات أحياء راقية ومتميزة عن القرية .
3. كانت المدينة هي المنفذ الوحيد إلى العالم الخارجي بالنسبة للقروي بسبب تركز وسائل الاتصالات والمواصلات فيها : كالبرق والبريد والمطار والطرق المعبدة (السيارات) . وبعد التقدم الاقتصادي وجد المجتمع القروي منافذ أخرى بسبب اتصال القرية بالطرق

المعبدة مباشرة ، وبسبب دخول وسائل التكنولوجيا الحديثة من السيارة إلى الراديو والتلفزيون ، وهذه المنافذ الجديدة أضيفت إلى المنفذ السابق (المدينة)،ولم تقلل من أهمية المدينة ، لأن توفر وسائل المواصلات زاد (من ناحية أخرى) من الاتصال المباشر بين القرية والمدينة .

4. دلت الدراسة على أن هناك علاقة تبادل وظيفي بين مجتمعي القرية والمدينة بمعنى أن لكل من المجتمعين وظائف يؤديها لصالح المجتمع الآخر ,وهذه الوظائف وظائف اقتصادية وثقافية واجتماعية .

5. في مجال العلاقات الاجتماعية بشكل عام فهي تقوم بين الجانبين على أساس (أو مضمون) ثقافي أولاً من حيث اقتداء مجتمع القرية بالمدينة وتأثره بما فيها من مؤثرات ثقافية مختلفة ،وعلى أساس اقتصادي من حيث اعتماد القرية على المدينة في تأمين احتياجاتها ، على أن عملية الاقتداء القروية قد خفت بعد أن أصبح ما في القرية يشبه إلى حد بعيد ما في المدينة من حيث العمران والخدمات .

6. أصبح اعتماد القرية على المدينة يكاد تاماً في مجال توفير ما يحتاجه المجتمع القروي من الإنتاج الزراعي أو الغذائي أو المصنوعات والآلات ، فالمدينة هي المركز التجاري وهي تزود القرية بكل احتياجاتها ، وهذا عكس ما كان سابقاً حيث كانت القرية سبباً أساسياً في ازدهار أسواق المدينة وذلك لأنها تزودها بكثير من الإنتاج الزراعي والحيواني وببعض المصنوعات القروية ، كما ازداد الارتباط بين الفرد القروي وأجهزة الحكومة الموجودة في المدينة ،كما أن المدينة توفر العمل أو الوظيفة لكثير من سكان القرى بعد أن قل اعتمادهم على الزراعة .

7. كان للمدينة أثر كبير في المجالات التالية :ـ

أ. توجيه التطور العمراني (في بداية فترة النمو الاقتصادي بشكل خاص) ، حيث بدأ العمران في المدينة ، وأخذ القرويون يحاولون تقليده بعد أن بهرهم ما شاهدوا ، ثم وجدنا أن التّشابه الآن تشابه تام في طراز العمران والمرافق الموجودة في المنازل .

ب. أصبح هناك تشابه بين المجتمعين من ناحية الأزياء النسائية بالذات بعد أن كانت النساء القرويات (أو الريفيات عامة) يلبسن ثوباً أسود فضفاضاً مطرزاً بألوان زاهية (خصوصاً الأصفر) ويدعى (الثوب العسيري) ، وبعد أن كانت كبيرات السن من النساء

يلبسن قطعة من الجلد المدبوغ على ظهورهن تمتد من بين الأكتاف إلى نهاية العمود الفقري بعرض يتراوح بين 25 ـ 30 سم ، وتسمى (النّطع) .

ج. وهناك تشابه في مجال المثل الأعلى العملي في الحياة والاهتمامات :فبعد أن كان المثل الأعلى عند القروي هو تأمين حاجة الأسرة من الحبوب والسمن واللبن ، أصبح الآن مثله الأعلى أبعد بكثير من هذه الأشياء : فهو يهدف إلى تحقيق طموحات جديدة : كطلب العلم والوظيفة الجيدة ، وبناء العمارات وشراء السيارات الفخمة ...الخ

وبذلك نلاحظ أن نمط المعيشة يجعل الإنسان يغيّر مثله الأعلى أو (الحلم) الذي يسعى إلى تحقيقه .

التنبؤ بالمستقبل بالنسبة لما ستكون عليه العلاقات الاجتماعية :ـ

المستقبل بيد الله ، وعملية التنبؤ ليست أكثر من محاولة ترجيحية لبعض وجهات النظر ، ولكنها ـ كما هو معروف في علم الاجتماع ـأمر يصعب تماماً الجزم به .ولكن يمكن التنبؤ على أساس الاحتمال الأكثر أو التوقع الذي قد يكون أقرب إلى المعقول في ضوء ما عرفناه عن تاريخ العلاقات الاجتماعية ، وما نراه حالياً من تغيرات :فالواضح أن هناك اختلافاً (وأحياناً أخرى نجد تعارضاً) بين بعض أوجه الثقافة القديمة من جهة والمفاهيم الجديدة المصاحبة للرخاء الاقتصادي ولدخول التكنولوجيا المفاجئ والكثيف إلى المجتمع الريفي من جهة أخرى ،وقد بينا في هذا الكتاب بعض الأمثلة على هذا الاختلاف الذي قد يصل أحياناً إلى حد الصراع بين الجانبين ، ولكن نهاية هذا الاختلاف لا تظهر بوضوح تام ، لأن الأمر لا يتعلق بمعادلة كيميائية تتحد عناصرها بنسب ثابتة واضحة ،بل الأمر أعقد من ذلك بكثير ،لأنه ـ كما شاهدنا بوضوح خلال فصول هذا الكتاب ـ يتعلق بشؤون إنسانية كثيرة : كالمزاج والإرادة والثقافة والاتصالات والمؤثرات المختلفة والمفاهيم المتوارثة ، فمن هذه الأمور وغيرها لا نستطيع أن نستخرج عنصراً جديداً أو مركباً ثقافياً جديداً متميزاً كتميّز المادة الناتجة عن التفاعلات الكيميائية ، ولكن من خلال الدراسة يمكن الاستنتاج بشكل عام أن القيم الثقافية الجديدة ستكون ذات طابع متميز يختلف عن السابق أولاً وعن الثقافة الجديدة التي نشأت في مجتمعات ريفية أخرى في الوطن العربي .

وسبب الاختلاف هو قوة الأثر الديني في نفوس أبناء المجتمع ، ويبدو أن هذا الأثر سيبقى فعالاً في تشكيل القيم الثقافية الحديثة وتوجهيها ،يساعده في ذلك الأمر التخطيط الحكومي (أو التنمية المخططة والموجّهة) التي تحرص على تأكيد هذا الاتجاه كما ورد في خطة

التنمية الثالثة التي تقول بوجوب " الحفاظ على القيم الإسلامية ورفع المستوى الثقافي والمادّي وتحقيق الرفاهية الاجتماعية وتنمية القوى البشرية "[1].

ومن ناحية عامة فالذي يبدو أن العلاقات الاجتماعية تسير بشكل عام إلى اتخاذ الطابع الرسمي والاستقلالية بالنسبة للفرد ، وإلى اتخاذ المصلحة المشتركة كأساس أول لها ،بعد أن كان أساسها الأول قرابة الدم ، وبذلك تصبح العلاقات في الغالب أكثر ميلاً إلى الشّبه بعلاقات العملاء مع بعضهم في المجال الاقتصادي ،مع ملاحظة أن ذلك لا يلغي دور القرابة ، ولكن يجعله دوراً ثانوياً في تحديد شكل العلاقات ، والمصلحة المشتركة تعني الاشتراك في مجالات العمل والاهتمامات والأفكار ، ولكن لا يستطيع أحد الادعاء بأن هذا سيفضي إلى نوع من الفردية المطلقة التي تعيشها المدن الصناعية الحديثة في مجتمعات أخرى [٢].

بل يبقى ـ كما أسلفنا ـ للثقافة الدينية الإسلامية دور متميز في إبقاء صفات الشعور بالجماعة والاهتمام بمصالحها،لأنها ثقافة تدعو إلى وجوب صلة الرحم ومجاملة الجار وزيارته وعدم العيش بشكل فردي مغلق على نفسه ، كما أن هذه الثقافة السّامية تربيّ الحس الخلقي عند المسلم وتجعل تعامله مع الآخرين لا يخرج عن حدود الأمانة والحقّ ، وهي بذلك تلطف من جشع الإنسان الذي ينطلق من تعامله مع الآخرين من مصلحته الذاتية ويتناسى مصلحة الجماعة أو وجوب مراعاته للذمّة والأمانة واجتناب الحرام .

وإذا كانت هذه الدراسة قد توصلت إلى النتائج السالفة ، ووقفت على أبواب المستقبل تتنبأ به ، فإن هذا التنبؤ ـ كما أسلفنا ـ لا يتخذ شكل التقرير المطلق أو النهائي لما سيكون عليه المستقبل ،وإنما هي رؤية ربما تساعد على فهم الاتجاهات الاجتماعية الحالية والمستقبلية ، فتساعد بالتالي على ترشيد عملية التغيير وفي عمليات التخطيط الاجتماعي للمستقبل .[٣]

ثانياً :ـ التوصيات :تنطلق توصيات الدراسة من ثلاث نقاط هي :ـ

أ ـ الأولى :ـ رؤيتها لما يمكن أن يحفظ للمجتمع الرّيفي قوة علاقاته السابقة ،أو يُبقي على الإيجابيّ والبنّاء منها : كعلاقات التعاون والشعور بالآخرين وعلاقات المجاملة ،لأن مثل

---

[1] ....وزارة التخطيط ـ خطة التنمية الثالثة (1400ـ 1405) هـ ـ (80 ـ 85م)قسم منجدول رقم (1 ـ 1) بعنوان تسلسل أهداف التخطيط في المملكة العربية السعودية (ص33)

[٢] Pinker, Robert . social theory . and social policy ELBS edition, Heinemann Educational Books ltd . .. 1479 (p.15)

[٣] ....محمد عاطف غيث ـ التغير الاجتماعي والتخطيط : مرجع سابق ـ ص 116.

هذه العلاقات تشكل أساساً صحيحاً لمجتمع يشعر أفراده بالسعادة وقد شاهدنا من الواقع الحيّ أن أبناء المجتمع الريفي كانوا في الفترة السابقة يشعرون بالانتماء الحقيقي لمجتمعهم : لأن الواحد منهم كان لا يجد إلا التقدير والاهتمام من الآخرين مهما كانت منزلته الاجتماعية أو الاقتصادية ،ولاشك أن الشعور بالانتماء يشكل نقطة مركزية في حياة كل إنسان سواء في هذا المجتمع أو غيره , لانه يحفظ للفرد الصحة النفسية ويشعره بالسعادة التي اعتبرها بعض الفلاسفة الهدف الأسمى للحياة الإنسانية [١].

ب ـ **النقطة الثانية** التي تنطلق منها التوصيات هي المنظور الوظيفي :بمعنى أن تتوفر لكل إنسان وظيفة معينة أو عمل يقوم به ، وذلك لإيمان الدراسة بثلاث حقائق :

1. الأولى:ـ أنّ الإنسان لا يمكنه أن يكون سعيداً بدون عمل يمارسه ويحقق من خلاله ذاته وطموحاته .

2. الثانية :ـ أن كل إنسان يملك طاقة كافية لابد لها من التفريغ :وهذا التفريغ لابد أن يتم في إحدى وجهتين هما إمّا وجهة الخير والنفع الخاص والعام ،أو وجهة الشروالضررالخاص والعام أيضاً ،وعلى هذا الأساس فلا يمكن أن نطالب الإنسان الخالي من أية وظيفة اجتماعية بالصّلاح والإصلاح وهو نفسه لا يدري عن نفسه شيئاً.

3. الحقيقة الثالثة :أن العلاقات الاجتماعية لابد لها من مضمون تقوم عليه ،وهذا المضمون يمكن أن يحقق للعلاقات اتجاهها ويصبغها بصبغة معينة فتصبح علاقات تعاون أو عداء أو علاقات محايدة ،كما أوضحنا أثناء الدراسة،وعلى هذا فبالإمكان توجيه العلاقات الاجتماعية توجيهاً إيجابياً من خلال توفير المضمون الثقافي الجيّد ، ولا يتم ذلك إلا بتوفير العمل والإرشاد الفكري المصاحب لعمليات التحديث .

ج ـ **النقطة الثالثة** التي تنطلق منها التوصيات هي إمكانية التطبيق العملي لهذه التوصيات وهذا يعني أن **تطبيقها لا يعارض قاعدة شرعية ولاعقلية** ، ولا يؤثر بحال من الأحوال بأية تأثيرات سلبية لا مادية ولافكرية ، ولايمكن لأحد الادعاء بأنها توصيات مأخوذة من أي مكان سوى ما تتصور الدراسة أنه مصلحة مجتمعها ، ومعلوم أن هناك فروقاً بين النظرية (أو التوصية) وبين تنفيذها أحياناً ، أو قد تكون هناك عوائق فكرية أو مادية في أحيان أخرى أو كما يقال هناك مسافة بين النظرية والتطبيق .

---

[١]....رأجع , حسن منصور- الانتماء والاغتراب- مرجع سابق(ص317-325)

وأما التوصيات فهي كمايلي :ـ

1ـ إنشاء النوادي الاجتماعية الثقافية في القرى وتلحـق بهـا المكتبـات و الوسائل الرياضية ولكن بشرط أن يغلب عليها الطابع الثقافي لا الرياضي ، وتتولى هذه النوادي (من خلال نشاطها)التوجيه الثقافي والديني من خلال اجتماعات ولقاءات تنظمها ، وهـذا يتيـح للمجتمـع القـروي الفوائـد في النقاط التالية :ـ

أـ صرف طاقات الشباب الناشئين في تثقيف أنفسهم وتنمية مواهبهم المختلفة .

ب ـ إبعادهم عن دروب الانحراف أو قتل الوقت فيما لا يفيد بل قد يؤذي .

ج ـ تقوية العلاقات الاجتماعية بين السكان وترشيدها (أي بناؤها على أسس سـليمة مـن الوضـوح الفكري والقيمي) ، وهذا ما يتيحه التقاء السكان في هذه المراكز.

2ـ إيجاد تفاعل بين المجتمع القروي والمجتمع العام وذلك عـن طريـق تنظيـم لقـاءات أو دورات ثقافية تشارك فيها مجموعات من القرويين وتعرض عليهم فيها أفلام ثقافيـة عـن تعـاليم الإسـلام وممارسة شعائر الصلاة والحج وأفلام عن الثقافة الصحية وعن أهمية التعاون ، ويكون لمثل هـذه اللقاءات (خاصة إذا رعاها المسؤولون)أثر إيجابي بالغ في حياتهم وفي توجيه علاقاتهم الاجتماعيـة ، كما سينعكس ذلك على الأسر خصوصاً إذا نظمت لقاءات نسائية على نفس الطريقة .

3ـ إنشاء جمعيات تعاونية زراعية تقدم للمزارعين الإرشادات الزراعية مجاناً، وتحاول تشكيل أنواع من التعاون بين الفلاحين(بدعم حكومي) ويكون الهدف مـن هذا التعاون هو الحفاظ عـلى صـفة التضامن الاجتماعي الموجودة سابقاً ،فتقوم الجمعية (التي يكون مقرها في القرية) بالإشراف عـلى الزراعة وتساعد في توجيه المزارع إلى اختيار البذور الصالحة وفي مكافحة الآفات الزراعـة بالتعـاون مع جيرانه من المزارعين الآخرين ،وهكذا في كل عمل من الأعمال .

4- إنشاء مزارع نموذجية وإلحاق وحدة للتدريب العملي بها ، حيث يمكن تنظيم دورات للزراعـة العملية ينتظم فيها المزارعون للتعلم على أساليب الزراعة الحديثة وليقوموا بتطبيقها فيـما بعـد في مزارعهم بعدأن يتدربوا عليها ويشاهدوها في المزرعة النموذجية .

5- إنشاء مدرسة زراعية ثانوية تكون نواة للتعليم الزراعي ، واستغلال قسم مـن الميـاه الجوفيـة أو العميقة أو مياه السـدود في استصلاح وزرع قطع مـن الأراضي تكون تابعـة للمدرسـة الزراعيـة ، والتوسع في ذلك مستقبلاً.

6- استحداث أجهزة حكومية مسئولة عن الزراعة في القرى (خصوصاً في الملكيات الخاصة غير الواسعة المساحة) وجعل مقرها الرسمي في القرى ، وتتبعها أجهزة فنية تتولى تشجيع المزارعين على استغلال أرضهم ومحاولة البدء في مشروعات صناعات غذائية من خلال هذه الأجهزة الفنية التي يمكن أن تشتري الإنتاج الزراعي من الفلاحين لغرض هذه الصناعات ، وبذلك نحارب عادة اجتماعية سيئة هي احتقار العمل اليدوي .

7- توجيه الاهتمام إلى المرأة والعناية بثقافتها العامة والمنزلية بشكل خاص ، وتعليمها بعض المهارات النافعة كالخياطة والتّطريز وتدبير المنزل والقيام ببعض الصناعات الزراعية على مستوى المنزل ، وتوجيهها إلى الطرق التربوية السليمة لأطفالها من خلال أقسام خاصة بالنساء في الجمعيات التعاونية الزراعية وفي النوادي الاجتماعية الثقافية.

8ـ إنشاء مزرعة أبقار نموذجية ، وذلك لتوفير احتياجات الأهالي بأسعار مناسبة ولكي تكون نموذجاً يتعلمون منه كيف تُربّي الحيوانات بطريقة حديثة مجدية اقتصاديا,وتحقيق هذه التوصيات ـ أو جزء منها ـ يساعد في الأمور التالية :ـ

1ـ تقليل الهجرة من الريف إلى المدينة ، وذلك بتوفير العمل الزراعي المناسب في القرية، وجعله غير شاقّ ونافع من حيث العائد المادّي .

2ـ ازدهار الزراعة وتقدمها في النوعية والكمية :فالمعروف أن توفر الإنتاج الزراعي له أثر اجتماعي كبير على الأسرة القروية وعلى المجتمع عامة ، لأنه يتيح للأسرة أن تستعيد مركزها كأسرة منتجة مترابطة ، ولكن بشكل جديد قائم على أسس من الوعي الفكري والمشاركة ، كما يؤدي الإنتاج الكثير إلى تحسين ظروف الأسرة في كل النواحي كماً وكيفاً.

3ـ تقوية العلاقات الإيجابية في المجتمع القروي وتوفير الاستقرار والسعادة لكثير من أبنائه وأسره .

4- تنمية أنماط جديدة من المفاهيم والعلاقات ، واستبعاد العادات غير المنطقية التي كانت تقوم عليها بعض العلاقات السابقة ويتم ذلك نتيجة لتوسع آفاق أهل الريف كنتيجة لتطبيق التوصيات السابقة.

المراجع

أولاً: مراجع باللغة العربية :

1. أبو علي ، محمد عبد الله (د) : الصناعة والمجتمع (ط2) دارالمعارف1974م.

2. ابن خلدون ، عبد الرحمن ـ المقدمة (ط4) دار الكتب العلمية 1398هـ ـ 1978م.

3. أبو داهش ، عبد الله محمد حسين (د.)الحياة الفكرية والأدبية في جنوبي البلاد السعودية (ط2) نادي أبها الأدبي 86م.

4. إبراهيم ، عبد الوهاب إبراهيم (د.) معوقات التنمية في العالم الثالث (ط1) دار النهضة العربية ـ 1984م.

5. إبراهيم، نجيب اسكندر (د) وزميلاه ـ الدراسة العلمية للسلوك الاجتماعي(ط 3) دار النهضة العربية ـ دون تاريخ

6. أحمد، علي فؤاد (د) علم الاجتماع الريفي ، دار النهضة العربية 1983م.

7. إسماعيل ، زكي محمد (د.) الانثروبولوجيا والفكر الإسلامي (ط1) عكاظ للنشرـ 1402هـ ـ 1982م.

8. ألكر (اليكس) ،مقدمة في علم الاجتماع ، ترجمة وتقديم محمد الجوهري وزملائه(ط6) دار المعارف 1983م.

9. بدر ، غسان زكي (د)النظام الاجتماعي.دار النهضة العربية 1973م.

10. بريتشارد (إيفانز) : الانثروبولوجيا الاجتماعية ـ ترجمة أحمد أبو زيد ـ منشأه المعارف الإسكندرية 1960م.

11. بوتومور (ت. ب) علم الاجتماع والنقد الاجتماعي ـ ترجمة وتعليق محمد الجوهري وزملائه (ط1) دار المعارف 1982م.

12. تيما شيف ، نيقولا ، نظرية علم الاجتماع ـ ترجمة محمود عودة وزملائه (ط8) دار المعارف 1983م.

13. الجوهري ، محمد (د.) وزملاؤه ـ التغير الاجتماعي (ط1) دار المعارف 1982م.

14. الجوهري ، محمد (د) زملاؤه ـ ميادين علم الاجتماع (ط5) دار المعارف 1980م.

15. الجوهري ، محمد (د) زملاؤه ـ الانثروبولوجيا (أسس نظرية وتطبيقات عملية)(ط)دار المعارف 1982م.

245

16. الجوهري ،محمد (د)   زملاؤه ـ علم الاجتماع وقضايا التنمية (ط3)دارا لمعارف 1982م.

17. الجوهري ، محمد(د) علياء شكري (د) علم الاجتماع الريفي والحضري (ط2) دار المعارف 1982م.

18. الجوهري ،عبد الهادي (د) معجم علم الاجتماع ـ مكتبة نهضة الشرق 1980م

19. جلبي ، علي عبد الرزاق (د.)علم الاجتماع السكان ـ دار النهضة العربية بيروت 1404هـ ـ 1984م .

20. جي روشيه ، علم الاجتماع الأمريكي ـدراسة لأعمال تالكوت بارسونز ـ ترجمة وتعليق محمد الجوهري وأحمد أو زيد (ط1) دار المعارف 1981م.

21. حسن ، عبد الباسط محمد (د.)علم الاجتماع ـالكتاب الأول ،المدخل(ط1)مكتبة غريب 1977م

22. حسن ،عبد الباسط محمد (د.) أصول البحث الاجتماعي (ط6) مكتبة وهبة 1977م .

23. حسنين ، مصطفى محمد (د.) ـ علم الاجتماع البدوي (ط1) عكاظ للنشر ـ والتوزيع 1404هـ ـ1984م.

24. حسنين ، عادل (د.) وزملاؤه : التنمية العربية ـ الواقع الراهبة والمستقبل (ط1) مركز دراسات الوحدة العربية بيروت 1984م.

25. الحسيني،السيد محمد (د.)النظرية الاجتماعية ودراسة التنظيم(ط3)دار المعارف (81م)

26. الحسيني ، السيد محمد (د.) : التنمية والتخلف (ط2) دار المعارف 1982م .

27. حنا ، نبيل صبحي (د.) المجتمعات الصحراوية في الوطن العربي ـ دراسات نظرية وميدانية (ط1) دار المعارف 1984م .

28. حجازي ، محمد فؤاد (د.) البناء الاجتماعي (ط1) مكتبة وهبة 1399هـ ـ 1979م.

29. الخشاب ، مصطفى (د.)دراسات في علم الاجتماع العائلي ـدار النهضة العربية 82م.

30. الخشاب ، مصطفى (د.) الاجتماع الحضري .مكتبة الأنجلو مصرية 1976م.

31. الخشاب ، مصطفى (د.) علم الاجتماع ومدارسه ـالكتاب الثاني ـ المدخل إلى علم الاجتماع ـ مكتبة الأنجلو مصرية (دون تاريخ)

32. الخشاب ، سامية (د.)النظرية الاجتماعية ودراسة الأسرة (ط1) دار المعارف 1982م.

33. الخريجي،عبد الله (د.) علم الاجتماع المعاصر(ط1)دار الطباعة الحديثة ـ القاهرة 77م.

34. خليفة ، أحمد محمد (د.) في المسألة الاجتماعية ـ دار المعارف 1970م
35. الخولي،حسن (د.) الريف والمدينة في مجتمعات العالم الثالث(ط1) دار المعارف 1982م
36. الخولي ، سناء (د.) التغير الاجتماعي والتحديث ـ دار المعرفة الجامعية 1985م.
37. دوفينو، جان :مقدمة في علم الاجتماع ـ ترجمة علياء شكري ـ دار النهضة مصر 73م.
38. رضوان ، زينب (د.) النظرية الاجتماعية في الفكر الإسلامي (ط1) دار المعارف 1982م.
39. زهران ، حامد عبد السلام (د.) علم النفس الاجتماعي (ط4) عالم الكتب 1977م.
40. الساعاتي ، حسن(د.)تصميم البحوث الاجتماعية ـدار النهضة العربية 1982م.
41. الساعاتي ،
42. سعد ، عبد الحميد محمود ـ المدخل المورفولوجي لدراسة المجتمع ـ دار الثقافة للطباعة والنشر 1980م
43. السنهوري ،أحمد عبد الحكيم ـ أصول خدمة الفرد (ط4) المكتب العصري الحديث 1970م
44. سلامة ، أحمد عبد العزيز (د.) وعبد السلام عبد الغفار (د) علم النفس الاجتماعي ـ دار النهضة العربية (دون تاريخ)
45. شاكر، محمود۔ شبه جزيرة العرب ـ عسير۔(ط3) المكتب الإسلامي 1401هـ 1981م
46. شكري ، علياء (د.) الاتجاهات المعاصرة في دراسة الأسرة (ط2) دار المعارف 1981م
47. شكري ، علياء (د) : بعض ملامح التغير الاجتماعي الثقافي في الوطن العربي (ط2) دار الثقافة للتوزيع والنشر 1983م
48. الشريف ، عبد الرحمن صادق (د.) جغرافية المملكة العربية السعودية (ج1) دار المريخ 1403 ـ 1983م .
49. شلبي : أحمد (د.) كيف تكتب بحثاً أو رسالة ـ مكتبة النهضة المصرية (ط16) 1983م
50. عبد الباقي ـزيدان (د.) علم الاجتماع الإسلامي (ط1) مطبعة السعادة 1984.
51. عبد الباقي ، زيدان (د.) قواعد البحث الاجتماعي (ط3) مطبعة السعادة (1400هـ ـ 1980م)

52. عبد الرحيم عبد المجيد (د.) علم الاجتماع السكاني ـ مكتبة غريب 1979م

53. علاقي ، مدني عبد القادر (د.) تنمية القوى البشرية ـ دراسات ـ تخطيطات ـ برامج . دار الشروق 96هـ ـ 76م.

54. الغامدي ،سعيد فالح (د.) التراث الشعبي في القرية والمدينة ـ(منطقة الباحة ـ مدينة جدة (ط1) دار العلم للطباعة والنشر 1405هـ ـ 1985م

55. غامري ، محمد حسن (د.) ثقافة الفقر ـ دراسة في أنثروبولوجية التنمية الحضرية ـ المركز العربي لنشر والتوزيع 1980م

56. غيث ، محمد عاطف (د.) علم الاجتماع الحضري ـمدخل نظري-دار النهضة العربية- بيروت1982 م.

57. غيث ،محمد عاطف (د.) علم الاجتماع التطبيقي دار النهضة العربية ـ بيروت 1982م

58. علم الاجتماع التطبيقي دار النهضة العربية ـ بيروت (دون تاريخ)

59. غيث ، محمد عاطف (د.) دراسات في علم الاجتماع القروي ـ دار النهضة العربية ـ بيروت 1985م

60. غيث ، محمد عاطف (د.) دراسات في المشاكل الاجتماعيةـ دار الكتب الجامعية 1977م

61. غيث محمد عاطف (د.) التغير الاجتماعي والتخطيط ـ دار المعرفة الجامعية 1985م.

62. غيث ، محمد عاطف (د.) دراسات في تاريخ التفكير الاجتماعي واتجاهات النظرية في علم الاجتماع ـ دار النهضة العربية 1975م

63. الفوال ،صلاح مصطفى (د.) المقدمة لعلم الاجتماع العربي والإسلامي ـ دار الفكر العربي 1982م

64. فودة ، حلمي محمد (د.) وعبد الرحمن صالح عبد الله (د.) :المرشد في كتابة البحوث (ط4) دار الشروق جدة 1983م .

65. لنتون ،رالف ،الانثروبولوجيا وأزمة العالم الحديث-المكتبة العصرية -بيروت- صيدا1967م.

66. محمد ، محمد علي(د.) علم الاجتماع والمنهج العلمي (ط3) دار المعرفة الجامعية 1983م

67. محمد، محمد علي (د.) علم الاجتماع السياسي ـ دار الجامعات المصرية ـ 1977م

68. محجوب ، محمد عبده (د.)البترول والسكان والتغير الاجتماعي-دار المعرفةالجامعية1985م

69. محجوب ،محمد عبده (د.) مقدمة لدراسة المجتمعات البدوية ـ منهج وتطبيق وكالة المطبوعات الكويت(دون تاريخ)

70. مد بولي، جلال (د.) المجتمعات الريفية المستخدمة (ط1) دار النهضه العربية 1979م

71. مرسي ، محمد عبد المعبود(د.) علم الاجتماع عند تالكوت بارسونز (ط1) مكتبة العليقي الحديثة ـالقصيم (دون تاريخ)

72. المنظمة العربية للتربية والثقافة والعلوم (الإنسان ـ البيئةـ التنمية) أعمال الحلقة المنعقدة في الخرطوم من 5ـ 12 فبراير ـ شباط 1972م .

73. المصري ـ محمد أمين (د.) المجتمع الإسلامي ـ دار الأرقم ـ الكويت (ط3) [1403هـ ـ1983م]

74. مسفر : عبد الله بن علي ـ السراج المنير في سيرة أمراء عسير (ط3) مؤسسة الرسالة بيروت 1398هـ ـ 1978م.

75. منصور ، حسن عبد الرازق ـ الانتماء والاغتراب (ط1) دارجرش للنشرـ والتوزيع 1989م

76. النعمي ـ هاشم سعيد ـ تاريخ عسير في الماضي والحاضرـ مؤسسة الطباعة والصحافة والنشر ـ دون تاريخ .

77. وافي ـ علي عبد الواحد (د.) اللغة والمجتمع (ط4) عكاظ للنشر والتوزيع 1983م.

78. وزارة التخطيط ـ المملكة العربية السعودية : خطة التنمية الثانية (1395ـ 1400هـ)

79. وزارة التخطيط ـ المملكة العربية السعودية ـ خطة التنمية الثالثة (1400ـ 1405)

80 ـ يونس ـ عبد الحميد (د.) الحكاية الشعبية ـ دار الكاتب العربي للطباعة والنشر (1968)

249

ثانياً: مراجع باللغة الإنجليزية ....

1. Anderson , Robert T., Anthropology, A perspectivre on man .Mills college, wadsworth publishing co . Inc.

Bilmont, California, 1972.

2. Benedict, Ruth ,patterns of Culture.

Mentor books, 5th printing 1949.

3. Bronowski, J. The Ascent of Man .

Little Brown and co . Boston ,Toronto 1973.

4. Goodman,Marry Ellen.The indwidual and Culture.

The Dorsey press, Home wood , I llinois 967.

5. Hall , Edward T,. The silent Language.

Anchor press, Doubleday, Garden city ,New york 1973.

6. Moos, Rudolf H., Issues in social ecology .Human milieus. National press books 1974.   7.

Riyadh –Nasri,Hani.Text in sociology.(level 3),Dar Al-Bayan Al Arabi, 1402 .-1982.

8. Pinker, Robert, Social Theory and Social Policy. E.L.B.S.edition, Heinemann Educational books ltd. 1979.

9. Stewart, E.W. and Glynn, J.A.

Introduction to sociology ,T M H .Edition, New Delhi 1981.

ثالثاً :

المجلات ....

1.   مجلة الدارة ـ العدد الثاني ـ السنة الثانية عشرةـ المحرم 1407هـ ـ سبتمبر 1986م .

2.   مجلة العربي الكويتية ـ العدد 229 ـ سبتمبر 1977م.

مؤلفات حسن منصور

أ ـ دواوين الشعر :

1ـ بعض الكلمات الأولى

2ـ على الدرب

3ـ وجوه بغير ظلال

4ـ شواطئ السراب

5ـ لمن أغني

6ـ عندما يكبر الأسى

7ـ وقفة على الطريق

8ـ في الدوامة

9ـ في دائرة المعنى

10ـ تقاسيم على مسيرة الزمن

ب ـ سلسلة الحضارة والفكر :

1ـ الانتماء والاغتراب

2ـ الحضارة الحديثة والعلاقات الإنسانية في مجتمع الريف

3ـ المجتمع العربي بين التاريخ والواقع

4ـ بناء الإنسان ـ بين النظر والعمل ـ

5 ـ أزمة الضمير ـ دراسة تاريخية حضارية

6 ـ العرب والصحراء

7ـ الشعر والعقل ـ منهج للفهم

ج ـ في الأدب :

1ـ في الصميم	4ـ دعني أتكلم
2ـ مواقف للتفكير	5ـ حروف لا تحترق
3ـ بدون أقنعة	6ـ ما تحت الرماد

د ـ في اللغة :

1ـ نحو تأصيل لغوي مقنن ـ مشكلة الضعف في الإملاء

2ـ نحو تأصيل لغوي مقنن ـ مشكلة الهمزة في اللغة العربية

251